本书获西南大学马克思主义学院出版基金资助

《德意志意识形态》中人的发展理论研究

何玲玲 等 著

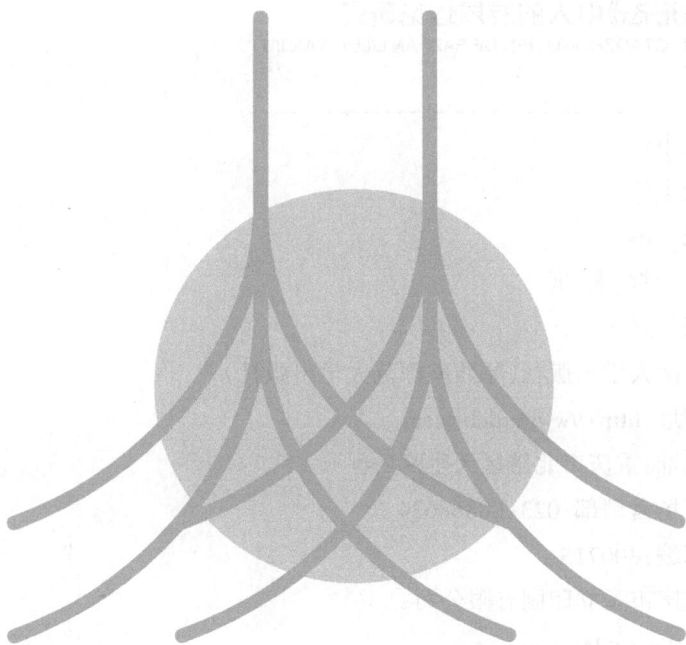

西南大学出版社

国家一级出版社 全国百佳图书出版单位

图书在版编目(CIP)数据

《德意志意识形态》中人的发展理论研究 / 何玲玲
等著 . -- 重庆：西南大学出版社, 2024. 12. -- (马克
思主义与人的发展理论研究丛书). -- ISBN 978-7-5697-
2875-0

Ⅰ. A811.21

中国国家版本馆 CIP 数据核字第 2024RZ7740 号

《德意志意识形态》中人的发展理论研究
《DEYIZHI YISHI XINGTAI》ZHONG REN DE FAZHAN LILUN YANJIU
何玲玲　等著

策划编辑：段小佳
责任编辑：段小佳
责任校对：张　琳
装帧设计：叐十堂_未　氓
排　　版：王　兴
出版发行：西南大学出版社(原西南师范大学出版社)
　　　　　网址：http://www.xdcbs.com
　　　　　地址：重庆市北碚区天生路2号
　　　　　市场营销部：023-68868624
　　　　　邮编：400715
印　　刷：重庆市圣立印刷有限公司
成品尺寸：170 mm×240 mm
印　　张：16.5
字　　数：284千字
版　　次：2024年12月　第1版
印　　次：2024年12月　第1次印刷
书　　号：ISBN 978-7-5697-2875-0
定　　价：78.00元

总　序

　　古希腊智者普罗泰戈拉宣称"人是万物的尺度"，马克思、恩格斯毕其一生追求"每一个个人的全面而自由的发展"，人的发展是人类孜孜以求的最高价值目标。在奔赴这一远景目标的漫长历程中，每一个阶段人的发展又是具体的、历史的，尤其是随着近代以来的文明昌盛和社会进步，人的发展问题愈益凸显，成为被普遍关注而又常谈常新的重大理论与实践课题，既要回归马克思主义经典作家及其后继者，准确把握马克思主义人的发展理论的精髓，又要直面人的发展出现的现实难题，自觉运用马克思主义人的发展理论这一思想武器加以审视和分析，进而提出针对性破解之策。

　　"马克思主义基本原理与当代社会问题研究科研团队"于2021年3月正式成立，旨在根据学科建设的需要和学术骨干成长的需要，聚焦马克思主义基本原理学科领域的重大理论与实践问题，依托团队的力量群策群力，集体攻关，久久为功，形成一系列代表性学术成果，以支撑马克思主义基本原理学科建设和学术骨干的高质量发展。"马克思主义基本原理与当代社会问题研究科研团队"成员长期关注和研究人的发展问题，具有较好的历史积淀和理论基础，在西南大学马克思主义学院的大力支持下，经科研团队成员的反复集体研讨，拟以科研团队成员为主要依托，持续在人的发展领域深耕发力，用五至十年的时间推出并完成"马克思主义与人的发展理论研究丛书"，逐渐凝练形成学科研究特色与优势。

　　"马克思主义与人的发展理论研究丛书"主要聚焦"人的发展"主题的三个向度：一是马克思主义经典作家人的发展理论，拟从马克思、恩格斯、列宁的经典文本切入，深度发掘其内蕴的人的发展理论，准确把握不同历史时期马克思主义经典作家人的发展理论的精髓要义，进而系统呈现马克思主义人的发展理论的演进逻辑与精神实质，充分彰显马克思主义经典作家追求人类的彻底解放与人的自由而全面发展的价值取向；二是中国化时代化的马克思主义人的发展理论研究，拟立足于马克思主义中国化时代化的百年历程，探讨马克思主义人的发展理论在中国不同历史时期的赓续传承、守正创新，进而展现中国化时代化的马克思主义人的发展理论指引着人与社会发生深刻变革的百年图景；三是当今时代人的发展的现实问题研究，拟立足于时代风云的新变幻和历史方位的新变迁，聚焦科技创新、社会进步进程中出现的人的发展的新问题，运用马克思主义人的发展理论的基本原理与科学方法展开探究，为深刻认识和有效解决人的发展的现实问题提供思路，彰显马克思主义人的发展理论在当代的思想穿透力，推动马克思主义人的发展理论的中国化时代化。

中国式现代化的实质是人的现代化。2023年，习近平总书记在出席中国共产党与世界政党高层对话会上发表主旨讲话，强调"现代化的最终目标是实现人自由而全面的发展"，在此背景下推出"马克思主义与人的发展理论研究丛书"可谓恰逢其时，且正值伟大的思想家马克思诞辰206周年，故也期待更多的研究者予以关注、共同研讨，为推动人的全面发展与社会的全面进步贡献力量！

是为序！

何玲玲

于西南大学

2024年5月5日

目　录

导　论

马克思在思考青年应该如何选择职业时提出："我们应该遵循的主要指针是人类的幸福和我们自身的完美。"①他认为，个人的发展同人类的幸福并非彼此敌对、相互冲突的关系，而是相互成就、彼此助力的关系，即"人只有为同时代人的完美、为他们的幸福而工作，自己才能达到完美"②。恩格斯出生在一个富裕的工厂主家庭，却亲自深入到工厂和街区进行实地调查，写下《乌培河谷来信》《英国工人阶级状况》等著作，揭露处于社会底层、"受压迫遭诽谤"工人阶级的生产生活、精神道德，以及卫生健康等状况，盛赞工人阶级是"作为真正符合人这个词的含义的人"③，期望他们在各方面取得进步、获得成功，进而坚定地站在了无产阶级的立场。马克思、恩格斯终其一生为无产阶级谋解放、为全人类谋幸福，他们创建的马克思主义理论包含着丰富而深刻的人的发展理论，为人类社会的发展指明了最高价值目标。

一、研究背景与研究价值

《德意志意识形态》（后文简称《形态》）是阐释马克思主义唯物史观的一部重要著作，作为承载马克思、恩格斯人的发展理论的重要文本，学界的研究成果较为丰富，今天继续深入研究旨在破解人的现代化进程中的突出问题，并进一步深化对马克思主义人的发展理论研究，具有重要的理论与实践价值。

（一）研究背景

人的发展问题是自人类诞生以来就产生并伴随着社会进步而常研常新的重大理论与实践课题。在不同时代境遇和社会形态中，人的发展样态、问题表征，以及推进策略等都有其特殊性，有必要开展长期追踪研究，进而指导实践持续推进，促进人的发展实现从量变到质变的飞跃，实现每个人自由而全面发展的远景目标。

1.世界现代化进程加快使得人的现代化问题凸显

资本主义工业化的推进开启了世界现代化的征程，推动了人类文明的巨大进步。但是，"在人类二百多年的现代化进程中，实现工业化的国家不超过三十

①《马克思恩格斯全集》第一卷，北京：人民出版社，1995年版，第459页。
②《马克思恩格斯全集》第一卷，北京：人民出版社，1995年版，第459页。
③《马克思恩格斯选集》第一卷，北京：人民出版社，2012年版，第83页。

个、人口不超过十亿"①。这就表明,要实现世界现代化不仅是世界各国大多数人民的共同愿望,而且是一项任重道远的任务。人类进入21世纪,世界现代化迎来了新契机,后起之秀们正加快迈向现代化的步伐。习近平总书记在俄罗斯莫斯科国际关系学院的演讲中指出:"这个世界,一大批新兴市场国家和发展中国家走上发展的快车道,十几亿、几十亿人口正在加速走向现代化,多个发展中心在世界各地区逐渐形成,国际力量对比继续朝着有利于世界和平与发展的方向发展。"②伴随着越来越多的国家和民族迈上世界现代化的快车道,人的现代化问题作为一个时代课题,前所未有地凸显出来。因为无论是推动世界现代化进程的科学技术革命,还是各国为推进现代化而进行的种种改革探索,最终都指向人的现代化,指向人的全面发展。社会的现代化水平与人的现代化水平往往保持相对一致。总体来看,已经迈进现代化的国家,人的现代化水平相对更高;而正在探寻现代化之路的国家,人的现代化水平相对较低。因此,任何国家和民族的现代化达到一定水平后,人的现代化问题都将凸显出来,从某种意义上说,人的现代化问题的凸显程度反映出一个国家或民族的现代化进程。

2.人的现代化是制约中国式现代化进程的瓶颈因素

我国正处于以中国式现代化全面推进中华民族伟大复兴的新征程中,人的现代化、人的全面发展问题却成为制约整个现代化进程的关键因素。一方面,我国是一个人口大国,"一个十三亿多人口的大国实现现代化,在人类历史上没有先例可循"③,"在迈向现代化的历史进程中,必然要承受其他国家都不曾遇到的各种压力和严峻挑战"④。这就要求我们不仅要遵循世界现代化的一般规律,而且在发展途径和推进方式等方面要彰显自身特色,"始终从国情出发想问题、作决策、办事情,既不好高骛远,也不因循守旧,保持历史耐心,坚持稳中求进、循序渐进、持续推进"⑤。事实上,"世界上既不存在定于一尊的现代化模式,也不存在放之四海而皆准的现代化标准"⑥。改革开放的总设计师、中国特色社会主义道路的开创者邓小平同志在20世纪80年代就清醒地指出:"我们搞的现代

① 《习近平著作选读》第二卷,北京:人民出版社,2023年版,第170页。

② 《习近平著作选读》第一卷,北京:人民出版社,2023年版,第104页。

③ 《习近平外交演讲集》第一卷,北京:中央文献出版社,2022年版,第420页。

④ 《习近平著作选读》第二卷,北京:人民出版社,2023年版,第410页。

⑤ 《习近平著作选读》第一卷,北京:人民出版社,2023年版,第18页。

⑥ 《习近平著作选读》第二卷,北京:人民出版社,2023年版,第367页。

化,是中国式的现代化。我们建设的社会主义,是有中国特色的社会主义。"①因此,中国式现代化具有世界现代化的共性和社会主义中国的个性,是二者的统一体。另一方面,中国式现代化的推进具有世界意义。正因为中国人口规模巨大,推进中国式现代化,就意味着世界上十四亿多人口整体迈进现代化社会,这一规模超过了当前已经实现现代化的国家人口的总和,它不仅"将彻底改写现代化的世界版图,在人类历史上是一件有深远影响的大事"②,而且因"中国式现代化作为人类文明新形态,与全球其他文明相互借鉴,必将极大丰富世界文明百花园"③。可见,中国式现代化的成败不仅事关中国人民的福祉,而且事关世界文明的繁荣。

中国式现代化作为世界现代化的重要助推力,却同样暴露出人的现代化水平较低的问题,即人的现代化水平不能很好地满足中国式现代化的要求,因此,中国式现代化的本质是人的现代化,推进中国式现代化的关键就是推进人的现代化、人的全面发展。由于历史和现实的原因,我国人口的整体素质还不够高,无论是从人均受教育年限而言,还是从学历结构角度而言,同已经实现现代化的国家的人口素质比较还有较大的差距,人的发展水平还跟不上现代化发展的进程。习近平总书记在谈到"三农"工作时指出,要真正使农民转变为市民并不断提高素质,这需要长期努力,不可能一蹴而就,进而做出"现代化的本质是人的现代化"④的判断。推进人的现代化,追求人的全面发展是中国式现代化与西方式现代化的根本区别。从比较维度考察,西方式现代化是在资本逻辑的驱动下实现的,这就导致人对"物"的依赖,无论是无产阶级还是资产阶级,都成为资本增殖的工具,虽然西方式现代化客观上为人的现代化创造了新的有利条件,但它却始终被资本逻辑所统摄。中国式现代化则坚持人本逻辑,始终从人民群众的根本利益出发,旨在满足人民群众的物质需要和精神需要,旨在推动人的自由而全面发展,因此,中国式现代化与人的现代化、人的全面发展是同一个历史进程。但是,当今世界处于资本主义与社会主义共存竞争的时代,在社会主义市场经济体制下仍然需要利用资本,这就存在资本的野蛮生长和无序扩张的

---

① 《邓小平文选》第三卷,北京:人民出版社,1993年版,第29页。
② 《习近平著作选读》第二卷,北京:人民出版社,2023年版,第367页。
③ 习近平:《携手同行现代化之路——在中国共产党与世界政党高层对话会上的主旨讲话》,北京:人民出版社,2023年版,第7页。
④ 《习近平关于城市工作论述摘编》,北京:中央文献出版社,2023年版,第98页。

风险,存在资本奴役劳动的风险,从而限制人的全面发展。同时,由于我国还处于社会主义初级阶段,人的全面发展所需要的条件有的还不充分,有的还不成熟,从而造成人的现代化、人的发展相对滞后于经济社会发展,进而成为制约中国式现代化实现的重要瓶颈。因此,如何推动人的全面发展,破除中国式现代化的瓶颈问题,是一个迫切需要回答的现实课题。

马克思、恩格斯在《形态》中重点考察了资本主义工业化所开启的现代化进程,揭露了资本对劳动奴役,旧式分工对人的压制与束缚,进而展望了在未来共产主义社会这一真正的共同体中,消灭旧式分工,解除"物"对人的支配关系,从而实现个人自由,成为全面发展的人。《形态》中人的发展理论对于中国式现代化进程中防范资本逻辑、坚持人本逻辑,解决人的发展相对滞后的瓶颈性难题,推进人的全面发展,推动中国式现代化与人的现代化良性互动具有重要意义。故在此背景下,以《形态》这一文本为研究对象,探究其中内蕴的人的发展理论及其对中国式现代化进程中人的发展的现实启示,重新激活马克思主义经典作家的思想,彰显其现实穿透力和旺盛生命力,其价值不言而喻。

(二)研究价值

《形态》中人的发展理论研究属于基础理论研究,同时又具有极强的现实观照性,其研究价值主要体现在如下两个方面。

1.深化对马克思主义人的发展理论研究

马克思主义人的发展理论内容丰富、逻辑严密、思想深刻,涵盖马克思、恩格斯、列宁等经典作家以及中国共产党历代领导人的人的发展理论。经典文献是人的发展理论的文本载体,通过对文本的深度发掘,清晰地梳理出每位马克思主义经典作家及其后继者关于人的发展理论的演进脉络,进而建构起完整的马克思主义人的发展理论框架,既能把握具体思想观点和理论判断的实质与内蕴,又能系统呈现理论发展逻辑。《形态》作为马克思恩格斯唯物史观形成的重要文本,也是二人以唯物史观为理论基石阐释人的发展理论的重要文本,深度发掘其内蕴的人的发展理论,准确把握每一个重要思想或判断的实质,将有助于全面把握马克思恩格斯的世界观以及人的发展理论的演进历程,从而深化对马克思主义人的发展理论研究。

2.加快推进人的现代化的现实进程

随着世界现代化进程的加快和中国式现代化的推进,如何推进人的现代化已经成为重要的时代课题。西方式现代化虽然客观上推进人的现代化,却也造成了人的异化、人对"物"的依赖。马克思恩格斯生活在工业革命推动英美等西方国家现代化快速发展的时代,亲眼见证了西方式现代化导致人的自由个性丧失的种种问题,进而在历史唯物主义基础上对资本主义展开批判,指明了人的发展的现实路径与未来前景。因此,马克思恩格斯创立的马克思主义人的发展理论能为破解当前人的现代化瓶颈难题提供理论指南。发掘《形态》中人的发展理论,用以分析中国式现代化进程中人的现代化相对滞后这一瓶颈问题的外部表征、现实根源,进而提出破解之策,将加快推进人的现代化进程。同时,通过加快人的现代化进程,促进人的全面发展,充分彰显中国式现代化相对于西方式现代化的独特性与超越性,为世界上其他国家和民族实现社会现代化和人的现代化提供中国借鉴和中国方案。

二、研究思路与研究方法

在研究《形态》中人的发展理论过程中,主要遵循如下研究思路构建研究框架,采取如下研究方法解决研究难题。

(一)研究思路

首先,探究马克思恩格斯在《形态》中讨论人的发展问题的动因,揭示人的发展问题是19世纪资本主义快速发展进程中产生的时代之问。对这一问题的探讨一方面有助于马克思恩格斯清算旧唯物主义和唯心主义对自己的影响,揭露"真正的社会主义"的错误实质;另一方面有助于深化对无产阶级和全人类解放之路的探索,充分彰显这一思想是时代的产物。其次,从人的本质、旧式分工、共同体三个维度发掘和凝练《形态》中内蕴的丰富的人的发展理论,深入探讨马克思主义人的发展理论的历史唯物主义根基,及其同旧唯物主义者和唯心主义者、"真正的社会主义"者关于人的思想的本质区别,凸显马克思恩格斯人的发展理论的超越性。再次,探究隐藏在《形态》中人的发展理论背后的方法,即以实践为基础探究人的本质的生成以及演进历程,以矛盾分析法透析人的发展与资本主义社会发展的辩证关系,以历史分析法把握人的发展的历史进程,从而体现马克思主义世界观与方法论的内在统一。最后,立足以中国式现代化全面推进中华民族伟大复兴的现实进程,以《形态》中人的发展理论为指导,提出要致力于推动"两种生产"的协调发展,创造条件逐步扬弃旧式分工以剪除人的发展的束缚,进而推进人的现代化以增进中国式现代化的内在动力。

(二)研究方法

在探究《形态》中人的发展理论过程中,以历史唯物主义和辩证唯物主义为基础,采取如下方法展开研究:

1.文献研究法

《形态》作为马克思主义人的发展理论的代表性文本,学界进行了广泛探讨,形成了较为丰富的研究成果。故在研究过程中,整理了学界的主要研究成果,吸收其中的思想观点,为本研究的展开提供了重要借鉴和启发。此外,重点分析当前学界研究存在的薄弱环节或不足之处,找到进一步探究的切入点和着力点,从而推进《形态》中人的发展理论的深入研究。

2.逻辑与历史相统一的方法

马克思恩格斯人的发展理论的根基经历了从唯心主义到唯物主义的演变过程,因而在不同历史阶段其人的发展理论存在不同程度的差异。在研究《形态》中人的发展理论时,不仅将其置于马克思主义人的发展理论的演进逻辑中加以考察,而且将其置于整个马克思主义发展史中加以考察,从而准确把握每一个重要判断及其思想精髓,做到忠实于不同阶段马克思恩格斯思想发展的实际。

3.比较研究法

《形态》中人的发展理论是马克思恩格斯人的发展理论的组成部分,更是马克思主义人的发展理论的重要组成部分。故在研究中采用比较研究法,即同此前的经典著作比较,把握《形态》中人的发展理论有何新发展;同此后的经典著作比较,把握《形态》中人的发展理论为未来发展奠定了哪些基础,进而准确把握马克思恩格斯每一个关于人的发展思想或论断的演进脉络,深刻理解其理论内蕴和精神实质。

三、研究现状及其述评

《德意志意识形态》作为唯物主义历史观形成的重要标志性文献,学界对其非常关注,对其内蕴的历史唯物主义基本原理进行了广泛讨论和深度研究,成果丰硕。但相对而言,学界对《形态》中人的发展理论研究不够,已有研究主要聚焦《形态》中人的发展理论的研究动因、内在蕴含、实现条件以及现实意义四个方面,这为全面准确把握这一理论奠定了基础。但同时,还存在研究的系统性不强、内蕴的方法发掘不够等问题,为进一步研究留下了空间。

（一）研究现状

当前学界关于《形态》中人的发展理论的研究成果主要表现为期刊论文和学位论文,专门研究的学术著作很少,多被包含在对《形态》中唯物史观的研究成果中,其基本研究状况如下:

1.《形态》中关于人的发展问题的探究动因研究

马克思恩格斯为何在《形态》中如此关注人的发展问题? 对此,有学者认为是因"真正实现人的自由"是马克思恩格斯终其一生的价值追求,《形态》是马克思恩格斯的思想经历急剧变革之后,立足唯物主义对社会历史的发展以及人的问题展开研究后形成的成果,可谓二人彰显自身立场的重要标志。此外,其直接动因是要反驳布·鲍威尔等人在《维干德季刊》第3卷（号）上对马克思恩格斯思想的歪曲,回应青年黑格尔派之间的论战,并消除"真正的社会主义"包括在人的问题上的种种错误观点的影响。[①]

2.《形态》中关于人的发展理论的内在蕴含研究

学界主要围绕着《形态》中"现实的个人"、人的本质、旧式分工、共同体、世界历史以及个人主体地位等思想展开研究,形成如下研究图景。

第一,关于"现实的个人"的理论内蕴研究。"现实的个人"作为《形态》中的重要概念,引起学者们的广泛关注与讨论,多将其作为理解唯物史观的切入点展开研究。一是探究《形态》中"现实的个人"的内在规定性。有学者从"感性的个人""整体意义上的个人""具体的个人"三个方面揭示了"现实的个人"的基本规定,认为马克思恩格斯在《形态》中对这一概念的系统阐释,打破了自然与历

---

① 李成旺:《〈德意志意识形态〉撰写缘由的多维度重释》,《中国高校社会科学》2023年第6期,第59–70页。

史、个人与共同体之间的二元对立,发现了人类历史的基本规律,成为唯物史观的入口①,有学者从自然的肉体的人、从事劳动实践的人、处于社会关系中的人、世界历史意义上的人,以及能动表现生活的人等五个方面分析了《形态》中"现实的个人"的内在规定,认为体现了马克思从"解释世界"到"改变世界"的革命性变革。②还有学者从结构性存在角度进行分析,认为《形态》中"现实的个人"有五重规定,即肉体生理学意义上的有生命的个人、由物质生活条件所决定的人、"活动"中的人、处于各种"关系"性存在中的人,以及处于社会"结构"中的人。③二是探究《形态》中"现实的个人"的自由问题。有学者指出马克思认为资本主义私有制条件下无法实现"现实的个人"的自由,其原因是生产力的发展水平较低、旧式分工的制约,以及偶然性对个性的压抑,进而提出生产力的高度发展、现实的实践活动、无产阶级的自主活动以及真正共同体的建立是实现"现实的个人"的自由的条件。④还有学者认为,马克思恩格斯在《形态》中阐述了个人自由的现实性,认为人的自由受到物质生活条件的制约,包括私有制下人与自然的关系、人与人的关系会制约着人的自由,尤其是分工是制约自由的重要因素。⑤三是发掘《形态》中"现实的个人"的人本内蕴。有学者认为,《形态》中"现实的个人"理论充分体现了以人为本的思想,并贯穿于《形态》中的交往思想、生产力与交往形式、市民社会以及共产主义等思想中,这对理解和实践以人为本的科学发展观具有现实意义。⑥四是探究《形态》中"现实的个人"与唯物史观阐发的内在关系。有学者基于学界对《形态》中唯物史观解读的分歧,指出对"人"的理解是理清这些分歧、形成共识的关键,强调自然界相对于人的优先地位,人

---

① 汪信砚、李志:《"现实的个人":唯物史观的入口处——〈德意志意识形态〉的个人概念及其意义》,《哲学动态》2007年第9期,第9-15页。

② 杨金洲、郑莹:《马克思关于"现实的个人"的思想及其当代价值——〈德意志意识形态〉研究之二》,《中南民族大学学报》(人文社会科学版)2014年第5期,第84-87页;李成旺:《〈德意志意识形态〉撰写缘由的多维度重释》,《中国高校社会科学》2023年第6期,第59-70页。

③ 莫小丽:《马克思"现实的人"概念的本质规定和历史嬗变——从〈德意志意识形态〉到〈共产党宣言〉》,《现代哲学》2023年第5期,第45-53页。

④ 陈飞:《"现实的个人"的自由——〈德意志意识形态〉中的自由思想探析》,《科学社会主义》2012年第2期,第35-38页。

⑤ 解民:《马克思和恩格斯论个人自由——读〈德意志意识形态〉》,《中山大学学报》(社会科学版)1991年第4期,第38-43页。

⑥ 张国富、孙金华:《〈德意志意识形态〉中的"现实的个人"理论及其当代价值》,《社会主义研究》2011年第3期,第16-19页。

类的生产活动催生了"现实的个人",进而产生社会关系与人类历史;阐发了"现实的个人"的内涵,即自然的存在、实践的存在及其统一,在社会关系中的存在,同时受到自然环境和物质生活条件的制约。①也有学者基于文本的原初语境分析,认为"现实的个人"是马克思恩格斯对历史唯物主义新世界观的重申,甚至并非聚焦"人"本身,而是指向新世界观的方法论。②五是对"现实的人"和"现实的个人"进行辨析。有学者认为,《形态》中用"现实的人"和"现实的个人"两种表达形式,虽只有一字之差,但二者所指不同,前者指处于具体社会关系中的人,后者指在现实实践活动中自我解放的个人。两种表达形式都反映了马克思恩格斯对人的高度关注,且基于社会历史和社会关系将二者联系起来,但二者用以说明的具体问题和人得以解放的路径不同。③

第二,关于人的本质理论研究。学界主要从两个方面展开研究:一是聚焦《形态》中人的本质自我生成何以可能的问题。有学者根据学界争论引出"人在历史的起点处究竟有没有本质"的问题,进而根据《形态》的文本解读,指出马克思恩格斯借助黑格尔的辩证法内核,即"有—无—变"演绎的本质生成道路,演绎历史开端处"人的本质"的自我生成之路,构建了唯物史观,从而实现了对黑格尔辩证法的继承与重构。④二是解读《形态》中对人的本质的认识。有学者认为,《形态》分别从两个维度进行了阐释,即人的本质"在其现实性上,它是一切社会关系的总和"⑤和人的本质是劳动,劳动也是人存在和发展的根本基础、人的发展的根本路径。⑥还有学者强调,人的本质是马克思针对费尔巴哈抽象的、单个的人提出来的,用人性的现实形态等同于社会经济形态的逻辑加以对抗,但并未用人的社会性存在湮没人的个体存在。⑦

① 叶汝贤:《现实的人及其历史发展的科学——深入解读〈德意志意识形态〉所阐发的唯物史观》,《哲学研究》2008 年第 2 期,第 10—18 页。
② 张义修:《历史唯物主义方法论视野中的"现实的个人"——对〈德意志意识形态〉小束手稿的文本学解读》,《南京大学学报》(哲学·人文科学·社会科学版)2011 年第 6 期,第 11—17 页。
③ 高爽、黄明理:《论解放维度中"现实的人"与"现实的个人"的辩证统一关系——基于〈德意志意识形态〉的文本分析》,《思想教育研究》2022 年第 1 期,第 66—70 页。
④ 梁爽:《"人的本质"的自我生成何以可能——〈德意志意识形态〉对黑格尔辩证法的继承与重构》,《哲学研究》2022 年第 10 期,第 31—42 页。
⑤《马克思恩格斯选集》第一卷,北京:人民出版社,2012 年版,第 139 页。
⑥ 李大兴:《〈德意志意识形态〉的人学理论探析》,《北京大学学报》(哲学社会科学版)2002 年第 S1 期,第 31—35 页。
⑦ 李忠华:《〈德意志意识形态〉中人学思想要论》,《北方论丛》2015 年第 1 期,第 120—123 页。

第三,关于旧式分工与人的发展研究。学界对该问题的研究形成较为一致的认识:一是分析了分工与人的发展之间的内在关系。有学者指出,《形态》反映出马克思恩格斯研究人的全面发展问题着眼于对分工的考察,他们站在唯物史观基础上,阐明分工是生产力与生产关系相互联系的中介,不同历史阶段生产力与生产关系通过分工这一中介影响着人的发展;生产力、生产关系和意识形态三者之间的矛盾只有通过消灭旧式分工才能解决,同时旧式分工也造成人的畸形、片面发展。①二是强调个人从片面到全面的发展依赖于旧式分工的消灭。有学者提出,旧式分工造成了劳动及其产品分配的不公平、人的异化以及个人或家庭利益与共同利益之间的矛盾,故须消灭旧式分工,代之以新式分工,从而使个人支配分工、使分工从属于个人。②

第四,共同体与人的发展研究。学界重点分析了《形态》中两种性质的共同体对人的发展的影响。有学者认为,马克思恩格斯在《形态》中分析了两种性质的共同体,一是阶级的共同体,阶级社会中的个人总是从属于特定阶级的共同体,它对个人发展起到基础性作用、指明现实道路,但它的虚幻性决定了它对人的发展的偶然性;二是真实的共同体,即自由人联合体,它代表着全体社会成员而非极少数统治阶级的利益,消灭了旧式分工,取而代之以新式分工,人在其中才能实现能力与潜力的全面发展。③

第五,世界历史与人的发展研究。学界主要从三个方面展开了分析:一是分析了《形态》中世界历史发展与个人发展的内在一致性。有学者认为,个人发展与历史进程相互交融、与普遍交往相互依存、与世界历史相互统一,因而需要将人的发展置于世界历史、世界历史性的共产主义运动中加以考察,从而展现世界历史与个人发展的积极统一。④二是提出世界历史发展是人类解放和人的全面发展的现实路径。有学者认为,世界历史的发展打破了民族和地域界限,

---

① 陈桂生:《浅探〈德意志意识形态〉中关于人的全面发展理论》,《杭州大学学报》(哲学社会科学版)1986年第1期,第7-11页。

② 汪盛玉、何玉健:《"个人的发展"是马克思主义人的全面发展学说的核心内容——基于〈德意志意识形态〉"费尔巴哈"章的思考》,《新时代马克思主义论丛》2022年第1期,第19-34页。

③ 汪盛玉、何玉健:《"个人的发展"是马克思主义人的全面发展学说的核心内容——基于〈德意志意识形态〉"费尔巴哈"章的思考》,《新时代马克思主义论丛》2022年第1期,第19-34页。

④ 汪盛玉、何玉健:《"个人的发展"是马克思主义人的全面发展学说的核心内容——基于〈德意志意识形态〉"费尔巴哈"章的思考》,《新时代马克思主义论丛》2022年第1期,第19-34页。

扩大了人类活动的时空范围,推动普遍交往的发展,推动共产主义的实现,进而促进了人类的解放以及人的自由而全面的发展。①三是提出人的全面发展是共产主义的最终旨归。有学者认为,马克思从现实维度和哲学维度阐释共产主义,从现实维度而言,他们认为通过完善社会制度和进行革命与建设即可实现;从哲学维度而言,他们立足实践唯物主义,提出重新占有人的本质和解决对象化活动中的各种矛盾,进而最终实现人的全面发展。②

第六,关于人的主体地位理论研究。有学者认为,《形态》反映了马克思恩格斯并没有抛弃《1844年经济学哲学手稿》(后文中简称《手稿》)中关注人自身发展主体地位,而是在新世界观创立后,在新的理论基础上重新科学地说明了人在社会历史中的主体地位,清晰阐释了人的本质是人在特定历史条件下全部社会关系的总和;从主客体的关系角度,阐明自主活动既指人类自身的主体活动或主体地位,又指人现实地改造外部世界的具体的、历史的、现实的创造活动,这就使共产主义从理论逻辑推论转变为现实的历史客观趋势的反映。③

3.《形态》中关于人的发展条件思想研究

学界对马克思恩格斯在《形态》中提出的人全面发展的历史条件展开研究,形成了较为一致的观点。学者们认为,《形态》主要提出了如下人的全面发展的实现条件:确立唯物主义立场实现人的思想解放;④生产力得到高度发展,消灭私有制和旧式分工,发展教育事业,以及普遍交往得以发展等;⑤"联合起来的个人"通过革命冲破阶级的藩篱,进而建立共产主义这一真正的共同体。⑥这些主客观条件将在资本主义旧社会的胎胞中孕育和发展,经历从量变到质变的过程日益成熟,最终实现共产主义,人的自由而全面发展在真正的共同体中得以实现。

① 王巍:《人类解放和人的自由全面发展——从〈德意志意识形态〉看马克思哲学的主题》,《中国党政干部论坛》2012年第12期,第55-57页。
② 张奎良:《实践人学:马克思哲学的最终归结——纪念〈德意志意识形态〉诞生160周年》,《哲学研究》2006年第5期,第3-8页。
③ 张一兵:《科学地理解人在社会历史发展中的主体地位——〈德意志意识形态〉读后》,《人文杂志》1994年第2期,第33-40页。
④ 曹毅哲:《马克思恩格斯人的解放思想的内在逻辑——基于〈德意志意识形态〉的文本研究》,《河海大学学报》(哲学社会科学版)2023年第2期,第42-49页。
⑤ 秦在东、文大稷:《〈德意志意识形态〉与人的全面发展思想探析》,《江汉论坛》2008年第2期,第72-74页。
⑥ 李忠华:《〈德意志意识形态〉中人学思想要论》,《北方论丛》2015年第1期,第120-123页。

4.《形态》中人的发展理论的现实意义研究

学界主要从理论与实践两个层面对《形态》中人的发展理论的现实意义展开探讨：一是从理论层面分析，学者们认为马克思恩格斯在《形态》中关于人的发展理论的阐释，是站在唯物主义历史观基础之上，摆脱了旧唯物主义和唯心主义的影响，进而形成了"马克思主义"人的发展理论，故具有重要的理论价值；《形态》中人的发展理论是中国特色社会主义理论的逻辑前提和理论基础。①二是从实践层面分析，学者们从不同角度展开探讨，认为《形态》中人的全面发展理论是思想政治教育的理论基础，能够指导思想政治教育实践活动的顺利展开；②能够促进我国社会主义和谐社会的建构；③能够强化和改进当前我国人的教育并提升教育的有效性。④这表明学界始终结合社会发展的最新实际发掘《形态》中人的发展理论的实践价值。

（二）研究现状述评

学界关于《形态》中人的发展理论研究取得如下突出成绩：一是对于《形态》在马克思主义人的发展理论演进史中的地位形成共识，认为它立足唯物史观对人的发展理论进行了较为全面的阐释，从而区别于唯心主义者黑格尔，以及青年黑格尔派等对人的认识，揭露"真正的社会主义"关于人的谬误，具有标志性意义。二是对《形态》中人的发展理论的主要思想进行了分析阐释，包括"现实的个人"、人的本质、人的自由、旧式分工、共同体、世界历史等思想，初步勾勒出这一重要文本中人的发展理论的基本框架体系，论证了这一文本在马克思主义人的发展理论演进历程中的重要地位。三是结合社会发展和人的发展最新实际发掘《形态》中人的发展理论的现实价值，无论同思想政治教育等具体的实践活动相结合，还是同社会主义和谐社会建设等社会实际相结合，都较好地激发这一理论的现实活力，彰显了马克思主义人的发展理论的生命力。

① 周方道：《〈德意志意识形态〉中人的全面发展思想及其当代价值》，《渤海大学学报》（哲学社会科学版）2015年第3期，第36-39页。
② 秦在东、文大稷：《〈德意志意识形态〉与人的全面发展思想探析》，《江汉论坛》2008年第2期，第72-74页。
③ 秦在东、文大稷：《〈德意志意识形态〉与人的全面发展思想探析》，《江汉论坛》2008年第2期，第72-74页。
④ 王学俭、魏泳安：《〈德意志意识形态〉中人学思想的教育价值》，《南京师大学报》（社会科学版）2016年第3期，第15-22页。

但是,当前学界关于《形态》中人的发展理论的研究还存在如下缺憾:一是对《形态》中人的发展理论的系统性研究不够。《形态》中关于"现实的个人"、人的本质、人的自由、旧式分工、共同体、世界历史等思想有着严密的内在逻辑,作为一个思想的有机整体,虽然分别加以研究有助于对某一思想的深度理解,但因此也缺乏对该文本中人的发展理论的整体性把握。二是对《形态》中人的发展理论内蕴的方法发掘不够。马克思主义是科学的世界观和方法论的统一,《形态》中人的发展理论也内蕴着实践的理念、矛盾分析法和历史分析法等,只有从方法层面理解和把握该文本内蕴的人的发展理论,才能解释和说明为何马克思恩格斯能够在人的发展问题上实现对旧唯物主义和唯心主义关于人的思想的超越。三是《形态》中人的发展理论对现代化进程中人的现代化问题的观照研究不够。人的发展问题是一个永恒的问题,随着时代的变迁和社会的进步,不同历史阶段和现实境遇中人的发展问题不同,要求及时捕捉突出问题并从理论上加以回应、从实践上加以解决。当代中国作为推动世界现代化进程的重要力量,已然开启现代化的新征程,这一时代境遇的新变化促使人的发展面临新情况新问题,要求深入发掘并激活《形态》等经典文本中人的发展理论,指导中国式现代化进程中人的现代化,推进人的全面发展,但目前学界在这方面的研究还不够。总之,这些不足为继续探究《形态》中人的发展理论留下了空间。

四、《德意志意识形态》在马克思恩格斯人的发展理论中的定位

虽然马克思恩格斯并未有一部专门阐述其人的发展理论的著作,但《1844年经济学哲学手稿》《德意志意识形态》《共产党宣言》《反杜林论》《家庭、私有制和国家的起源》等文本中都内蕴着丰富的人的发展理论。其中,《形态》是马克思恩格斯基于唯物史观对人的发展理论进行全面阐释的重要文本,如陈桂生先生所说:"马克思和恩格斯在《德意志意识形态》一书中明确提出了人的全面发展问题,并在阐述一系列历史唯物主义基本原理的过程中考察这个问题。这部著作标志着马克思主义关于人的全面发展理论的形成。"[①]因此,有必要以《形态》为研究对象,深度发掘其内蕴的人的发展理论。

---

① 陈桂生:《浅探〈德意志意识形态〉中关于人的全面发展理论》,《杭州大学学报》1986年第1期,第7–11页。

（一）《形态》基于唯物史观对人的发展理论进行阐释

《德意志意识形态》的全名为《德意志意识形态。对费尔巴哈、布·鲍威尔和施蒂纳所代表的现代德国哲学以及各式各样先知所代表的德国社会主义的批判》，它是马克思恩格斯于1845年10月至1847年4—5月合作完成的一部重要文献。《形态》不仅是马克思主义唯物史观发展史上一部举足轻重的文献，而且因其人的发展理论是基于唯物史观进行的详细阐释，标志着"马克思主义"人的发展理论的形成，因而是马克思主义人的发展理论的重要文本载体。

《形态》共分两卷，在第一卷中，马克思恩格斯集中火力对路·费尔巴哈、布·鲍威尔和麦·施蒂纳等青年黑格尔分子的唯心史观展开批判，在破立并举中阐发了历史唯物主义的基本原理；在第二卷中，马克思恩格斯则针对当时在德国有较大影响的社会思潮"真正的社会主义"展开批判，揭露其阶级实质和错误本质。因此，马克思恩格斯在《形态》中已经摆脱唯心主义历史观的影响，站在唯物主义历史观的立场对人的发展问题进行分析阐释，不仅形成了"马克思主义"人的发展理论，而且反过来促成二人进一步同青年黑格尔派分道扬镳，实现思想上的再次升华，完成唯心主义向唯物主义、革命民主主义向共产主义的彻底转变。

马克思恩格斯都曾是青年黑格尔派的一分子，深受黑格尔客观唯心主义思想体系的影响，其辩证法的合理内核被马克思恩格斯所吸收成为其创建的理论体系的重要内容。但是，黑格尔理论的唯心主义的底色使马克思恩格斯运用其分析现实问题时处处碰壁，阻碍了二人对全人类的解放、每个人自由而全面发展问题的深入思考。这也促使马克思恩格斯在《形态》中对黑格尔、鲍威尔、施蒂纳等人关于人的思想展开批判，进而在唯物主义历史观的理论基石上重新构建人的发展理论。同时，由于"真正的社会主义"的代表性人物莫泽斯·赫斯、海尔曼·克利盖、海尔曼·泽米希以及卡尔·格律恩等人纷纷阐发关于人的问题的认识，其错误的观点对无产阶级的革命运动产生方向性误导，因此，马克思恩格斯正面批驳"真正的社会主义"者们关于人的谬误，清除他们对工人阶级斗争实践的干扰，并站在唯物主义立场上阐发了"现实的个人"的内在规定，从劳动和社会关系维度分析了人的本质，揭露旧式分工和私有制对人的限制，展望了真正共同体中人的发展前景，从而较为系统地呈现了人的发展理论，推动马克思主义人的发展理论的发展。

综上，马克思恩格斯在《形态》中关于人的发展理论的阐释，以"破立并举"为鲜明特色，一方面，他们批驳了黑格尔，以及青年黑格尔派分子站在唯心主义立场上关于人的错误认知；另一方面，他们立足唯物史观这一理论基石从正面阐释了人的发展理论，从而标志着马克思主义人的发展理论的形成。

（二）《形态》构建了马克思主义人的发展理论的框架

全面考察马克思恩格斯在《形态》中关于人的发展的论述，可以发现他们构建了较为完整的人的发展理论框架，主要包括人的本质理论、分工理论，以及共同体理论，而贯穿于这些理论始终的是实践的理念、矛盾分析法和历史分析法，体现了思想观点与科学方法的统一。

马克思恩格斯在《形态》中以"现实的个人"为出发点，阐发了"现实的个人"不仅是有生命的个人，而且是从事物质生产实践活动的人；"现实的个人"在从事物质生产实践的过程中形成现实的关系，社会关系就是这一实践活动的历史产物；置于"一定历史条件和关系中的个人"①受到社会关系的制约，社会关系决定着"一个人能够发展到什么程度"②，进而阐明了人的本质从现实性而言，是一切社会关系的总和。相对于马克思在《关于费尔巴哈的提纲》中对人的本质的判断式表达，马克思恩格斯则在《形态》中阐释、论证了人的本质，深度分析了人的发展与社会发展的内在关联，他们从唯物主义历史观角度认识社会历史的主体，同黑格尔、青年黑格尔派等人关于人的认识有着根本区别。

马克思恩格斯在《形态》中深入分析了旧式分工和私有制对人的发展的制约。马克思恩格斯首先在一般意义上分析了分工的产生，肯定分工不仅促成了"成倍增长的生产力"③，而且促成交往形式的进一步丰富，推动人类历史从民族史、地域史向世界历史转变，可谓"迄今为止历史发展中的主要因素之一"④。其次，马克思恩格斯专门分析了旧式分工与私有制的关系，强调私有制是分工这一活动的产物，私有制产生之后同分工一道深刻影响着生产力与生产关系的发展，进而得出"分工和私有制是相等的表达方式"⑤的结论。最后，马克思恩格斯

---

① 《马克思恩格斯全集》第三卷，北京：人民出版社，1960年版，第86页。
② 《马克思恩格斯全集》第三卷，北京：人民出版社，1960年版，第295页。
③ 《马克思恩格斯选集》第一卷，北京：人民出版社，2012年版，第165页。
④ 《马克思恩格斯选集》第一卷，北京：人民出版社，2012年版，第165页。
⑤ 《马克思恩格斯选集》第一卷，北京：人民出版社，2012年版，第163页。

揭露了旧式分工和私有制使得劳动成为"凌驾于个人之上的力量"①,使私人关系发展成为阶级关系,进而作为一种异己的、同人相对立的力量造成人的片面发展、畸形发展。

马克思恩格斯在《形态》中基于对资本主义旧式分工和私有制造成人的畸形发展的批判,展望了取而代之的真正的共同体——共产主义社会中人的发展前景。马克思恩格斯批判私有制下的国家等都是"虚幻的共同体",提出要建立真正的共同体即共产主义以取而代之,从而为人的全面发展提供充分条件。共产主义实行生产资料的社会占有,实行自觉分工以破除"物"对人的统治,开启世界历史的新发展阶段,从而成为保障人的自由个性的真实共同体,打碎人的发展桎梏,实现个人的全面发展以及人类的彻底解放。同时,个人作为社会历史发展的主体,在资本主义社会中承担彻底变革社会使命的是无产阶级,他们通过革命活动摧毁"虚假的共同体",建立"真正的共同体",从而让"全面的交往和生产力"掌握在"全面发展的个人"手中,实现人的发展与社会发展的协调统一、相互促进。

《形态》内蕴的科学方法是贯穿于该文本中人的发展理论始终的红线。马克思在《关于费尔巴哈的提纲》中明确地提出实践的范畴,强调从实践出发去理解感性的人的活动和感性的世界,阐明人的本质在其现实性上是一切社会关系的总和,这是包含着新世界观的天才萌芽的第一个文献。马克思恩格斯在《形态》中关于实践的阐释更加成熟,并将实践贯通于对人的发展问题的思考。以实践为基础,马克思恩格斯强调"现实的个人"是从事物质生产实践的人,从而超越了黑格尔具有"自我意识的理性的人"、费尔巴哈"感性的自然人",以及施蒂纳的"唯一者"等等。马克思恩格斯在《形态》中立足唯物辩证法对现实的资本主义进行解剖时采用了矛盾分析法,他们一方面肯定了资本主义下的分工与私有制极大提高了生产效率,使得社会财富井喷式增长,斩断了"一切封建的、宗法的和田园诗般的关系"和"把人们束缚于天然尊长的形形色色的封建羁绊",②推动人的发展;另一方面,他们认为资本主义下的分工和私有制又强化了物对人的操控,造成劳动的异化和人的畸形发展。这一矛盾的化解只能通过对资本主义旧式分工和私有制的扬弃,在新建的"真正的共同体"中才能实现生产力的进步同人的发展的统一。马克思恩格斯在《形态》中考察人类社会发展和

①《马克思恩格斯选集》第一卷,北京:人民出版社,2012年版,第185页。

②《马克思恩格斯选集》第一卷,北京:人民出版社,2012年版,第402-403页。

人的发展时采用了历史分析法,梳理了三次社会大分工及其带来的社会生产、社会生活以及阶级关系的变化,阐发社会发展与人的发展的内在关联,贯通人类发展历史展望社会发展和人的发展的未来景象,从而阐发了生产力与生产关系、社会存在与社会意识辩证关系等唯物史观的基本原理。

综上,马克思恩格斯在《形态》中所阐释的关于人的思想,构建起较为完整的马克思主义人的发展理论的分析框架,为此后进一步完善和深化人的发展理论奠定了坚实基础。

(三)《形态》清晰地呈现出人的发展理论的内在逻辑

马克思恩格斯在《形态》中呈现的丰富的人的发展理论有着严密的内在逻辑,形成了较为完整的理论体系,是马克思主义人的发展理论形成的标志。

人的本质理论是《形态》中马克思主义人的全面发展理论的逻辑起点。马克思恩格斯在《形态》"费尔巴哈"章中强调:"我们开始要谈的前提不是任意提出的,不是教条,而是一些只有在臆想中才能撇开的现实前提。这是一些现实的个人,是他们的活动和他们的物质生活条件。"①这既阐明"现实的个人"是考察人类历史及其发展的出发点,又指明了探究人的发展问题的出发点,更是《形态》中马克思主义人的发展理论的逻辑起点。人区别于他事物的本质是什么?弄清这一问题是探究人的发展问题的前提,无法回避。"人"在黑格尔那里是具有自我意识和理性的人,在费尔巴哈那里是以肉体为基础的感性的自然人,在施蒂纳那里是超越物质与精神一切束缚的"唯一者",他们的共同之处在于立足唯心主义的理论根基讨论着抽象的人。马克思恩格斯在《形态》中提出了"现实的个人"这一概念,进而对其内在规定性做了历史唯物主义解释,从而摆脱了对人的抽象理解,强调人是处于一定社会关系之中的、从事着物质生产实践的人。马克思恩格斯对"现实的个人"的理解将对人的发展问题的思考置于唯物史观的根基之上,进而揭示人与社会不可分割的内在关联,为进一步探究如何实现人的全面发展问题指明了方向,开辟了道路。

分工理论是《形态》中马克思主义人的发展理论的逻辑延展。马克思恩格斯在《形态》中基于对"现实的个人"内在规定性的阐释,厘清了人与社会生产力、交往形式、所有制,以及分工等的密切关系,从而将实现人的解放与发展同彻底改造社会联系起来,重点分析了一般分工与旧式分工,回答了人的发展现

---

① 《马克思恩格斯选集》第一卷,北京:人民出版社,2012年版,第146页。

状如何的问题,成为《形态》中马克思主义人的发展理论的逻辑延展。马克思恩格斯在《形态》中沿着一般分工到私有制下的旧式分工的分析思路,全景式展现了分工的发展如何推动了生产力的进步、交往形式的发展,助力人摆脱了对人的依赖,同时又促使生产资料私人占有制的产生和发展,进而成为人的全面发展的现实障碍。由此,马克思恩格斯将关注人的发展延伸到关注社会的进步,从追求人的全面发展延伸到追求社会的彻底变革。在分析旧式分工和私有制造成人的片面、畸形发展的种种现象之后,马克思恩格斯顺理成章地得出彻底改造现存社会的结论,提出在生产力发展到一定阶段之后,必须以自觉分工代替旧式分工、以生产资料的社会占有代替私人占有,剪除人的全面发展的一切束缚,从而消除人的发展与社会进步的阶段性对立,实现二者的重新统一。

共同体理论是《形态》中马克思主义人的发展理论的逻辑归宿。面对现实社会中种种造成片面的人、畸形的人、受限制的人的突出问题,马克思恩格斯在《形态》中回答了如何实现人的全面发展的路径,即消灭"虚假的共同体",建立"真正的共同体"即共产主义,从而成为《形态》中马克思主义人的发展理论的逻辑归宿。马克思恩格斯认为以私有制和旧式分工为基础的共同体是"虚假的共同体",不能代表全体社会成员的根本利益,也不能保障全体社会成员的全面发展,而是造成少数人剥夺大多数人的发展机会和资源以满足自身更全面发展的需要。因此,马克思恩格斯提出要消灭"虚假的共同体"以建立"真正的共同体",它是"个人在现代生产力和世界交往所建立的基础上的联合"[1]。在这个共同体中,"各个人都是作为个人参加的",他们"控制了自己的生存条件和社会全体成员的生存条件[2]",从而保障每一个人都得以实现全面发展,这一共同体是自由人的联合体。至此,畸形的、片面的、受限制的人转变为自由的、全面的、充分发展的人,"虚假的共同体"转变为"真正的共同体",解答了如何实现人的全面发展的时代之问。

综上,《形态》作为马克思恩格斯创立马克思主义人的全面发展理论的标志性文本,通过对其内蕴的人的发展理论的深度挖掘,既有助于进一步领悟马克思主义理论的人民立场、远大理想,以及最高价值取向,又有助于准确应答中国式现代化,以及世界现代化进程中提出的人的现代化的时代之问。

[1]《马克思恩格斯全集》第三卷,北京:人民出版社,1960年版,第516页。
[2]《马克思恩格斯文集》第一卷,北京:人民出版社,2009年版,第573页。

第一章

《德意志意识形态》
中人的发展理论的
探究动因

马克思恩格斯从事理论研究和革命活动的最终目标是实现全人类的解放和每个人自由而全面的发展。在《德意志意识形态》中,两位革命导师以"边破边立"的方式阐释了人性、人的本质、人的解放等思想,丰富了马克思主义人的发展理论,从根本上同旧唯物主义、青年黑格尔派,以及"真正的社会主义"等关于人的谬误划清了界限,结束了德国哲学界在"人"的问题上的激烈纷争,也为今天正确认识"人"、推动人的全面发展提供了科学的方法论原则。

一、清算旧唯物主义和唯心主义关于人的谬误

17世纪至18世纪的旧唯物主义者将人本主义作为唯物主义的组成部分,但在具体实践中却陷入困境:一方面,他们以自然权利为依据,要求提高个人在社会中的地位,并提出自由、平等、博爱等价值理念;另一方面,他们因于"机械的形而上学唯物主义理论",把人看成机器,存在否定人、贬低人的倾向。聪明的唯心主义者继承了笛卡尔"我思故我在"的哲学命题,将人的主体性提升到新的高度,企图克服机械论脱离人、贬低人的哲学缺陷,同时超越宗教神学中那种超自然、超人类的客观精神。但唯心主义者在接过人本主义的旗帜时,却用思辨哲学将人抽象为"精神""自我意识"和"唯一者"等,进而将精神、意识凌驾于物质之上,否定了物质的第一性。鉴于此,马克思恩格斯要站在历史唯物主义的立场上重新审视人、研究人,就必须清算旧唯物主义和唯心主义关于"人"的谬误。

(一)旧唯物主义关于人的谬误

旧唯物主义反映论是被动的、消极的、直观的反映论,它虽然承认认识是对客观事物的反映,却将这一过程视为人对客观事物的被动反映、直观印象,既无视认识过程中人的主观能动性,又无视实践对人的认识的决定意义,不能从社会实践出发,去理解自然界和人类社会,以及人同外部世界的所有关系。人的实践在认识活动中起决定性作用,故人与外部世界的关系首先是改造与被改造的关系,然后才会产生认识和被认识关系。旧唯物主义反映论是造成关于人的谬误的理论基础,其中,费尔巴哈人本学具有典型代表性,且对马克思恩格斯人的发展理论产生较大影响。

费尔巴哈是德国旧唯物主义哲学家,他先后出版了《论死与不朽》《黑格尔哲学的批判》《基督教的本质》和《宗教的本质》等著作,克服了近代以霍布斯为代表的"纯粹的唯物主义者"见物不见人的弊病,把人称作哲学唯一的、普遍的、最高的对象。费尔巴哈表示:"我的第一个思想是上帝,第二个是理性,第三个也是最后一个是人。神的主体是理性,而理性的主体是人。"①因此,人是他思想发展的归宿,也是他哲学体系中一以贯之的基本原则。费尔巴哈立足唯物主义创立了人本主义,并从人的自然本质、人的类本质、人的异化三方面阐释其人本主义思想。

第一,自然性是人的本质。费尔巴哈第一次站在唯物主义的立场上将自然作为人的本质,他强调人是自然界长期发展的产物,人的本质首先为自然因素所规定,因而"完全与动植物一样,人也是一个自然本质"②,"我所吃喝的东西是我的'第二个自我',是我的另一半,我的本质,而反过来说,我也是它的本质。因此,可喝的水,即能够成为血的组成部分的水是带有人的性质的水,是人的本质"③。这里所涉及的"自然本质"主要指的是人的自然属性和存在方式,人不是抽象的精神实体,而是感性存在的自然实体。费尔巴哈认为感性存在是人区别于自然界其他生物的特殊表现,"感官是人和动物共通的,但只有在人身上,感官的感觉从相对的、从属于较低的生活目的的本质成为绝对的本质、自我目的、自我享受"④。感性不仅包括感觉本身,还包括了"思维、精神、理性",因此,人们可以将身体对外部世界的触感转换为精神的享受,在无目的地对星空的仰望中感受到喜悦,在色彩斑斓中获得美的惊喜。将人视为感性存在,是费尔巴哈人本主义区别于唯心主义的重要标志,直观反映出其摆脱了长期以来基督教统摄下带有鲜明唯心主义色彩的"人",把人理解为自然的、感性的人。但是,费尔巴哈也未能立足社会历史活动来把握人的本质,对人的理解更多地停留于生物学意义上,这是他显著的缺陷。

---

① [德]费尔巴哈:《费尔巴哈哲学著作选集》上卷,荣震华、李金山等译,北京:商务印书馆,1984年版,第247页。
② [德]费尔巴哈:《费尔巴哈哲学著作选集》上卷,荣震华、李金山等译,北京:商务印书馆,1984年版,第312页。
③ [德]费尔巴哈:《费尔巴哈哲学著作选集》上卷,荣震华、李金山等译,北京:商务印书馆,1984年版,第530页。
④ [德]费尔巴哈:《费尔巴哈哲学著作选集》上卷,荣震华、李金山等译,北京:商务印书馆,1984年版,第212页。

马克思恩格斯承认人的自然属性,但反对将自然属性作为人的唯一属性。费尔巴哈没有看到真实存在着的、活动着的人,他对人的理解依旧未能完全摆脱抽象性。费尔巴哈"把人只看作是'感性的对象',而不是'感性的活动',因为他在这里也仍然停留在理论的领域内,而没有从人们现有的社会联系,从那些使人们成为现在这种样子的周围生活条件来观察人们"①。马克思恩格斯强调,不能从主观"想象"或"设想"出发,而必须将人置于社会关系和社会生活中加以考察,即"我们不是从人们所说的、所想像的、所设想的东西出发,也不是从只存在于口头上所说的、思考出来的、想像出来的、设想出来的人出发,去理解真正的人。我们的出发点是从事实际活动的人,而且从他们的现实生活过程中我们还可以揭示出这一生活过程在意识形态上的反射和回声的发展。"②这里"真正的人"有三层内蕴:一是"真正的人"是"有生命的个体的存在",是自然界的一部分,具有自然属性;二是"真正的人"是处于"现有的社会联系"之中的人,同他人和整个社会产生各种形式的联系,具有社会属性;三是"真正的人"是"从事实际活动的人",尤其是从事着物质资料的生产实践。综上,在摆脱对人的抽象性理解的基础上,要认识到自然属性和社会属性都属于人的基本属性,但只有社会属性才是人的本质属性,故停留于对人的自然属性的理解,就不会理解区别于其他物质的"真正的人"。至此,马克思恩格斯关于人的本质思想在批判吸收费尔巴哈人本主义理解基础上向前迈进一大步,达到新的唯物主义高度,提出了"人是人的最高本质"的响亮口号。

第二,人的"类"本质。费尔巴哈在强调人的自然性本质的基础上,从物种的区别角度进一步阐述了人的"类"本质。一是认为人的"类"本质是区别于其他动物的关键点。费尔巴哈指出,动物的"内在生活"和"外在生活"是合二为一的,过着单一的生活;而人却过着"双重生活"。一方面人的外在生活是现实的、肉体的,另一方面"人的内在生活,是对他的类、他的本质发生关系的生活"③。动物可以将个体当作对象,但不能将类当作对象,它没有那种由知识得名的意识,"只有将自己的类、自己的本质性当作对象的那种生物,才具有最严格意义

---

① 《马克思恩格斯全集》第三卷,北京:人民出版社,1960年版,第50页。
② 《马克思恩格斯全集》第三卷,北京:人民出版社,1960年版,第30页。
③ [德]费尔巴哈:《费尔巴哈哲学著作选集》下卷,荣震华、王太庆、刘磊译,北京:商务印书馆,1984年版,第27页。

上的意识"①。由此可知,"意识"即"理性、意志、心",是人的"类"本质,从而区别于动物的生活。二是从"集体"和"普遍性"中引申出人的"类"本质,他认为孤独性即是有限性和限制性,而集体则是自由性和无限性。"孤立的,个别的人,不管是作为道德实体或作为思维实体,都未具备人的本质。人的本质只是包含在团体之中,包含在人与人的统一之中,但是这个统一只是建立在'自我'和'你'的区别的实在性上面的。"②费尔巴哈关于人的规定同旧唯物主义相比具有很大进步性,因为他没有使人的本质停留在个体的经验层面,而是从无数个体中抽象出人的共性,将其提升到普遍性层面。

马克思恩格斯批判费尔巴哈关于人的"类"本质的错误认识。一方面,费尔巴哈忽视了现实个体的经验性和差别性,他所谓的"类"本质只是"内在的、无声的、把许多个人纯粹自然地联系起来的普遍性"③,且永远飘浮在天上而无法下降到尘世间,成为人的真正本性。另一方面,费尔巴哈不明白人与人之间的基本关系是在生产实践中结成,其中,生产关系是最重要的"社会联系",所以他不可能真正理解人的"类"本质,只是将人类普遍的自然属性加以升华为"类"本质。鉴于此,马克思从人的现实存在和实践活动入手,阐释人的"类"本质,人具有与动物不同的"类"本质不是因为人有意识(即理性、意志、爱),而是因为"人是类存在物",人在把外部世界当作对象并进行对象化活动的同时,还把自身也当作对象,不断地思考自身活动的性质、目的和意义,因此人的生命活动是"有意识的生命活动",有意识的生命活动就是人的"类"体现。马克思在《詹姆斯·穆勒〈政治经济学原理〉一书摘要》中指出,当我们"作为人进行生产"时,这个生产过程"双重地肯定了自己和另一个人"④,一方面"直接证实和实现了我的真正的本质,即我的人的本质,我的社会的本质"⑤,另一方面,当让人在享受或使用我的产品时,我"既意识到我的劳动满足了人的需要,从而物化了人的本质,又

---

①[德]费尔巴哈:《费尔巴哈哲学著作选集》下卷,荣震华、王太庆、刘磊译,北京:商务印书馆,1984年版,第26页。

②[德]费尔巴哈:《费尔巴哈哲学著作选集》上卷,荣震华、李金山等译,北京:商务印书馆,1984年版,第185页。

③《马克思恩格斯文集》第一卷,北京:人民出版社,2009年版,第505页。

④《马克思恩格斯全集》第四十二卷,北京:人民出版社,1979年版,第37页。

⑤《马克思恩格斯全集》第四十二卷,北京:人民出版社,1979年版,第37页。

创造了与另一个人的本质的需要相符合的物品"①,进而补充了他人的本质。可见,马克思从"有意识的生命活动"过渡到"社会生产实践",把人的本质归结为在生产实践中结成的社会关系的总和,并指出"一当人们自己开始生产他们所必需的生活资料的时候(这一步是由他们的肉体组织所决定的),他们就开始把自己和动物区别开来。人们生产他们所必需的生活资料,同时也就间接地生产着他们的物质生活本身"②。

第三,宗教是人的本质的异化。1841年,费尔巴哈在《基督教的本质》一书中从神的属性和本质、异化的原因、克服异化三方面,逐层深入地阐明宗教是人的本质的异化。首先,费尔巴哈指出:"我们已经证明,宗教之内容和对象,道道地地是属人的内容和对象;我们已经证明,神学之秘密是人本学,属神的本质之神秘,就是属人的本质。"③他认为人在创立宗教时,把自己的一切美好品质和智慧都附加或让渡给神,因而神的特性就是人的特性,神的本质就是人的本质。其次,费尔巴哈分析了人的本质的异化及其原因,认为宗教和神最初不过是人所创造出来的超自然的精神实体,但是,人的本质最终会"突破了个体的、现实的、属肉体的人的局限,被对象化为一个另外的、不同于它的、独自的本质,并作为这样的本质而受到仰望和敬拜"④。因此,人的本质被异化为神,成为奴役人、支配人的力量。这种异化根源于世界的二重性,世界被分为幻想的彼岸世界和现实的此岸世界,当人们对世界的认识还不够充分时,往往借助想象力创造出人之外的、或自然的或精神的东西来实现或体现自己的意图和目的,于是就产生了自然神和精神宗教。最后,为了克服异化,费尔巴哈"致力于把宗教世界归结于它的世俗基础"⑤,并尝试用"爱"重建宗教,他把男女之间的爱看作是人们摆脱冲突和灾难的途径,具有理性成分和浪漫主义色彩。

马克思恩格斯充分肯定了费尔巴哈对宗教本质的揭露,认为他干净利落地剥去了罩在宗教神灵身上的神秘面纱,完成了对宗教的批判。路德、莱布尼茨、

---

①《马克思恩格斯全集》第四十二卷,北京:人民出版社,1979年版,第37页。

②《马克思恩格斯全集》第三卷,北京:人民出版社,1960年版,第24页。

③[德]费尔巴哈:《费尔巴哈哲学著作选集》下卷,荣震华、王太庆、刘磊译,北京:商务印书馆,1984年版,第315页。

④[德]费尔巴哈:《费尔巴哈哲学著作选集》下卷,荣震华、王太庆、刘磊译,北京:商务印书馆,1984年版,第39页。

⑤《马克思恩格斯全集》第三卷,北京:人民出版社,1960年版,第7页。

康德或黑格尔将人看作是"自我意识""信仰"等精神的实体,他们在批判神学的同时,总会为神学留下存活的空间。与之相反,费尔巴哈的人本主义是在批判黑格尔的思辨哲学和宗教观基础上建立起来的,他将"自然人"作为核心与立足点,认为宗教产生于人对自然力的恐惧和崇拜。但是马克思恩格斯也意识到费尔巴哈宗教批判的局限性,并逐一进行批驳。一方面,马克思恩格斯认为费尔巴哈对人本质的理解仍然是抽象的,如前所述,他撇开了特定的现实关系和实践活动谈论宗教感情和人。另一方面,费尔巴哈对异化原因的分析不彻底,他仅把宗教与人关系的异化归结为世界的二重性,而忽视了现实世界的矛盾与冲突才是异化出现的最深层原因。马克思恩格斯表示"宗教上的自我异化"只能用"世俗基础的自我分裂和自我矛盾来说明"①,即用现实世界中的阶级对立、阶级矛盾来解释。在阶级社会中,统治阶级试图利用宗教麻痹劳动人民,使其放弃反抗,臣服于自己的统治。因此,消除宗教与人异化关系的根本途径,不是虚无缥缈的"爱",而是用革命手段消除世俗世界的现实矛盾与冲突,"只有当实际日常生活的关系,在人们面前表现为人与人之间和人与自然之间极明白而合理的关系的时候,现实世界的宗教反映才会消失"②。

(二)唯心主义关于人的谬误

以黑格尔、鲍威尔、施蒂纳为代表的唯心主义者看到了、肯定了人的主体性与能动性,但他们却走向另一个极端,即过分夸大人的主观能动性,脱离了实践、脱离了客观世界。这就一方面凸显了人的主体地位,另一方面又遮蔽了人的本质,进而遮蔽了隐藏在社会历史现象背后的规律,始终被禁锢于唯心主义历史观的窠臼之中。

1.黑格尔思辨哲学中的人

黑格尔是德国古典哲学的集大成者,19世纪唯心主义哲学的重要代表人物,他极为赞赏康德的哲学建树,认为康德的"道德律令"不同于消极自由、习惯自由,是真正自由的体现,他关于人的思考也深受康德的影响。在《法哲学原理》一书中,黑格尔从法律和伦理观念出发,揭示国家、个人和社会的关系。他把家庭、社会和国家看作是个人从主观道德上升为客观道德所必须经历的三个

---

① 《马克思恩格斯全集》第三卷,北京:人民出版社,1960年版,第7页。
② 《马克思恩格斯全集》第二十三卷,北京:人民出版社,1972年版,第96—97页。

阶段，自由也不仅仅是个人意志的反映，而是个人主动服从客观道德的普遍原则的反映，因此，个人要实现自己真正的本质，就需要与社会结为一体，让个人利益从属于普遍利益。同时，黑格尔在研究历史发展的进程中，首先阐述经验意识如何逐渐发展成为人的自我意识，然后强调历史发展是绝对意识的结果，最后论证个人应该在绝对精神的支配下进行劳动，实现主客体统一。总体而言，黑格尔关于"人"的论述带有浓厚的思辨性质，他在某种程度上对马克思形成带有理性主义色彩的人的观点产生了影响。

第一，"人的本质是精神"。黑格尔将精神规定为人的本质并赋予其普遍意义，他认为自然是自在地存在的东西，具有外在性、直接性和无我性的特点，处于自然阶段的人总是被冲动和急需所支配，追求自己特殊的意欲，因此还未成为真正的人。人只有脱离自然，将精神作为他的第二天性才能成为人。精神"不只是一种对于个人的特殊的能力、性格、倾向和弱点的自我知识，而是对于人的真实方面——自在自为的真实方面，即对于人作为精神的本质自身的知识"①。他将人的精神分为主观精神、客观精神和绝对精神三阶段。主观精神的对象是个人意识，它反映个人精神从最初的与动物意识没有差异的"自然灵魂"发展到企图改变外部世界，实现"自由意识"过程，这一过程体现了自我精神从无意识状态向自我意识的转变，进而通过对对象的确立实现主观与客观的统一，进而推动自由精神的发展。人需要从自然性出发，走过"灵魂""意识""自我规定着的精神"的各个环节，最终摆脱"情欲""冲动"的控制，完成主观性上的精神觉醒。客观精神作为一种法的哲学，是人的内在精神的外化，它揭示了人类历史发展的规律，映射出人与人之间多类型、多层次的社会关系，体现为各种制度、法律、道德、伦理等普遍力量。绝对精神则是客观存在凌驾于人之上的宇宙精神，它是无所不包的整体，支配着宇宙万物的生成、发展和演变过程。人的精神发展经历主观精神和客观精神两个阶段最终到达绝对精神阶段，才能实现主客体的统一，进入最完满的状态。

作为黑格尔曾经的追随者，一方面，马克思深受黑格尔思辨哲学的方法论影响，把主体与客体、思维与存在、自由与必然的关系向前推进，追溯到人类现实的社会生活和历史活动；另一方面，马克思借助费尔巴哈批判黑格尔所打开的缺口，摒弃了黑格尔的唯心主义和"人的本质是精神"的论断，在进行总体性

---

① ［德］黑格尔：《精神哲学——哲学全书·第三部分》，杨祖陶译，北京：人民出版社，2006年版，第1页。

批判的基础上重新阐述了唯物主义人的本质观。首先,马克思指出黑格尔思辨哲学中人存在主词谓词"颠倒"的问题。黑格尔将"绝对"("das Absolute")视为唯一的、归根到底的主词,包含着最大的普遍性,而将包括人、社会关系在内的所有实存事物视为谓词,是"绝对"具体展开的特殊性。在主词谓词"颠倒"的情况下,思维、绝对精神是第一性的,进而造成自然与人关系的颠倒,"现实的人和现实的自然界不过成为这个隐秘的、非现实的人和这个非现实的自然界的宾词、象征。"①在资本主义社会中,这种"颠倒"的关系势必造就抽象的人格、法以及国家统治现实的人。在《黑格尔法哲学批判》中,马克思指出,黑格尔认为国家的职能和活动"是以外在的和偶然的方式同这种特殊的人格本身联结在一起"②,是可笑的,"之所以会有这些谬论,是因为黑格尔抽象地、孤立地考察国家的各种职能和活动,而把特殊的个体性看作与它们对立的东西;但是,他忘记了特殊的个体性是人的个体性,国家的各种职能和活动是人的职能;他忘记了'特殊的人格'的本质不是它的胡子、它的血液、它的抽象的肉体,而是它的社会特质,而国家的职能等等只不过是人的社会特质的存在方式和活动方式"③。其次,黑格尔借用正反合三段论阐释主观精神、客观精神和绝对精神的发展变化,实现特殊性与普遍性的抽象统一。人类精神在否定之否定运动中,从感觉、知觉、自我意识发展到理性、道德、法的客观精神,再发展至高级的绝对精神,完成精神从自在到自为的自我实现过程。马克思则将以客观精神、绝对精神为代表的普遍性观念还原为以革命阶级为基础的普遍利益,用无产阶级的普遍性代替"精神"的普遍性。

第二,劳动是人的自我实现。黑格尔早在《伦理体系》中就比较系统地阐述了他的劳动观。首先人类出于自然欲求从事劳动形成"个人主观能动性"和理智,因此劳动是人的自我实现的方式,其次单个人的劳动逐渐变为普遍劳动,然后在劳动分工和阶层分化中形成市民社会,最后产生政府。在黑格尔的视角中,劳动具有双重性,即物质劳动和精神劳动。一方面,他把劳动看成主观之于客观的物质活动,劳动是人对"自然界的现实性支配",在人的意识和整个客观精神的塑造中起着重要作用,人们在劳动中发挥出能动性,培育植物,驯养动物,从而形成了理智。在这里,黑格尔非常明确地强调,劳动对自然界的改造作

---

① 《马克思恩格斯全集》第四十二卷,北京:人民出版社,1979年版,第176页。
② 《马克思恩格斯全集》第三卷,北京:人民出版社,2002年版,第29页。
③ 《马克思恩格斯全集》第三卷,北京:人民出版社,2002年版,第29页。

用,并区分劳动的三个环节:目的、目的的实现即达取目的的手段、创造出来的现实,突破了康德、费希特等人所主张的人类实践活动的内在性。另一方面,黑格尔十分关注劳动所具有的哲学含义,即精神劳动,表示"真正的思想和科学的洞见,只有通过概念所作的劳动才能获得"①,因此,劳动在人的意识和整个客观精神的塑造过程中起着重要作用。精神升华必须通过长期的劳动实践,才能实现从感性认知到真理体系的转变,仅凭直观或神秘的顿悟即可获知真理,只是浪漫主义者的幻想。黑格尔认为只要劳动以精神的方式存在,就能克服个体差异,达到普遍性,从而使满足个人需求的行为上升为普遍的精神理性。同时,个人劳动的社会化过程也是个人本身的社会化过程,劳动在资本主义时代产生了巨大作用。

黑格尔把劳动看作人的本质,极大启发了马克思恩格斯,但他从唯心主义出发把劳动理解为一种"抽象的精神劳动",只看到劳动的积极面,无视特定所有制下劳动的消极面。黑格尔所说的精神劳动没有真正触及现实的人,精神劳动的主体并非现实的人,而是自我意识,精神劳动的对象不是现实的感性存在物,而是由自我意识所设定的物性,也就是意识。在《形态》中,马克思恩格斯从"现实的个人"出发,在满足人的吃喝穿住等生存性需要的意义上,把劳动规定为"生活资料的生产",认为劳动是"生产物质生活本身",并强调这是由"个人的肉体组织以及由此产生的个人对其他自然的关系"②所决定的。他们认为,精神生产和物质生产是"社会生产"的两个不同方面:在物质生产中,人们在生产物质产品的同时生产着自己的社会关系;在精神生产中,人们以"各种观念、范畴"的形式生产着自己的社会关系。因此,精神生产如"宗教、家庭、国家、法、道德、科学、艺术等等,都不过是生产的一些特殊的方式,并且受生产的普遍规律的支配"③。同时,精神生产是由物质生产所决定的,"物质生活的生产方式制约着整个社会生活、政治生活和精神生活的过程"④。此时,马克思恩格斯在劳动及生产实践的发展过程中找到了理解全部社会历史的钥匙,"整个所谓世界历史不外是人通过人的劳动而诞生的过程"⑤。

① [德]黑格尔:《精神现象学》上卷,贺麟、王玖兴译,北京:商务印书馆,1979年版,第48页。
② 《马克思恩格斯文集》第一卷,北京:人民出版社,2009年版,第519页。
③ 《马克思恩格斯文集》第一卷,北京:人民出版社,2009年版,第186页。
④ 《马克思恩格斯文集》第二卷,北京:人民出版社,2009年版,第591页。
⑤ 《马克思恩格斯全集》第三卷,北京:人民出版社,2002年版,第310页。

2.鲍威尔"自我意识"异化下的人

布鲁诺·鲍威尔出生在德意志北部的萨克森公国,曾是黑格尔的学生,也是一位激进的理性主义者,他从黑格尔的绝对精神中筛选出"自我意识",将其视作历史的发展动力和本原。1843年,他及其伙伴创办《文学总汇报》,从"自我意识"异化角度探究人,并提出了如下见解。

第一,人与"自我意识"相分离。鲍威尔哲学的内在逻辑线索可以概括为:从否定实体出发—以主体代替实体—以自我意识代表主体—将自我意识绝对化。他在反对施特劳斯的过程中,把黑格尔哲学主体化,将自我意识看成人的本性,认为世界的本原,以及历史发展的动力是"自我意识","世界的唯一力量是自我意识,而历史除了是自我意识的变易和发展外,没有任何别的意义"[1]。在自我意识发展的早期阶段,人们还没有认识到自己的本质—自我意识,故把自然、家庭和民族精神当作神来崇拜;在基督教占统治地位的时期,鲍威尔认为"宗教是意识的一种分裂,在意识中宗教信仰成为一种独立的力量而与意识相对立"[2]。因此,鲍威尔对宗教展开批判,指出"只有当犹太人和基督徒放弃那种使他们分离并陷于永久孤立的特殊本质,承认人的普遍本质并把它看成是真正本质的时候,他们才能被看成是人"[3]。鲍威尔将人的意识置于宗教的神性之上,将犹太教和基督教的发展看作自我意识发展的不同阶段,而福音故事则是人们根据宗教目的所编造的,宗教关系本质上反映的是人与人的关系。正因如此,鲍威尔将犹太人问题归结为宗教特权对人的自由个性和本质的压制,提出只有废除宗教才能在根本上消除犹太人所遭遇的不平等状况;要想使不同宗教信仰的人在同一个社会中和谐相处,就必须废除宗教,使人获得政治解放和人的复归。

鲍威尔把自我意识视为脱离自然、脱离人的独立主体,变成世界、天空乃至大地万物的唯一创造者,从而回到了费希特的主观唯心主义。马克思起初也强调自我意识的作用,但他否定鲍威尔将自我意识与实体对立起来的观点,他和恩格斯强调人的"自我意识"是历史的产物,历史又是现实的人通过能动的实践

---

① [法]奥古斯特·科尔纽:《马克思恩格斯传》第一卷,刘丕坤、王以铸、杨静远译,北京:生活·读书·新知三联书店,1963年版,第295页。

② [英]戴维·麦克莱伦:《青年黑格尔派与马克思》,夏威仪、陈启伟、金海民译,北京:商务印书馆,1982年版,第65页。

③ 侯才:《青年黑格尔派与马克思早期思想的发展:对马克思哲学本质的一种历史透视》,北京:中国社会科学出版社,1994年版,第36页。

活动创造的,说到底,自我意识产生于人的实践活动,而非鲍威尔所认为的历史是"自我意识"产物。在此基础上,马克思恩格斯进一步强调,意识之间的冲突归根结底是特定历史阶段生产力和生产关系之间的矛盾引发的,生产力和生产关系的矛盾运行是推动历史发展的基本动力。在宗教问题上,马克思赞同鲍威尔的观点,认为"人的自我意识具有最高的神性",但他不认同鲍威尔将意识和宗教信仰对立起来的观点,也不认同鲍威尔将犹太人问题归结为宗教信仰冲突的观点。马克思将目光投向现实的社会生活中,认为犹太人问题的关键不在于宗教冲突所造成的不平等待遇,而在于世俗原因所造成的政治压迫,进而提出:"我们并不宣称:他们必须消除他们的宗教局限性,才能消除他们的世俗限制。我们宣称:他们一旦消除了世俗限制,就能消除他们的宗教局限性。我们不把世俗问题化为神学问题。我们要把神学问题化为世俗问题。"①同时,马克思也明确地指出了政治解放本身的限度,政治解放让国家从宗教中解脱出来实现政教分离,不是让每个人放弃宗教信仰,但它也并未从根本上消除宗教异化,进而批评鲍威尔过高地估计了宗教解放对人的现实的、实际的解放意义。

第二,知识分子和天才人物是一切历史行动的积极因素,否定人民群众的历史作用。鲍威尔把自我意识和实体的对立,延伸至个人与群众之间的对立,认为具有才能和魅力的个人在社会历史和基督教历史中都起决定性作用,而缺乏自我意识的群众不可能是历史的推动者。他表示"能批判地思维的个人"才拥有这种"自我意识",知识分子和天才人物是这种"自我意识"的拥有者,故他们是一切历史行动的积极因素,进而得出"批判和批判者创造了历史"的结论。而人民群众则是历史上的消极的、精神空虚的、非历史的、"呆滞的物质",是历史发展的惰性力。鲍威尔否定人民群众在历史中的作用,并提出如下依据:其一,群众缺少理性。鲍威尔将理性(即精神)作为划分"群众"与"非群众"的标准,认为群众不具有理性,而批判家才是精神的代言人。其二,群众阻碍批判思维的发展。鲍威尔坚持群众是封建社会瓦解后的产物,是市民社会中的个体,他们是利己主义的,只在乎短暂的物质利益,不可能养成批判思维。其三,群众与真理无关。鲍威尔把真理同群众对立起来,他以嘲笑的口吻说,群众以为自己占有许多不证自明的真理,实际上真理与群众无关。真理是自己论证自己,群众既不能认识真理,也不能占有真理,进而导致真理和群众的对立:"它不是

①《马克思恩格斯文集》第一卷,北京:人民出版社,2009年版,第27页。

面向经验的人，而是面向'心灵的深处'，它为了成为'真正被认识了的'真理，不去影响居住在英国的地下室中或是法国库房的阁楼里的人的粗糙的躯体，而是通过他的整个唯心主义的肠道'徐徐伸展'。"①正因如此，鲍威尔认为群众既没有能力获得自由，又不能促进自由。

马克思恩格斯驳斥鲍威尔关于"批判和批判者创造了历史"的观点，提出人民群众在历史发展中起到重要作用，他们的实践活动创造了历史。马克思恩格斯在《神圣家族》中指出："批判的批判什么都没有创造，工人才创造一切，甚至就以他们的精神创造来说，也会使得整个批判感到羞愧。英国和法国的工人就很好地证明了这一点。"②激发工人阶级开展斗争不是抽象的思想原则，而是现实的物质利益，事实上，"'思想'一旦离开'利益'，就一定会使自己出丑"③。正如在法国的资产阶级革命中，起决定作用的不是自由、平等、博爱等口号，而是面对封建贵族地主，资产阶级和工人阶级有着共同的物质利益；而资产阶级革命胜利之后，资产阶级与工人阶级之间的矛盾逐渐尖锐化，也是因为二者之间有着根本的物质利益冲突。群众是否参加斗争，不是由他们是否坚持理性和哲学精神决定，而是由斗争是否代表他们的实际利益决定。此外，恩格斯反驳鲍威尔关于"群众既不能认识真理、也不掌握有真理"④的观点，他指出，真理是群众经过实践活动验证后的认识，人民群众不仅创造着物质财富，而且也创造着精神财富，鲍威尔把真理埋藏在他们"唯心主义的肠道"中，实际上暴露出他对真理的一无所知。

3.施蒂纳的"唯一者"

麦克斯·施蒂纳出生于德国巴伐利亚的拜洛伊特，是青年黑格尔派的重要一员，也是无政府主义的先驱者。他坚持主观唯心主义和利己主义的观点，反对任何权威对个人的支配，在其《唯一者及其所有物》一书中提出了"唯一者"的概念，进而阐述关于人的理解和思考。

第一，"无规定的人"。施蒂纳的"唯一者"是在对费尔巴哈的批判中提出来的，他认为费尔巴哈口中的人并不是现实生活中有血有肉的人，"人的类存在"

①《马克思恩格斯全集》第二卷，北京：人民出版社，1957年版，第102页。
②《马克思恩格斯全集》第二卷，北京：人民出版社，1957年版，第22页。
③《马克思恩格斯全集》第二卷，北京：人民出版社，1957年版，第103页。
④ 朱传棨：《恩格斯哲学思想研究论稿》，北京：人民出版社，2012年版，第83页。

是另一个超出人肉体之外的神圣之物,费尔巴哈只是将上帝现实化和人化,用"人"的概念替换"神"的概念,其人本主义思想仍旧未能摆脱形而上学的实质。"施蒂纳认为,在费尔巴哈反对神学的人本主义革命中,仍然存在一种被当作'准则、原则、立场'的固定观念,在黑格尔那里,过去被称作观念、思想和本质的东西,现在被称作人、类本质和人性。"①施蒂纳则站在本质、概念、精神、神圣性等一切普遍物的对立面,试图借助"唯一者"终结"神圣观念"对人的统治。他极力去除人的各种规定性,把人导向现实的生活,他将"唯一者"设定为既不需要任何前提,也不受到思想和观点束缚的个人。因此,他不厌其烦地对"唯一者"的性质进行解释:"唯一者"是"无规定的概念,其他任何概念都不能使他有所规定"②,因为"唯一者指出自己的内容是在概念之外或在概念的彼岸"③;它是"我们的词句世界的最后一块砖"④,是"一种作为词句而告终的逻辑",故"没有任何思想内容"。这些解释让"唯一者"成了一个抽象的存在。

施蒂纳承认人是历史的积极主体,但是他却把人变成摆脱一切客观制约的抽象主体,变成一个概念"人",因而并没有实现对费尔巴哈的超越。马克思恩格斯对施蒂纳的哲学基石——"唯一者"进行了批判,论证了"唯一者"出场的荒诞性,以及"唯一者"设定的逻辑错误,指出"唯一者"虽试图从个人自身出发来解放人,但它只是一个思想上的范畴。这种所谓的"人"不可能参与任何实际活动,也不可能创造历史,而只是在哲学家头脑中游荡的幽灵。因此施蒂纳的"唯一者"不仅没有打破费尔巴哈的"人"的设立,反而确立了一个新的概念,赋予了"人"新的神圣性。马克思恩格斯指出:"决不是人这个神圣概念,而是处在现实交往中的现实的人创造了经验关系,只是在后来,在事后,人们才把这些关系虚构、描绘、想象、肯定、确认为'人'这一概念的启示。"⑤施蒂纳的"唯一者"是市民社会中利己主义的个人在哲学上的抽象反映,他强调人的个性,而无视个人所处的社会关系及其对人的制约。马克思恩格斯认为,如果每个人都是独特的,没有共同个性,那么万事万物就丧失了普遍性;个人的发展并不能随心所欲或

---

① 张一兵:《回到马克思:经济学语境中的哲学话语》第三版,南京:江苏人民出版社,2014年版,第412页。

② 《马克思恩格斯全集》第三卷,北京:人民出版社,1960年版,第527页。

③ 《马克思恩格斯全集》第三卷,北京:人民出版社,1960年版,第527页。

④ 《马克思恩格斯全集》第三卷,北京:人民出版社,1960年版,第527页。

⑤ 《马克思恩格斯全集》第三卷,北京:人民出版社,1960年版,第258页。

完全按照利己原则行事,而是受社会经济发展水平、个人生活条件,以及个人获得教育的程度等现实因素的影响。

第二,利己主义的人。施蒂纳在《唯一者及其所有物》中宣扬"唯一者"是最高的存在,凡与它相抵触的一切,都统统地作为"怪物"和"怪影"而无情地加以批判和抛弃。首先,施蒂纳不满意费尔巴哈"普遍人类之爱"的价值观,认为这是从宗教神学中引申出来的道德,未能上升到利己主义的高度。他表示:"我"之外不存在真理,因为任何东西都不能高于"我",不管是"我"的本质还是人的本质都不能站在"我"之上。他鼓吹既不以"上帝的名义"为世界做任何事情,也不以"人的名义"为世界做任何事情,"我"所做的一切,都是"为了我"。其次,施蒂纳要求用"唯一者"代替一切,而"唯一者"就是利己主义的"我",他坚持"我"之外不存在任何法,一切权利都是从"我"自身引出的,是个人意志的产物,"我是我的权利的所有者和创造者"[1],"除了我自己以外我不承认任何其他的权利的来源,——不论是上帝、国家、自然、人、神权、人权等等"[2]。最后,施蒂纳表示国家、财产、道德,都是"我"的产物,而国家权力的存在源于"我"对自身的蔑视而存在,随着"我"对自身力量的确立,国家权力等等便自然归于消失,进而设想构建一个"利己主义联盟"代替国家。

在《形态》中,马克思恩格斯通过对国家及国家权力的产生进行分析,批判了施蒂纳将"我"凌驾于国家、人权等之上的观点。马克思恩格斯指出:"那些决不依个人'意志'为转移的个人的物质生活,即他们的相互制约的生产方式和交往形式,是国家的现实基础,而且在一切还必需有分工和私有制的阶段上,都是完全不依个人的意志为转移的。这些现实的关系决不是国家政权创造出来的,相反地,它们本身就是创造国家政权的力量。"[3]因此,绝不是施蒂纳作为神圣概念的"人"、利己主义的"我"决定国家以及国家权力,而是由特定社会生产方式和交往方式等现实关系创造的,施蒂纳持这一观点恰恰暴露了他唯心主义的立场。此外,马克思恩格斯还批判了施蒂纳的"利己主义联盟"和"独自性"观点,讽刺他"为自己创造一个独自的自有的世界,这就是说给自己建立一个天国"[4]。

---

[1]《马克思恩格斯全集》第三卷,北京:人民出版社,1960年版,第366页。

[2]《马克思恩格斯全集》第三卷,北京:人民出版社,1960年版,第366页。

[3]《马克思恩格斯全集》第三卷,北京:人民出版社,1960年版,第377-378页。

[4]《马克思恩格斯全集》第三卷,北京:人民出版社,1960年版,第341页。

施蒂纳所说的"消灭国家"只是想消灭想象中的普鲁士国家,他所向往的"独自性"不过是小资产阶级想象中的"现代秩序"。

第三,利己主义的自由观。施蒂纳嘲笑人们对自由的向往与追求,认为自由是无休止地摆脱限制的活动,旧的限制摆脱了,新的限制接踵而至,进而陷入徒劳。他用文学家的口吻表示"我获得多少自由,我也就为我制造多少新的界限和新的任务;当我发明了铁路,我又觉得自己软弱无力,因为我还不能像鸟儿那样在天空飞翔;当我还来不及解决那些模糊得使我的精神惶惑不安的问题时,我就已经被无数其他的问题包围了"[1]。人们每次只能摆脱某种特定的限制,追求某种特定的自由,这些自由是暂时的、零碎的、片段的,人们不能摆脱一切限制,不能获得一切自由。他将"自由"和"独自性"对立起来,认为"自由是对异己力量的毫无内容的排除"[2],而"独自性是对独自的自有的力量的真正拥有"[3];"自由是唯心主义地追求摆脱,是反对异在的斗争"[4],而"独自性是真正的摆脱,是对自身存在的享乐"[5]。自由是教导人们摆脱外在的障碍和困扰,而不关注自己是谁,人在追求自由的同时也舍弃了自我,只有"具有独自性的人是天生的自由人,想来如此的自由人;与此相反,自由人则仅仅是自由病患者、梦幻者和狂热者"[6]。

马克思恩格斯批判了施蒂纳对自由的片面理解。施蒂纳将自由范畴下人的权利和力量转移到"独自性"上,在他看来,具有独自性的人天生就是自由的,是不受外在力量束缚的,因而他无需解放自己。而在马克思恩格斯看来,自由不是简单地消极地摆脱束缚,而是现实的个人通过能动的实践改变阻碍人发展的社会条件。他们说道:"哲学家们至今对自由有两种说法:一种是把它说成对个人生活于其中的各种境况和关系的权力、统治,所有的唯物主义者关于自由的说法就是这样的;另一种是把它看作自我规定,看作脱离尘世,看作精神自由(只是臆想的),所有的唯心主义者特别是德国唯心主义者关于自由的说法就是这样的。我们在前面'现象学'那一节中看到圣麦克斯的真正利己主义者如何

---

① 《马克思恩格斯全集》第三卷,北京:人民出版社,1960年版,第343页。
② 《马克思恩格斯全集》第三卷,北京:人民出版社,1960年版,第347页。
③ 《马克思恩格斯全集》第三卷,北京:人民出版社,1960年版,第347页。
④ 《马克思恩格斯全集》第三卷,北京:人民出版社,1960年版,第348页。
⑤ 《马克思恩格斯全集》第三卷,北京:人民出版社,1960年版,第348页。
⑥ [德]麦克斯·施蒂纳:《唯一者及其所有物》,金海民译,北京:商务印书馆,1997年版,第176页。

消灭一切,如何编造脱离尘世,即编造唯心主义的自由,以便为自己的利己主义寻找根据。所以,可笑的是,如今他在独自性这一节中又提出了与'脱离尘世'相反的说法:自由就是对决定他的境况的权力,即唯物主义的自由。"①马克思恩格斯不赞同唯心主义将自由观视为"干瘪的范畴",他们坚持自由是以人们的现实需要为动力,以现实需要的满足为内容,脱离人们的现实需要,就谈不上实现的自由。施蒂纳的自由观是"德国小资产者对自己的软弱无力所进行的最庸俗的自我粉饰,从而聊以自慰"②,软弱无力的德国小资产阶级在现实生活中得不到自由,于是坚持认为自由不值得追求,是无法实现的梦想。

二、批判"真正的社会主义"关于人的思想

19世纪40年代,由于资本主义发展所暴露出的弊端,以及英法空想社会主义思潮的广泛传播,青年黑格尔派中的激进分子开始向社会主义思想靠拢。他们将德国古典哲学,尤其是费尔巴哈关于人的本质及异化理论,与英法空想社会主义的理念相结合,将人本质的实现当作历史最终目标,从而形成"真正的社会主义"流派。1847年初,"真正的社会主义"内部因明显的差异与分歧而出现分化,衍生出多个派别,例如威斯特伐利亚社会主义派、萨克森派和柏林派等。尽管这些不同派别因共同的理想与目标紧密相连,但彼此间的价值倡导和实践方式却有所不同。"真正的社会主义"试图通过道德说教改变人的道德意识,进而改变社会存在,显然是纯粹的幻想和"小市民的夸夸其谈"。马克思恩格斯在《形态》中主要批判了威斯特伐利亚社会主义派、萨克森派代表者关于人的论述,而柏林派代表者恩斯特·德朗克的主要作品是文艺创作和对柏林市的评论,涉及人的思想极少且无特色,故没有做专门论述。

(一)威斯特伐利亚社会主义派关于人的论述

威斯特伐利亚社会主义派是最早独立发展的一个派别,这一派别由于和普鲁士王国的警察斗争,极力捍卫发表言论的权利,而获得一定的影响力。他们的理论刊物是《威斯特伐利亚汽船》,代表人物包括莫泽斯·赫斯、海尔曼·克利盖等人。赫斯认为社会主义能够消除个体和类的矛盾,使人重新获得自己丧失

①《马克思恩格斯全集》第三卷,北京:人民出版社,1960年版,第341页。
②《马克思恩格斯全集》第三卷,北京:人民出版社,1960年版,第358页。

了的本质;海尔曼·克利盖则鼓吹人性之"爱","把共产主义变成关于爱的呓语"①,他们的理论带着浓浓的温情色彩。

1.莫泽斯·赫斯论人的本质

莫泽斯·赫斯1812年出生于德国波恩,是德国最早的共产主义者,主要著作有《人类的圣史》《欧洲三头政治》《社会主义论文集》《论货币的本质》等。他将费希特的"精神实践"、鲍威尔的"自我意识"与费尔巴哈的"类本质"概念相结合,以此构建出德国的社会主义理论,并获得"德国社会主义之父"的称号。之后,赫斯与马克思恩格斯共同推动了共产主义运动,并参与了《德意志意识形态》部分章节的撰写。然而,他始终未能超越黑格尔的唯心主义及费尔巴哈的人本主义,对社会主义的论述仍局限于探讨"人"的本质及人类关爱的理论。赫斯对马克思恩格斯的影响不仅仅体现在经济思想方面,而且还体现在人的相关思想方面。

第一,人的本质是自由行动。赫斯在1843年发表的《行动的哲学》一文中,推进切什考夫斯基的行动哲学,并试图将思维活动与实践活动、精神自由与社会自由联系起来,用"生命就是行动"取代笛卡尔的"我思故我在"。首先,赫斯批判以往的德国哲学家,认为他们虽然承认自由行动,也承认精神自由和社会自由的紧密关联,但是他们害怕人民真正行动起来,因为人民追求自由的实践活动必将引发社会革命。其次,赫斯进一步阐述人的本质就是自由行动,而"自由精神决不会在既得成果面前停留,不会把它固定化、具体化和物质化以及把它作为自己的'财富'保存起来;相反,作为对于一个有限的和特定的世界的最高权威,它总是在超越于它,以便永远当然每次都是以特定的方式重新把自己设想为主动精神。这就是自由行动区别于奴役劳动的地方,因为在奴役中,生产束缚生产者本身,而在自由中,精神在其中异化的任何限制都不会变成自然的约束,而是得到克服而成为自我决定"②。精神自由与社会自由是不可分离的,二者只有实现内在统一,人们才能真正实现自由,而社会革命的可能和未来社会将是自由与平等的结合。最后,赫斯进一步论证了人类获得自由的方式和途径。赫斯认为,一个想要自由的民族必须撕破那最后的遮蔽真理的欺骗之网,精神和物质的奴役只有在其具有最不可忍受的形式的时候才能作为一种苦

---

① 《马克思恩格斯选集》第一卷,北京:人民出版社,1972年版,第87页。

② [德]莫泽斯·赫斯:《赫斯精粹》,邓习议编译,南京:南京大学出版社,2010年版,第96页。

难被民众意识到;这种苦难防止不了,民众自身必定要首先经历这种苦难,然后用血换来真正的自由。①

马克思恩格斯肯定赫斯在认识论上的突破,认为他将"感性自由"与现实的物质活动相联系,超越了黑格尔精神上的劳动和费尔巴哈的直观、感性的活动。但赫斯将人的本质视为"自由的行动"本身是一种理想化的价值预设,其批判也局限于伦理批判。鉴于此,马克思恩格斯以"自主活动"实现对"自由行动"的超越。首先,他们指出:"生存于一定关系中的一定的个人独力生产自己的物质生活以及与这种物质生活有关的东西,因而这些条件是个人的自主活动的条件,并且是由这种自主活动产生出来的。"②即"自主活动"不是人先验具有的某种本质,而是人们在生产物质生活过程中,以及它所创造的条件下产生出来的。其次,马克思恩格斯主张通过无产者的联合和生产方式的革新,实现"劳动向自主活动的转化"。他们认为资本主义社会中的奴役不仅是资本家对工人的奴役,更是社会化的物质生产对每一个个体的奴役,"只有完全失去了整个自主活动的现代无产者,才能够实现自己的充分的、不再受限制的自主活动,这种自主活动就是对生产力总和的占有以及由此而来的才能总和的发挥"③。当人类进入共产主义社会,"自由行动"和"劳动"不再相互对立,而是实现了辩证统一。

第二,货币是人本质的异化。赫斯非常重视货币的作用,把货币看成人的本质的异化,他说,正如在宗教中人的本质异化为上帝一样,在尘世生活中,人的本质异化为货币。他在《论货币的本质》中超越了费尔巴哈的人本主义异化理论,将货币作为经济交往的手段,得出社会交往异化的结论:"人的对象性的环境在天国就是上帝,超人的财富,而在尘世上就是人之外的、非人的、可以摸得着的财富,东西,财产,脱离了生产者即它的创造者的产品,交往的抽象本质,货币。"④在赫斯看来,因为人处于孤立状态,他们需要借助超人的存在物作为中介手段建立彼此的交往关系,"因为人自身是非人,就是说没有联合起来,所以人必须在自身之外,即在非人的、超人的存在物中寻找能够把他们联合起来的

---

① 陈东英:《赫斯与马克思早期思想关系研究》,北京:人民出版社,2011年版,第48—49页。

② 《马克思恩格斯文集》第一卷,北京:人民出版社,2009年版,第575页。

③ 《马克思恩格斯文集》第一卷,北京:人民出版社,2009年版,第581页。

④ 中共中央马克思恩格斯列宁斯大林著作编译局、国际共运史研究室:《国际共运史研究资料》第七辑,北京:人民出版社,1982年版,第195页。

东西。——没有这种非人的交往手段,人就根本不能进行交往"①。现实中,货币正因充当了这种"非人的交往手段",才剥夺了人及其最崇高的生活和活动的价值,使其表现为僵死的量,继而谁拥有的货币越多,谁就越有价值。这也就造成有货币的地方不可能有与人的本性相符合的自由,因为人为了获得生存的手段即获得货币,必须出卖自由的生活和活动,以便糊口度日。在资本主义社会中,人的本质被异化为货币,资本家与无产者都无法自由地追求自己的生活和创造性活动,反而受制于货币的影响,沦为食人者、猛兽、吸血鬼。

赫斯立足于人的本质的"双重性"内涵——自由活动是人的类特性和社会交往活动是人的现实本质,将人的本质理论、异化逻辑与共产主义结合起来,从而成为第一位将异化活动与共产主义相联系之人。赫斯关于社会交往及世界市场方面的论述启发了马克思恩格斯,但赫斯并没有将人看作是从事一定物质生产和处于一定社会关系中的人,他眼中的人实质上是超阶级超历史的人。马克思恩格斯显然不赞同赫斯的这一观点,他们不仅将现实的人放到一定的社会生产力和生产关系中考察,而且还将人的实践活动也置于一定的社会历史条件中加以考察,从而得出人的改变与环境的改变是一致的,人的实践与实践的人的互动是在一定的生产力与生产关系的矛盾运动中展开的,"每个个人和每一代所遇到的现成的东西:生产力、资金和社会交往形式的总和,是哲学家们想象为'实体'和'人的本质'的东西的现实基础,是他们加以神化并与之斗争的东西的现实基础"②。马克思恩格斯将需要、劳动、社会关系作为审视人的本质的三个视角,从而将人的本质、实践与共产主义有机结合起来,强调劳动(实践)是人的存在方式,也是人的本质的确证和实现方式。

第三,个体和类相统一。赫斯继承了费尔巴哈关于个体和类的思想,将资本主义社会的矛盾看成个体和类之间的矛盾。个体即个人力量的自我保持,类即个人生活中的交往发展,"对于我们的庸人的、我们的基督教的小贩们和犹太族的基督教徒说来,个体就是目的,而类生活却是生活的手段。他们为自己创造了一个特殊的世界"③。当人的个体生活和类生活两者之间发生冲突,人会为

---

① 中共中央马克思恩格斯列宁斯大林著作编译局、国际共运史研究室:《国际共运史研究资料》第七辑,北京:人民出版社,1982年版,第205页。
②《马克思恩格斯文集》第一卷,北京:人民出版社,2009年版,第545页。
③ 中共中央马克思恩格斯列宁斯大林著作编译局、国际共运史研究室:《国际共运史研究资料》第七辑,北京:人民出版社,1982年版,第186页。

了类生活而牺牲他的个体生活,这样,"个体被提升为目的,类被贬低为手段,这是人的生活和自然生活的根本颠倒"①,也是一种利己主义的人生观。对此,他将"爱"和理性作为解决个体和类的矛盾的手段,以达到复归人的本质、个体与类相统一的目的,并表示如果我们彼此不在"爱"和理性中联合起来,不向共产主义过渡,那么我们就只能使彼此灭亡;"而极少数从事资本积累的人如果事先不倾听爱和理性的声音或者向暴力让步,就将沉缅于奢侈丰裕的生活,并且在可鄙的贪图享乐的生活中灭亡"②。人是一种自由个体存在物和社会性存在物,共同体的存在方式影响着人的生存与发展。

赫斯从实现个体和类相统一中引出走向共产主义的必要性,但他并没有遵循人的实践活动的踪迹去探寻共产主义的实现路径和现实表征,而是导向人的精神层面,将"爱的教育"作为共产主义的实现形式。马克思恩格斯认为赫斯没有意识到自己生活的客观世界的现实性,没有从现实生活出发去探寻人的本质以及人类的未来,他所谓的爱,其实就是不要阶级斗争,试图用人类中普遍存在的爱来赢得资产阶级的怜悯,从而化解矛盾冲突,进而实现充满爱和理性的共产主义。马克思恩格斯认为个人的自由与共同体的和谐是一个事物的两个层面,人的自由存在与发展有赖于和谐的共同体,共产主义实现了利己与利他本性的统一,是个人与人类相统一的最高境界,即"既不会是'爱的原则'或dévoue-ment(自我牺牲精神),也不会是利己主义"③。马克思恩格斯的共产主义则是立足于现实社会生活,实现人的本质复归不是寄希望于"普遍的爱",而是在承认社会矛盾、阶级矛盾的基础上,通过彻底的社会变革实现人的彻底解放,实现人与自然、人与社会的和谐发展。

2.海尔曼·克利盖的"人类之爱"

海尔曼·克利盖是德国新闻工作者,多次因参与社会主义活动而遭到迫害,可谓"德国共产主义在纽约的著作界代表"④。1845年初,恩格斯在巴门结识了他,认为他是一个"出色的鼓动家",并把他介绍给了正在布鲁塞尔的马克思。

---

① 中共中央马克思恩格斯列宁斯大林著作编译局、国际共运史研究室:《国际共运史研究资料》第七辑,北京:人民出版社,1982年版,第185页。

② 中共中央马克思恩格斯列宁斯大林著作编译局、国际共运史研究室:《国际共运史研究资料》第七辑,北京:人民出版社,1982年版,第207页。

③《马克思恩格斯全集》第三卷,北京:人民出版社,1960年版,第516页。

④《马克思恩格斯全集》第四卷,北京:人民出版社,1958年版,第3页。

1846年1月,克利盖在纽约创办了周报《人民论坛报》,并发表了《告妇女书》《答索尔塔》等文章,极力宣传"爱的社会主义",倡导"人类之爱"。

第一,人性之爱能克服利己主义的本能。首先,克利盖将妇女当作爱的祭司,认为男性是"灾难和动乱的制造者",造成当前世界成为"腐朽的恨的王国",因而需要妇女通过"爱"引导男性、拯救世界。他告诫已婚妇女,恳求自己亲爱的丈夫放弃旧的政策,并提醒妇女说,"因此你们在政治上占有举足轻重的地位,只要你们利用自己的影响,整个腐朽的恨的王国就会垮台而让位给新生的爱的王国"①。其次,克利盖反对恶劣的利己主义。他认为利己主义是人的本能,在资本主义社会中利己主义像毒药一样到处蔓延流行,造成人逐渐违背其自然本质而变得利己、自私,并拒斥、牺牲他者或共同体,极大阻止了自由精神和纯粹人性的发扬。因此,克利盖提出让人接受"爱"的教育和训练,帮助其从利己走向利他、恢复人的真正本质。最后,克利盖倡导爱的共产主义,他将共产主义社会描绘为对"共性的伟大精神的探求",他表示"充满爱的心灵必然发展成共性的圣灵"②,在共产主义社会中,"爱"是处理人际关系的基本原则,人们可以通过爱和自制克服一切矛盾。克利盖的这些思想充满着夸夸其谈、空洞幼稚的道德说教,本来没有批判的价值,但是他"把共产主义描绘成某种充满爱而和利己主义相反的东西,并且把有世界历史意义的革命运动归结为几个字:爱和恨,共产主义和利己主义"③,在某种程度上契合了工人阶级的心理需求,进而对无产阶级运动产生负面影响。

马克思恩格斯指出,克利盖所描述的"人"和"共产主义"是一种停留于抽象的、非逻辑的"戏法"。马克思恩格斯在《反克利盖的通告》中列举了克利盖的主要观点。如:共产主义是团结所有人的爱的精神,"征服世界的精神,支配风暴和雷雨的精神"④,"永恒的和无处不在的精神,就是共性精神"⑤,等等。克利盖试图用"爱"来建构一种"新宗教",进而在"共产主义"的名目下宣传已经显得陈旧的宗教哲学的幻想,而在马克思恩格斯看来,宗教世界与共产主义"共同体"是完全不同的,宗教的幻想和共产主义精神是截然相反,宗教信念追求"共性的

①《马克思恩格斯全集》第四卷,北京:人民出版社,1958年版,第5页。

②《马克思恩格斯全集》第四卷,北京:人民出版社,1958年版,第5页。

③《马克思恩格斯全集》第四卷,北京:人民出版社,1958年版,第8页。

④《马克思恩格斯全集》第四卷,北京:人民出版社,1958年版,第13页。

⑤《马克思恩格斯全集》第四卷,北京:人民出版社,1958年版,第13页。

圣灵",而共产主义则以现实的人的解放为目标。因此,恩格斯在《关于共产主义者同盟的历史》中不无讽刺地说:"有一个年轻的威斯特伐利亚大学生海尔曼·克利盖到了美洲,在那里以同盟特使的身份出现,和一个疯子哈罗·哈林建立了联系,企图利用同盟在南美洲掀起变革;他创办了一家报纸,在报纸上以同盟的名义鼓吹一种以'爱'为基础、充满着爱、十分多情、陶醉于爱的共产主义。我们在一个通告里反对了他,这个通告立即发生了作用:克利盖从同盟舞台上消失了。"①

第二,"土地解放是他们人格的试金石"②。克利盖幻想纽约市把长岛上52000英亩土地交出来,建立起一批"充满天国的爱的村镇",以此永远消除纽约的一切贫困、困苦和犯罪现象,他称"土地解放是他们人格的试金石"。克利盖在《我们要求的是什么》一文中,赞同美国民族改良派提出的平分土地运动,即把尚未落入强盗般的投机分子手中的14亿英亩土地保留起来,"作为全人类不可让渡的公共财产",规定"任何人均不得从这一尚未动用的国民财产中领取160英亩以上的土地,而且领取这160英亩也只能限于自耕"③。他把每160英亩土地都看成一样的,忽视了土地肥沃程度不同等现实差异,也没有考虑到分得土地的"农民"可能会和其他人进行土地或者土地产品交换,进而很快发生这种情况:一个"农民"即使没有资本,但由于他的劳动和他的160英亩土地的天然肥沃,就会使另外一个农民变成他的雇农,因此土地的平均分配不能确保获得平等的收获和社会地位。在反抗地租和解放土地运动的前提下,克利盖特别强调无产阶级革命与"爱"的关联性,他说:"所有穷人都在玛门(财神)的压迫下痛苦呻吟,我们号召他们起来反对玛门,当我们把可怕的暴君从他的古老的王座上推倒时,我们要用爱把人类联合起来,教会人类共同劳动和共同享用劳动果实,使早就预言的乐园最终能来临。"④

对于克利盖用土地解放检验人格的观点,马克思恩格斯认为那只是一种道德理想主义,他只是用一些华丽的辞藻如"全人类""人道""爱"等等,来答复一些实际问题,使一切实际问题变成虚幻的词句。首先,克利盖关于土地解放的

---

① 《马克思恩格斯选集》第四卷,北京:人民出版社,2012年版,第204页。
② 《马克思恩格斯全集》第四卷,北京:人民出版社,1958年版,第7页。
③ 《马克思恩格斯全集》第四卷,北京:人民出版社,1958年版,第10页。
④ 《马克思恩格斯全集》第四卷,北京:人民出版社,1958年版,第16页。

主张是"违背政治经济学的幼稚见解"，按每个农民领取160英亩土地算，他所谓的全人类只能代表875万"农民"；按每家（平均五口人）领取160英亩土地算，也只能代表4375万人，因此克利盖考虑的不过是美国一国的情形、问题和利益。克利盖作为未来社会的预言家，不可能站在"人类"的、超党派的立场上发言。但很明显，他不是"被压迫者"的代表，而是那些希望在美国碰上好运的小资产者、小店主、师傅和农民的代表，他那"无限的爱"不但未能感化资产阶级，反而容易引起混乱和误解。其次，克利盖的"人类之爱"给共产主义运动带来伤害，用马克思的话讲，"他们一贯企图削弱阶级斗争，调和对立"[1]。共产主义运动的初期，社会差别大、阶级关系空前对立，在无产阶级革命意识不强、组织程度不高的情形下，超阶级的"爱"不仅于事无补，反而会削弱革命意志。如同马克思在给左尔格的信中所指出的那样："几十年来我们做了许多工作、花了许多精力才把空想社会主义，即对未来社会结构的一整套幻想从德国工人的头脑中清除出去"[2]，作为幻想的"人类之爱"是"理论上的灾难"。马克思恩格斯还呼吁道："共产党一分钟也不忽略教育工人尽可能明确地意识到资产阶级和无产阶级的敌对的对立，以便德国工人能够立刻利用资产阶级统治所必然带来的社会的和政治的条件作为反对资产阶级的武器。"[3]

（二）萨克森派关于人的论述

萨克森派虽然攻击资产者，发表抨击性的激烈言论，但仅仅是对法国社会主义者思想的平庸改造，他们的政治倾向是反动的，因为他们主张无产者不要参加政治革命，而是通过改良来推动社会的变革。恩格斯指出，这个流派实际上是扮演了现存的反动政府走狗的角色。

1.海尔曼·泽米希"人道主义"中的人

海尔曼·泽米希的主要代表作是《共产主义、社会主义与人道主义》，他把有产者和无产者看成人的本质的异化，而把社会主义看成对人的本质真正认识的必然结果。

第一，"人的特性"是活动享乐。海尔曼·泽米希从"永恒的观点"出发，把"人的特性"当作一种先验存在，认为是"人的特性"决定了"活动和享乐"的一致

---

① 《马克思恩格斯文集》第二卷，北京：人民出版社，2009年版，第64页。
② 《马克思恩格斯选集》第四卷，北京：人民出版社，2012年版，第523页。
③ 《马克思恩格斯文集》第二卷，北京：人民出版社，2009年版，第66页。

性。首先,泽米希假定在自然界中一切生物的生命活动和幸福、享乐是一致的,再根据人与自然有共同性,得出人的生命活动与幸福和享乐也应该一致的结论,根本不需要在彼岸世界中寻找自己的幸福。泽米希说:"他不是到他周围的人们的活动和享乐中间去找寻这个特性——如果他这样去找,他很快就会看到我们之外的产品在这里也在起着多么大的作用,——却来谈论什么二者在'人的特性'中的'一致'。他不把人们的特性了解为他们的活动和被活动所制约的享乐方式的结果,而把活动和享乐解释为'人的特性',这样,当然就取消了任何继续讨论的可能性。"①然后,泽米希分析现代社会,认为到处充斥着"活动和享乐"分离的状况,一些人像机器一样地劳作,却丧失了财产和享乐的机会,而"食利者"让自己的本质因游手好闲而腐化。

马克思恩格斯指出,泽米希将人同自然界的生命进行简单类比,强调人的生物性,不谈人的现实行动,这样,所谓"人的特性"就成为一种无法表达、无法理解的东西。自然界不仅存在统一,也存在着斗争,自然界和人所共有的特性乃是一种内聚性、不可入性、体积、重量等等,从这里推不出"活动和享乐"的统一,只是将自然界当作借以认识人类社会的一面消极镜子。以泽米希为代表的"真正的社会主义者",只是"满足于这种空洞的类比,没有深入去考察社会历史的发展,所以不清楚为什么在任何时代社会都不是自然界的正确的反映"②。

第二,"自由活动"是纯粹抽象的活动。海尔曼·泽米希提出一种"无条件的、无前提的自由"的假设,他指出自由活动就是"不决定于我们之外的物"的活动,而是纯粹的抽象的活动。如果这种纯粹的活动与物质的基质和物质的结果联系起来,那么这种活动就完全被玷污了,因此,他轻视这种活动的产物,称它不是"结果","只不过是人的糟粕"。泽米希关于"自由活动"的理解并没有跳脱出个体自由意识的立场,意志自由在基督教的传统语境中表达为个体灵魂的自由抉择,而在近代理性主义背景下则表现为独立自为的主体。

马克思恩格斯认为"真正的社会主义者"关于自由活动的这种空谈,掩盖的是他们对现实社会生产及其运动的无知。首先,马克思恩格斯将"自由活动"与物质生产联系起来,认为自由活动是一种超越异化劳动的活动形式,说:"在劳动强度和劳动生产力已定的情况下,劳动在一切有劳动能力的社会成员之间分

---

① 《马克思恩格斯全集》第三卷,北京:人民出版社,1960年版,第548页。
② 《马克思恩格斯全集》第三卷,北京:人民出版社,1960年版,第562页。

配得越平均,一个社会阶层把劳动的自然必然性从自身上解脱下来并转嫁给另一个社会阶层的可能性越小,社会工作日中用于物质生产的必要部分就越小,从而用于个人的自由活动,脑力活动和社会活动的时间部分就越大。"①然后,马克思恩格斯在探讨如何消除私有制与劳动分工时,深入研究了"自由活动"的表现形式。这一阶段,人类的活动不仅意味着对强制性生产关系的否定,还意味着压缩和限制自然必然性对人的统治,也就是减少物质生产劳动在个体生命活动中的比例,从而为人们在精神生活、社会交往等方面拓展了更多的自由空间。

2.卡尔·格律恩"纯粹的、真正的人"

卡尔·格律恩是小资产阶级政论家,也是"真正的社会主义"代表人物之一,原属于"青年黑格尔派",是马克思大学时的朋友,后来成为费尔巴哈的忠实信徒。1843年秋,他站在青年黑格尔派和资产阶级民主派立场上,之后转向哲学共产主义,并在《从人的观点论歌德》中首次使用"真正的社会主义"一词,认为只有在个性不受损害基础上的共产主义才是真正的社会主义。马克思恩格斯并不认同,给"真正的"加上引号以示讽刺,认为他本人对德国哲学一无所知。格律恩专注于一些"人的""人的本质"的模糊不清的概念,以此反对研究真正的生产关系中的"人"。

第一,将"人的本质"当作社会主义的实现原则。格律恩在法国社会主义和共产主义的文献中到处寻找"人"和"人的本质"这个词,在他看来只有像费尔巴哈一样弄清"人""人的本质",才能真正理解社会主义,而从事政治、民族、宗教、经济学等研究都是目光短浅的行为。格律恩看到,"在人类历史上,社会主义者辈出"②,但现代社会主义者较之先贤又是有相当大的差别的,那么怎样才能将他们区别开来呢?"对于鉴别他们之中的每个人来说,重要的只是他对人的本质的理解。"③"因为人的本质就是一切中的一切"④,而"人的内在本质在现实中、在实践中体现出来。内部的东西也一定会在外部表现出来。因此,内部和外部之间的差别一般应被消除"⑤。因此,格律恩执着于人的本质探究,相信"我们找到了人,即找到了已摆脱宗教、已摆脱僵死的思想、已摆脱一

①《马克思恩格斯文集》第五卷,北京:人民出版社,2009年版,第605页。
②《马克思恩格斯全集》第三卷,北京:人民出版社,1960年版,第606页。
③《马克思恩格斯全集》第三卷,北京:人民出版社,1960年版,第606页。
④《马克思恩格斯全集》第三卷,北京:人民出版社,1960年版,第605页。
⑤《马克思恩格斯全集》第三卷,北京:人民出版社,1960年版,第606页。

切异己的东西和由此产生的一切实际后果的人。我们找到了纯粹的、真正的人"①。他始终坚持只有人道主义的世界观才可能找到通向人类未来生活的道路。

马克思恩格斯指出,格律恩的做法"只是把关于人的本质的思想悄悄塞给每个人,并且把社会主义的各种阶段变为人的本质的各种哲学概念"②,而问题的关键不是"人的本质"这一概念,而在于不同时代的人对"人的本质"概念的具体解读。在亚里士多德和斯多葛派的时代,人的本质被归纳为"悟性、心灵和意志";空想社会主义者傅立叶用"十二个人欲望表"揭露人的本质。格律恩抄袭和篡改了傅立叶、费尔巴哈等前人的思想,表示"人的本质是人的本质和万物的尺度"③,而宗教、货币、雇佣劳动等等只是人的本质的异化。马克思恩格斯十分反感这种言之无物、仅在德国哲学语言中兜圈子的行为,明确指出"不管是人们的'内在本性',或者是人们的对这种本性的'意识','即'他们的'理性',向来都是历史的产物"④。

第二,用美文学的方式阐释"人"。格律恩在《从人的观点论歌德》中,以"人"的观点诅咒文明、怜悯穷人,描绘未来社会的理想、歌颂具有完美人性的人。格律恩在批判歌德关于人的观点的过程中阐明自己的思想。歌德是一个人性论者,他从文艺创造的角度阐释人的解放和个性自由的观点,希望人在一种既无宗教压抑、又无阶级纷争的"自然"氛围中自由地展示人性。他在《少年维特之烦恼》中通过描写少年维特因和一位有夫之妇相爱失恋而烦恼自杀的故事,发泄个人自由的愿望,表达同封建理性相矛盾的市民阶级的情绪,批判封建道德关系。格律恩发现在"歌德身上除了人的内容外没有别的内容"⑤,歌德把人想象和描写成我们今天所希望实现的那样,甚至日常小事也常常能够引起歌德美学方面的或人的兴趣。格律恩赞同歌德借由"人性"批判社会做出的贡献,认为歌德发现了"人的本质",并通过艺术的形式找到"真正的人",因此歌德是"人的诗人",体现了"完美的人性"。

①《马克思恩格斯全集》第三卷,北京:人民出版社,1960年版,第576页。
②《马克思恩格斯全集》第三卷,北京:人民出版社,1960年版,第606页。
③《马克思恩格斯全集》第三卷,北京:人民出版社,1960年版,第576页。
④《马克思恩格斯全集》第三卷,北京:人民出版社,1960年版,第567页。
⑤《马克思恩格斯全集》第四卷,北京:人民出版社,1958年版,第254页。

马克思恩格斯引用海涅的诗句"我播下的是龙种,而收获的却是跳蚤"①来批判格律恩的"真正的社会主义"的观点。恩格斯直截了当地表示:"格律恩把歌德的一切庸人习气颂扬为人性的东西,他把作为法兰克福人和官吏的歌德变成了'真正的人',而对于一切伟大的和天才的东西却避而不谈,甚至加以唾弃。这样一来,这本书就提供了一个极其出色的证据:人=德国小市民。"②因此,不能把党派的观点强加于作家歌德,以激进的标准衡量他,也不能像格律恩那样以某种"概念"即"人"的观点评论他,而应该把他放在一定的历史条件下,结合他所接触的具体生活环境,以阶级分析的方法评论他,应该"结合着他的整个时代、他的文学前辈和同代人"③,"从他的发展上和结合着他的社会地位来描写他"④。像格律恩这样的美文学家由于对人的界定模糊不清,脱离客观环境去描写人物性格,只能是用抽象的"人"高谈阔论小市民的幻想。

三、探索无产阶级和全人类的彻底解放之路

马克思主义关于人的学说是建立在历史唯物主义基础之上的,是对青年黑格尔派、空想社会主义以及"真正的社会主义"关于人的思想的扬弃和超越。马克思恩格斯并非笼统地反对他们关于人的思想,而是反对抽象地理解人,反对他们离开现实的社会生活讨论人的本质,反对他们将现实社会中无产阶级的解放导向道德说教,陷入所谓的"爱的呓语"。"哲学家们只是用不同的方式解释世界,而问题在于改变世界。"⑤马克思恩格斯在《形态》中通过批判这种"爱的呓语",将对人的问题的思考建立在唯物主义的基础之上,旨在立足现实社会生活思考和回答无产阶级以及全人类解放的时代课题。

(一)德国理论界无法解决无产阶级革命中的实质问题

马克思恩格斯对德意志意识形态的批判看似针对德国,但实际上超越了德国的边界。一方面,针对德国当时情况的批判实际上是对英国、法国等先进资本主义国家历史上的反思。尽管这些国家率先建立了资本主义体制,但其意识

①《马克思恩格斯全集》第三卷,北京:人民出版社,1960年版,第604页。
②《马克思恩格斯全集》第四十七卷,北京:人民出版社,2004年版,第455页。
③《马克思恩格斯全集》第四卷,北京:人民出版社,1958年版,第257页。
④《马克思恩格斯全集》第四卷,北京:人民出版社,1958年版,第257页。
⑤《马克思恩格斯全集》第三卷,北京:人民出版社,1960年版,第6页。

形态中的某些过时观念依然在制约其发展,逐渐成为现代国家所隐藏的内在缺陷。另一方面,对德意志意识形态的批判超出了政治解放的水平,最终指向更高的即所谓"真正的人"、人的解放问题,这就不仅关涉德国而且关涉全人类和世界各国。

德国理论界尽管已经把考察历史的出发点从神转到人,但它包含着理论与实践的矛盾。在理论上,他们从抽象的人和人性出发,尊重个人权利与尊严,积极倡导自由平等的价值观;但在实践上,他们固守资产阶级的利益,协助资产阶级夺取政权,极力维护私有者的权利与自由。这必然会以牺牲工人阶级的实际利益、权利、自由为代价。面对封建垄断特权时,资产阶级和工人阶级的矛盾是潜在的,未完全显露出来,资产者还抱有满腔的热情和人道主义的美妙理想,自认为是在为普遍的人权奋斗;无产阶级的革命意识尚未成熟,沉湎于资产者的伪善的斗争口号中。当资本主义制度代替了封建制度,资产阶级由被压迫阶级跃升为统治者时,其理论中关于人发展的矛盾便暴露出来,要求必须给予理论回应。在资本主义社会中,"商业日益变成欺诈。革命的箴言'博爱'化为竞争中的蓄意刁难和忌妒。贿赂代替了暴力压迫,金钱代替刀剑成了社会权力的第一杠杆。初夜权从封建领主手中转到了资产阶级工厂主的手中"①。对此,恩格斯激愤地表示,人道、自由、平等、博爱等字眼固然是好的,但它解决不了无产阶级革命的任何实际问题。

青年黑格尔派将政治解放寄托于反宗教斗争,并将政治解放和"人的解放"混为一谈。鲍威尔将普遍、无限、自由的自我意识的实现看成"人的解放",并将犹太教和基督教看作是自我意识异化的两个阶段。在鲍威尔看来,废除宗教就能从根本上消除犹太人所遭遇的不平等状况,而犹太人摆脱宗教束缚并废除宗教信仰后,不仅获得政治上的自由平等权利,而且克服了自我意识的异化,因此废除宗教既实现了"政治解放",又实现了"人的解放"。马克思批驳鲍威尔只看见基督教与犹太教之间的信仰对立,对宗教冲突下的市民利益视而不见,把世俗问题归结为宗教神学问题。政治解放只是消除了人对神的依附关系以及封建人身依附关系,却把人变成自私自利的主体。在资本主义私有制下,人过着政治共同体和市民社会的双重生活,"前一种是政治共同体中的生活,在这个共同体中,人把自己看做社会存在物;后一种是市民社会中的生活,在这个社会

①《马克思恩格斯文集》第九卷,北京:人民出版社,2009年版,第273页。

中,人作为私人进行活动,把他人看做工具,把自己也降为工具,并成为异己力量的玩物。政治国家对市民社会的关系,正像天国对尘世的关系一样,也是唯灵论的"①。可见,青年黑格尔派所倡导的政治解放,只是通过思辨哲学让人获得形式上的自由平等权利,不但不能实现人的真正解放,反而消解了无产阶级的革命意识。

"真正的社会主义"将共产主义运动变成纯粹的"文学运动"或"道德说教"。他们认为用暴力推翻旧的社会制度的观点是"粗陋的"共产主义的表现,而只有"真正的社会主义"才能恢复人的自然本性、建立普遍有爱的和谐社会。这些哲学家、美文学家对资本主义制度下人民的苦难抱有同情之心,呼吁实施人道主义原则,甚至向统治者、向富人求助,要求他们善待穷人、爱穷人,尊重穷人作为人的价值和尊严。例如,赫斯将货币看成人的本质的异化,并以此为出发点抨击资本主义制度下的自由、平等、人权等理念,并以此论证共产主义的必要性。在如何实现共产主义的问题上,他提出以"爱"作为手段解决资本主义社会中个体与类的矛盾,以此使人重新占有自己丧失的本质。克利盖将社会矛盾转化为情感问题,试图用"爱的呓语"和平分土地的简单方式取代无产阶级革命。泽米希则将共产主义与私有制世界的对立看作是一种"最粗暴的对立",尝试用建立"真正的个人所有制"消解食利者和无产者之间的对立。他认为共产主义代表了法国的实际状况,社会主义是德国的现象,共产主义和社会主义最终都会消融在人道主义中。事实上,"共产主义体系以及批判性和论战性的共产主义著作不过是现实运动的表现,而他们却把这些体系和著作同现实运动分裂开来,然后,又非常任意地把它们同德国哲学联系起来"②。"把一定的、受历史条件制约的各生活领域的意识同这些领域本身割裂开来,并且用真正的、绝对的意识即德国哲学的意识的尺度来衡量这个意识。"③马克思恩格斯尖锐地揭露他们的企图,批判"真正的社会主义者"用一些甜言蜜语和小恩小惠欺骗无产阶级和革命群众,警醒被统治者和被压迫者决不能把希望寄托在统治者的人道主义精神上,而要依靠自身的斗争去获得解放,"解放是一种历史活动",而非与德国社会现实条件没有任何关系的纯理论话题。综上,马克思恩格斯在《形态》中边破边

①《马克思恩格斯文集》第一卷,北京:人民出版社,2009年版,第30页。
②《马克思恩格斯全集》第三卷,北京:人民出版社,1960年版,第536页。
③《马克思恩格斯全集》第三卷,北京:人民出版社,1960年版,第536页。

立阐发人的发展理论,也是为了回答当时德国理论界无法回答的时代课题,即现实中被异化的无产阶级如何重新占有真正的人的本质、无产阶级如何获得彻底解放。

(二)无产阶级革命运动的发展迫切需要科学理论指导

19世纪三四十年代,随着资本主义的发展,无产阶级和资产阶级的矛盾不断激化,最终掀起了欧洲革命高潮。无产阶级的革命斗争不断发展,出现一系列新变化,并促使无产阶级不断走向成熟。该时期,无产阶级反对资产阶级的斗争性质从自发斗争向自觉斗争发展;斗争形式从经济斗争向政治斗争演进;斗争指向从捣毁厂房机器、烧毁原材料向推翻资本主义制度转变;斗争范围从个别工厂、个别地区向全国范围蔓延,汇合成为阶级斗争。欧洲相继爆发了法国里昂工人起义、德国西里西亚纺织工人起义和英国宪章运动,影响深远的三大工人运动标志着此时的工人阶级已经作为一支独立的政治力量登上了历史舞台,但是仍受到各种资产阶级和小资产阶级社会思潮的干扰。事实上,自马克思主义诞生以来,它在传播的过程中从来没有停止过同形形色色的社会思潮作斗争,如,各种宗派主义、空想主义、小资产阶级平均主义、无政府主义、工团主义等等。如果不同这些错误的社会思潮作斗争,工人阶级难以从自在阶级成长为自为阶级,工人运动难以实现预期目标并走向胜利。

第一,马克思恩格斯科学地分析了欧洲三大工人运动所暴露出来的问题。马克思恩格斯高度关注工人阶级的每一次斗争,在斗争中为其提供指导,在失败后及时总结经验教训。1831年,法国里昂工人呐喊着"工作不能生活,毋宁战斗而死"的口号开展武装起义,经过为期三天的激烈战斗,起义的工人成功占领了市政厅,获得了初步的胜利。但是当时工人阶级在空想社会主义思想的影响下,未能充分意识到掌握政权与革命武装的关键性,导致反动省长依旧留任,旧有政府官员亦未予以更替,仅成立了一个工人委员会负责监督市政府的动向。反动势力获得喘息时间后,从巴黎调来军队残酷地镇压了这次起义。法国里昂工人起义之后,英国也爆发了声势浩大的宪章运动,在斗争中工人成立了"伦敦工人协会",拟定争取普选权的文件,不断进行请愿。宪章运动前后坚持了十二年之久,数百万工人参加了这个运动,但最终因内部动摇开始走向瓦解,以失败告终。同一时期,德国普鲁士的西里西亚织工发起了起义。欧洲三大工人运动

"毫不含糊地、尖锐地、直截了当地、威风凛凛地厉声宣布,它反对私有制社会"①。马克思恩格斯分析了欧洲三大工人运动失败的原因,指出缺乏科学的理论指导、缺乏一个统一的政党组织领导和发挥战斗堡垒作用是主要原因。因此,工人阶级的不自由,就意味着绝大多数人没有自由;工人阶级未能得到解放,就意味着绝大多数人被剥削压迫,关注工人阶级的问题,就是关注人的解放与发展这个在当时不能回避的突出问题。

第二,马克思恩格斯揭示了阶级产生和阶级斗争的规律。马克思在《莱茵报》时期,就通过分析省议会关于出版自由和林木盗窃法的辩论看到了阶级分化和阶级斗争。马克思看到不同阶级站在不同立场对这些问题持不同态度,普鲁士政府害怕"出版自由"帮助被压迫群众发出自己的声音,威胁政权的稳固;贵族地主为自己的私利不允许贫苦农民捡拾其领地掉落的枯树枝;国家和法律没有体现理性与公平正义维护贫苦人民的利益。这让马克思思考不同阶级之间的物质利益冲突,以及物质利益对社会和国家的影响。此后,随着马克思恩格斯唯物史观的形成,到《形态》写作时,他们已经对阶级的产生发展有了比较清晰的认识。马克思恩格斯认为,现实的资本主义社会存在了工人阶级和资产阶级的对立冲突,后者凭借对物质生产资料的掌握掌控了精神生产,掌控了国家政权,进而对工人阶级进行剥削,并使劳动异化进而造成工人阶级的畸形、片面发展。资产阶级与工人阶级之间物质利益的根本冲突使得二者的矛盾不能调和,阶级斗争难以避免,两个阶级之间的斗争必然导致无产阶级专政。马克思通过对"真正的社会主义"理论的批判,强调工人阶级夺取政权的必要性和重要性。他指出,国家"是资产者为了在国内外相互保障自己的财产和利益所必然要采取的一种组织形式"②,因此,工人阶级政治斗争的核心就是国家政权,事实上,"每一个力图取得统治的阶级,如果它的统治就像无产阶级的统治那样,预定要消灭整个旧的社会形态和一切统治,都必须首先夺取政权"③。无产阶级专政的国家政权建立在打碎资产阶级的国家机器的基础之上,然后借助国家的力量夯实其经济基础,从而消灭阶级得以存在的现实土壤,到那时,阶级将逐步走向消亡,进而为人的全面发展创造必要条件。在19世纪40年

①《马克思恩格斯全集》第一卷,北京:人民出版社,1956年版,第483页。
②《马克思恩格斯全集》第三卷,北京:人民出版社,1960年版,第70页。
③《马克思恩格斯全集》第三卷,北京:人民出版社,1960年版,第38页。

代,工人运动的发展要求回答现代社会阶级分化、阶级斗争、国家政权以及未来无产阶级的发展趋势等问题,马克思恩格斯在《形态》中对这些问题做了及时的理论回应。

第三,马克思恩格斯站在历史唯物主义立场上指明工人运动的成败与资本主义和无产阶级的发展水平密切相关。马克思恩格斯始终坚持当资本主义的发展水平还不够高,还未能为无产阶级夺取政权创造必要的现实条件之前,即便有高涨的革命激情也难以取得革命的最终胜利和捍卫革命的胜利果实。马克思恩格斯剖析了占统治地位的生产关系和社会政治结构之间的关系,表示阶级本身是一个经济范畴,阶级的划分是由人们在特定的社会经济结构中所处的不同地位和结成的不同关系决定的。当条件成熟,无产阶级在夺取政权后,不仅需要镇压资产阶级和其他剥削阶级的反抗和颠覆活动,建设巩固的国防,防止国家外部敌人可能的武装侵略和颠覆活动,还应大力发展经济,"尽可能快地增加生产力的总量"①。只有当生产力的发展水平达到相当高的程度、生产资料的私人占有制被消灭的时候,阶级就失去了存在的现实土壤而必然消亡,阶级差别、阶级斗争以及国家等以阶级的存在为前提的社会现象和组织也会随之消亡,"代替那存在着阶级和阶级对立的资产阶级旧社会的,将是这样一个联合体,在那里,每个人的自由发展是一切人的自由发展的条件"②。由此可知,马克思恩格斯虽然以无产阶级的解放和全人类的彻底解放为毕生追求,但他们对该目标实现所必备的客观条件有着深刻认识,因而从来不主张在条件尚不成熟时盲动,他们关于人的全面发展理论建立在历史唯物主义基础上,这就为无产阶级的革命斗争指明了方向,而这正是19世纪40年代无产阶级革命运动健康发展的迫切需要。

(三)实现全人类的解放和对人的本质的重新全面占有

不同于黑格尔鄙视人民群众的观点,马克思恩格斯既承认杰出人物在历史发展中的作用,又强调历史发展的主体是广大人民群众,认为人民群众既是历史的"剧中人",又是历史的"剧作者"。在马克思主义诞生以前,空想社会主义者、青年黑格尔派以及"真正的社会主义者"等都对未来社会做过生动描述甚至

---

① 《马克思恩格斯文集》第二卷,北京:人民出版社,2009年版,第52页。
② 《马克思恩格斯文集》第二卷,北京:人民出版社,2009年版,第53页。

天才的设想,但因他们不懂得实现人类解放所必需的社会条件,不懂得人类解放同无产阶级解放之间的联系,往往最终止步于空洞而苍白的道德说教。马克思恩格斯比较了无产阶级的革命斗争和前资本主义社会被压迫阶级的革命斗争,认为它们的重要区别在于无产阶级的革命斗争将彻底消灭阶级、阶级对立,无产阶级实现自身的解放不仅意味着无产阶级和资产阶级作为同路人将从历史舞台上消失,而且意味着人类社会最后的阶级对立消亡,实现全人类的彻底解放;而前资本主义社会中的阶级斗争结果,是新的阶级对立取代旧的阶级对立,新的阶级矛盾取代旧的阶级矛盾,不仅没能实现全人类的彻底解放,而且演变出新的被压迫阶级。因此,马克思恩格斯追求无产阶级的解放实质上就是追求全人类的彻底解放,二者的解放是同一个历史进程。

　　私有财产的扬弃是无产阶级和全人类解放的必要条件。正如空想社会主义者所揭露的那样,私有财产是一切罪恶的根源。资本主义的财产私有制度造成了异化劳动和人的本质的丧失,但是,它也生产出了自己的"掘墓人"——无产阶级。无产阶级没有掌握生产资料,他们被排斥于社会之外,承担社会的一切重负,而不能享受社会的福利。无产阶级的经济地位决定了他们必然要求实行彻底的革命,同传统的观念和传统的所有制相决裂,即扬弃资本主义私有财产,进而"消灭任何阶级的统治以及这些阶级本身"。无产阶级对私有财产的扬弃,不仅意味着生产资料所有制的颠覆性变革,而且意味着对人的本质的重新全面占有,即"对私有财产的积极的扬弃,就是说,为了人并且通过人对人的本质和人的生命、对象性的人和人的产品的感性的占有,不应当仅仅被理解为直接的、片面的享受,不应当仅仅被理解为占有、拥有。人以一种全面的方式,就是说,作为一个完整的人,占有自己的全面的本质"[①]。因此,马克思恩格斯在《形态》中对人的发展问题的探究实质上也是人类彻底解放问题的探究,二者有着不可分割的内在关联。

①《马克思恩格斯文集》第一卷,北京:人民出版社,2009年版,第189页。

第二章

人的本质：从"现实的个人"到"现实的关系"

人的本质问题是任何哲学都不能回避的一个重要问题。在马克思恩格斯之前，哲学家们已经从不同角度对这个问题作出了自己的回答。柏拉图认为，人的本性是由灵魂决定的，"它来自理念世界，客居于人的身上，人只有通过灵魂的不断磨炼和升华（转向）才有可能认识理念世界"[①]；亚里士多德认为，人从本性上渴望一种共同生活，是一种政治动物；黑格尔认为人的本质是绝对精神；费尔巴哈认为，人是以自然为基础的人，是肉体与灵魂的统一体。从这些哲学家的主张来看，他们要么以某种外在的超验根据来规定人的本质，要么从人的某种内在本性来规定人。马克思恩格斯在《形态》中基于对"现实的个人"内在规定的考察出发，对这个问题作出了自己的回答。

一、"现实的个人"是考察社会历史的前提

研究历史应当从"人"开始，关键问题在于应当从什么样的人开始。马克思恩格斯在《形态》中指出："我们开始要谈的前提不是任意提出的，不是教条，而是一些只有在臆想中才能撇开的现实前提。这是一些现实的个人，是他们的活动和他们的物质生活条件，包括他们已有的和由他们自己的活动创造出来的物质生活条件。"[②]由此可见，马克思恩格斯是把"现实的个人"作为历史研究的出发点，进而在考察他们的活动中揭示了人类社会的层级结构及其辩证关系，并在此过程中阐述了他们对于人的理解。

（一）"现实的个人"是"有生命的个人"

"现实的个人"首先必须是一种有生命的存在物，因此，当马克思恩格斯将其作为考察历史的出发点的时候，他们首先得出的结论是"全部人类历史的第一个前提无疑是有生命的个人的存在"[③]。有生命的个人表明，人是肉体的、自然的、感性的人，而不是抽象的精神存在物。但马克思恩格斯在这里并不是为了重复一个简单的生物学事实。

---

① 杨建坡：《人的本质存在与超越发展——柏拉图人学思想初探》，《河南师范大学学报》（哲学社会科学版）2010年第6期，第14页。
② 《马克思恩格斯文集》第一卷，北京：人民出版社，2009年版，第516-519页。
③ 《马克思恩格斯文集》第一卷，北京：人民出版社，2009年版，第519页。

1.个人的肉体组织及"个人对其他自然的关系"

在《形态》中,马克思恩格斯根据日常生活中的客观现象,把有生命的个人视为人类历史发展的首要前提。在对其进行研究时,他们揭示出有生命的个人为了确保自身生存,需要生产物质生活资料。因为物质生活资料的生产需要自然界提供的场域、对象和工具等,"自然界是工人的劳动得以实现、工人的劳动在其中活动、工人的劳动从中生产出和借以生产出自己的产品的材料"①,所以,马克思恩格斯进一步指出:"第一个需要确认的事实就是这些个人的肉体组织以及由此产生的个人对其他自然的关系"②。也就是说,在马克思恩格斯看来,有生命的个人为了确保自身能够生活下去必须生产食物、衣物、住房等物质生活资料,而因为开展这项活动又必须以自然界提供的材料为客观前提,所以维持个人肉体存在的需要产生了个人对其他自然的关系。因为"人是自然界的一部分"③,是"自然存在物"④,所以人对外在于自身的自然界的关系便谓之为人对其他自然的关系。个人对其他自然的关系具有多种表现形式:或是在历史发展的任何阶段,人们都因为自身的肉体存在而需要不依赖于自身而存在的对象来维系生存从而受到自然的限制;或是在人类社会发展初期,生产力水平低下使自然界表现为一种"完全异己的、有无限威力的和不可制服的力量与人们对立"⑤;或是在生产力水平逐渐提高的条件下,人能够按照自己的意志以更为强大的力量对自然界进行改造使之成为"真正的、人本学的自然界",实现人和自然的统一。那么,马克思恩格斯在这里所说的人和自然的关系究竟是哪一种关系呢? 回到具体的文本语境中分析可见,马克思恩格斯从活生生的个人出发,强调必须首先承认个人的肉体组织,以及由维持这种组织的存在所产生的个人与外在于自身的其他自然的关系。这一观点清晰地表明,在他们看来,个人与其他自然的关系是人们维持其生命存在所不可或缺的前提。从人类社会的发展历程来看,人最初是通过采集、狩猎、捕鱼等方式从自然界中获得"现成的天然产物"以维持生存。在此意义上,未经人类改造的自在自然直接为人提供了物质生活资料。但是自在自然往往又不能完全满足人的物质生活需求,人们只

---

① 《马克思恩格斯文集》第一卷,北京:人民出版社,2009年版,第158页。

② 《马克思恩格斯文集》第一卷,北京:人民出版社,2009年版,第519页。

③ 《马克思恩格斯文集》第一卷,北京:人民出版社,2009年版,第161页。

④ 《马克思恩格斯文集》第一卷,北京:人民出版社,2009年版,第209页。

⑤ 《马克思恩格斯文集》第一卷,北京:人民出版社,2009年版,第534页。

有通过自己的活动增加天然产物以及对这些天然产物进行加工才能使自己的需求得到满足，这表明马克思恩格斯在这里所说的个人对其他自然的关系表现为人对自然界的改造。正如他们随后指出，他们研究的兴趣和重点并不是人们的各种生理特性及其所处环境的地质、水文、气候等各种自然条件，"任何历史记载都应当从这些自然基础以及它们在历史进程中由于人们的活动而发生的变更出发"。①自然基础在这一文本语境中具有两重含义，表明了在人们从事物质生产活动的过程中，随之发生变化的不仅包括从事活动的主体，也包括为这种活动所指向的外在于人自身的其他自然。这就进一步说明，前述所言的人对其他自然的关系表现为人按照自己的需要和意愿对自然界进行改造，使自然界发生有利于满足人的需要的变化，由此所实现的人与自然界的统一关系。

在马克思恩格斯看来，作为自然存在物，人和动物都必须依赖自然界生存，这是二者之间的共同之处。但是，也正是人们在从事物质生产活动，实现对自然界的改造从而生产出满足生存需要的物质产品的过程中，作为自然存在物的人的生产活动形成了有别于其他动物的特性。在此意义上，个人对其他自然的关系就蕴含着对人与动物的区分。由此，马克思恩格斯才在紧接着的下一段作出这样的断言："一当人开始生产自己的生活资料，即迈出由他们的肉体组织所决定的这一步的时候，人本身就开始把自己和动物区别开来。"②在马克思恩格斯看来，人的生产活动（指物质生活资料生产活动）决定了人的特性，个人"是什么样的，这同他们的生产是一致的——既和他们生产什么一致，又和他们怎样生产一致"③，因此生产活动可以作为区分人与动物的重要标准之一。马克思恩格斯在论述这一观点时，延续了《1844年经济学哲学手稿》中的有关思想。在该手稿中，马克思通过分析一个物种的生命活动（即生产活动、劳动）的特性来规定其类本质，以人和动物的生产活动的不同点对人和动物进行区分。马克思指出，人的生命活动是一种"自由的有意识的活动"④，这种生命活动直接将人和动物区分开来。同时，马克思认为，人和动物的生产活动的区别还表现在其他方面。具言之，动物的生产具有局限性，仅限于满足其自身或其幼崽的需求，相比

①《马克思恩格斯文集》第一卷，北京：人民出版社，2009年版，第519页。
②《马克思恩格斯文集》第一卷，北京：人民出版社，2009年版，第519页。
③《马克思恩格斯文集》第一卷，北京：人民出版社，2009年版，第520页。
④《马克思恩格斯文集》第一卷，北京：人民出版社，2009年版，第162页。

之下,人类的生产则是全方位的,因为人类能够按照任何种的需求从事生产;动物的生产活动主要是为了满足基本的生理需要,而相较之下,人类从事生产的动机则更加复杂,表现为不仅包括生理需要,还涉及到超越这一需要的更高层次的需要,并且,只有当人类活动为这种更高的需要所推动时,它才能实现自身本然状态的复归;动物的生产局限于自我维持,而人类则能够再生产并改造整个自然界;等等。需要指出的是,在《形态》中,尽管马克思恩格斯仍然将人和动物的生命活动作为区分二者的依据,但他们并未分析这两种活动之间有何不同。这或许是因为在《1844年经济学哲学手稿》中,马克思已经对这个问题进行了分析。

将"现实的个人"视作有生命的个人,马克思恩格斯表明了"现实的个人"具有肉体组织、是一种自然存在物,这一看法与费尔巴哈的见解相契合;另一方面,有生命的个人的肉体组织决定人们必须从事物质生活资料的生产,则使马克思恩格斯的观点超越了费尔巴哈。因为费尔巴哈仅仅将人视作感性的存在物,而未将其视为进行感性活动的主体。也正因如此,费尔巴哈无法懂得人在改造自然的过程中所实现的人和自然的统一。

2.意识是"现实的、有生命的个人"的意识

在马克思恩格斯所处的德国,黑格尔以及青年黑格尔派的代表人物从意识出发,把意识看作是有生命的个人的本质,认为现实世界是观念自我活动的结果,为观念所设定。例如,"人的本质,人,在黑格尔看来=自我意识。"[1]黑格尔把自我意识视为人的本质,实际上"是把人的本质设定为思想或精神"[2]。这样一来,活生生的人通过劳动创造历史的过程在黑格尔那里就变成了自我意识通过外化设定物性的过程,思想或精神成为主体,现实中的人及其创造的感性世界反而成为客体,观念与现实关系的颠倒由此发生。从马克思的思想发展历程来看,在《德谟克利特的自然哲学和伊壁鸠鲁的自然哲学的差别》中,马克思高度推崇自我意识、自由派(青年黑格尔派)并采用与黑格尔和鲍威尔类似的话语和逻辑表达哲学同实践和周围世界的关系,[3]这表明马克思此时受到思辨唯心主义的影响。但是,这种现象并未持续多久,马克思此后在不同文本中批判了黑

---

[1]《马克思恩格斯文集》第一卷,北京:人民出版社,2009年版,第207页。

[2] 陈培永:《马克思人的本质学说的演变路径及当代价值》,《北京教育学院学报》2018年第5期,第25页。

[3] 侯才:《青年黑格尔派与马克思早期思想的发展》(修订本),北京:中国社会科学出版社,2021年版,第22-24页。

格尔与青年黑格尔派对思维与存在关系的颠倒。当在《黑格尔法哲学批判》中对黑格尔《法哲学原理》的第269节进行分析时，马克思肯定黑格尔从国家机体这一设定出发，得出政治制度在权力、职能和活动等方面的不同并非是一种机械的，而是有机的不同的观点。但马克思也批判黑格尔把国家机体的各种差别视作是有差别的抽象观念实现自身而形成的产物，指出"观念应当从现实的差别中产生"①。关于黑格尔对观念与现实关系的颠倒，马克思认为，这是因为在二元论思维方式影响下，黑格尔没有将描述实在的主体的谓语（由个别事物归属的类和偶性充当，通常为普遍的概念）同实在的主体结合起来，反而将谓语从实在的主体中分离出来，将其提升为实体（独立存在的事物），变成主体（能活动），从而使实在的主体变成了作为主体的谓语的活动对象，使"神秘的实体（观念，引者注）成了现实的主体，而实在的主体则成了某种其他的东西，成了神秘的实体的一个环节"②。观念与现实关系的颠倒便由此发生。在《1844年经济学哲学手稿》中，马克思以"非对象性的存在物是非存在物［Unwesen］"③为理论前提，基于自我意识在外化过程中所设定的只是抽象的而非现实的物而没有自身的对象，得出自我意识只能是纯粹的无，④批判了黑格尔以自我意识为开端的思辨辩证法。也就是说，自我意识在本质上是无，决定其不能作为辩证法的推动主体；自我意识作为一种无，也决定它不能从无中产生有，产生感性的世界。在《神圣家族》中，马克思恩格斯以梨、草莓、扁桃等"现实的水果"和"果品"为例破解了黑格尔思辨唯心主义结构的奥秘，同时还对鲍威尔的历史观进行了批判。对于鲍威尔将"批判"及其承担者"鲍威尔及其伙伴"视为创造历史的主体，将全部的历史理解为鲍威尔自身与人类的关系，马克思恩格斯提出"历史的活动和思想就是'群众'的思想和活动"⑤；对于鲍威尔的这一观点——将追求真理视为历史的终极旨归，并将存在于世界上的人仅仅看作是服务于历史的工具，马克思恩格斯提出了反驳，他们认为，人不是实现历史的手段，事实上"历史不过是追求着自己目的的人的活动而已"⑥；对于鲍威尔为了证实和维护"批判"的"绝

①《马克思恩格斯全集》第三卷，北京：人民出版社，2002年版，第15页。
②《马克思恩格斯全集》第三卷，北京：人民出版社，2002年版，第32页。
③《马克思恩格斯文集》第一卷，北京：人民出版社，2009年版，第210页。
④《马克思恩格斯文集》第一卷，北京：人民出版社，2009年版，第212页。
⑤《马克思恩格斯文集》第一卷，北京：人民出版社，2009年版，第286页。
⑥《马克思恩格斯文集》第一卷，北京：人民出版社，2009年版，第295页。

对""进步""无限",将群众视为"精神的空虚",视为"敌视进步"的存在,视为"有限的、粗野的、鲁莽的、僵死的和无机的"①存在,马克思恩格斯正面论述了人民群众的地位和作用。在《形态》中,马克思恩格斯从"现实的个人"出发考察历史过程,得出"现实的、有生命的个人"是意识的生产者,人们把自己的现实生活过程以思想观念的形式反映出来,彻底批判了黑格尔与青年黑格尔派对思维与存在关系的颠倒。与此同时,因为本书所要探讨的是《形态》中的人学理论,所以如果把"人"而非"意识"作为关注的中心点,那么意识是"现实的、有生命的个人"的意识,这一观点则表达了马克思恩格斯对"现实的个人"的理解。这主要表现在以下三个方面:

首先,这里的"现实的、有生命的个人"不是"口头说的、思考出来的、设想出来的、想象出来的"人,而是"在现实的、可以通过经验观察到的、在一定条件下进行的发展过程中的人",是"从事实际活动的人"②。其次,马克思恩格斯正是立足于这些投身于实践活动的人,揭示了意识的产生和内容,从而表明这种"现实的、从事活动的人们"是"自己的观念、思想等等的生产者"③。一方面,从事实际活动的人的交往需要要求他们进行思想、观念、意识的生产。马克思恩格斯指出,意识"只是由于需要,由于和他人交往的迫切需要才产生的"④。而人们之所以会产生交往的需要,是因为有生命的个人为了维持生活必须进行生产,而生产又是以"个人彼此之间的交往[Verkehr]为前提的"⑤。由此,马克思恩格斯以意识生成于"现实的个人"的交往之中,摒弃了意识的先在性。另一方面,从事实际活动的人以他们的现实生活过程为基础进行意识的生产,也就是说人们的现实生活过程是意识的内容来源。马克思恩格斯指出:"意识[das Bewußtsein]在任何时候都只能是被意识到了的存在[das bewußte Sein],而人们的存在就是他们的现实生活过程。"⑥这段论述揭示了意识是对存在从观念上进行投射而形成的产物,同时,由于人的存在从根本上讲是其实际经历的物质、政治及精神生活过程,故而意识就是对这些生活形式的反映和体现。现实的生活

①《马克思恩格斯文集》第一卷,北京:人民出版社,2009年版,第297页。
②《马克思恩格斯文集》第一卷,北京:人民出版社,2009年版,第525页。
③《马克思恩格斯文集》第一卷,北京:人民出版社,2009年版,第524页。
④《马克思恩格斯文集》第一卷,北京:人民出版社,2009年版,第533页。
⑤《马克思恩格斯文集》第一卷,北京:人民出版社,2009年版,第520页。
⑥《马克思恩格斯文集》第一卷,北京:人民出版社,2009年版,第525页。

过程,在最基础的层面自然是指人的物质生产活动和物质生活。正如马克思恩格斯指出:"人们为了能够'创造历史',必须能够生活。但是为了生活,首先就需要吃喝住穿以及其他一些东西。因此第一个历史活动就是生产满足这些需要的资料,即生产物质生活本身"①。从这段话中可以理解到,物质生活构成了人类生活中一个具象化的、不可或缺的组成部分。同时,"为了生活,首先就需要……生产物质生活本身",这从逻辑上表明生活远不止物质生活本身。那么,生活究竟还有哪些形态呢? 马克思恩格斯在《形态》中指出:"这种活动的基本形式当然是物质活动,一切其他的活动,如精神活动、政治活动、宗教活动等都取决于它。"②在这里,马克思恩格斯列举了人的活动形式并阐述了他们之间的相互关系。根据马克思恩格斯在《形态》中的论述,因为人们的活动与他们的生活具有一致性,"人们生产自己的生活资料,同时间接地生产着自己的物质生活本身"③,因此,前述所言的物质活动、政治活动、精神活动、宗教活动的相互关系也表征着与其相对应的生活的具体形式及其关系。此后,马克思在对唯物史观进行简明扼要概括的《〈政治经济学批判〉序言》中深化了这一理论,他在对前期的研究成果进行整理与总结的基础上,阐述了它们之间的相互关系,指出"物质生活的生产方式制约着整个社会生活、政治生活和精神生活的过程。"④最后,从意识没有独立性,其内容、特性及变化发展都由现实的生活过程所决定可以得知,仅仅通过对精神进行批判,用一种新的、更加合理的精神去替换另一种精神,由此将人们从某种词句或思想中解放出来并不能使人获得解放,而只有在实践中积极改造现实世界,才能实现人的真正解放。青年黑格尔派从观念决定现实出发,把人们在现实中受到的各种束缚看作是意识的产物。因此,他们教导人们说,要实现人的解放,只需要对意识进行批判和改变即可。与之不同,马克思恩格斯从"现实的个人"出发,表明意识为人们的现实生活过程所决定。在此意义上,要实现人的解放就必须在现实中消除束缚人的存在物,正如马克思恩格斯指出:"只有在现实的世界中并使用现实的手段才能实现真正的解放"⑤。

---

① 《马克思恩格斯文集》第一卷,北京:人民出版社,2009年版,第531页。
② 《马克思恩格斯文集》第一卷,北京:人民出版社,2009年版,第575页。
③ 《马克思恩格斯文集》第一卷,北京:人民出版社,2009年版,第519页。
④ 《马克思恩格斯文集》第二卷,北京:人民出版社,2009年版,第591页。
⑤ 《马克思恩格斯文集》第一卷,北京:人民出版社,2009年版,第527页。

（二）"现实的个人"是"从事实际活动的人"

如上文所述，人们赖以生存的首要基础在于生产物质生活所需的基本资料，这是人类历史上最初的活动。此外，只有在从事物质生产以维持肉体组织的基础上，人们才能推动其他社会活动的产生和发展。在从事实际活动的过程中，人证明自己是能动的存在物。另一方面，在人的活动受到种种因素和条件制约的情况下，人又表现为一种受动的存在。

1.人在一定条件下"能动地表现自己"

在《形态》"费尔巴哈"章中，马克思恩格斯指出，"现实的个人""是从事活动的，进行物质生产的，因而是在一定的物质的、不受他们任意支配的界限、前提和条件下活动着的"①。这段论述表明，人们通过其行动彰显了他能动的一面，然而，这些行动亦是在特定的物质条件与无法随意逾越的界限中展开的，因此他们同样受到一定程度的约束。据此，马克思恩格斯认为，人在自身的活动中体现了能动性与受动性的辩证统一。而在他们之前，无论是黑格尔还是费尔巴哈都没能正确地把握到这一点。黑格尔把人理解为人的抽象，理解为自我意识。在黑格尔看来，自我意识本身是空洞的、没有内容的，因此它必须不断通过外化来设定自己的对象（在马克思看来，这并非是一种现实的物，而是抽象的物，本质上一种知识），以此来实现自己并确证自己的存在。同时，也正是在通过外化而设定对象的过程中，自我意识对自身做出了规定，表明自己是一种能动的存在物。但是，因为推动这种辩证运动的主体终究不是现实的人，所以，黑格尔即使发展了人的能动方面，也只是以某种抽象的、神秘的形式使其得到了发展。费尔巴哈对黑格尔的这种观点提出了批判，将黑格尔所论述的绝对精神变成了以自然为基础的现实的人，这体现了费尔巴哈对黑格尔体系的批判和超越。然而，由于费尔巴哈仅仅将人视作感性存在，而非从事感性活动的主体，因此他所理解的现实的人也仅仅表现出受到限制的一面。与他们不同，马克思恩格斯立足"现实的个人"的感性活动，正确地把握了人的能动性和受动性。在《形态》中，马克思恩格斯认为，每一代人的生产都不是从零开始的，他们可以在前一代人那里获得一定的物质条件，主要包括前一时代累积的生产力，以及在先辈们的实践活动中所形成的属人的、人本学的自然界。它们共同为新的一代

①《马克思恩格斯文集》第一卷，北京：人民出版社，2009年版，第524页。

开展生产活动奠定了坚实的基础，预先规定了他们的生活条件。另一方面，因为新的一代又可以通过自己的活动发展生产力，提升自己改造自然的水平，从而为自己创造新的环境，在此意义上而言，他们又证明自己并非只能被动地依赖前人创造的物质条件维持生活，而是可以在实践活动中对其进行超越。马克思恩格斯进而总结指出："历史的每一阶段都遇到一定的物质结果，一定的生产力总和，人对自然以及个人之间历史地形成的关系，都遇到前一代传给后一代的大量生产力、资金和环境，尽管一方面这些生产力、资金和环境为新的一代所改变，但另一方面，它们也预先规定新的一代本身的生活条件，使它得到一定的发展和具有特殊的性质"①。除《形态》以外，早在《1844年经济学哲学手稿》中，马克思也表明了人是能动与受动的统一。在该文本中，马克思把人视为一种自然存在物，认为他主要具有两种特征：第一，人因为自身具备的自然力和旺盛的生命力，对外部事物始终存在着欲求并有能力对其进行改造而使自己的需求得到满足，从而展现出了强大的能动性。第二，人也具有受动性，这是因为，一方面，作为自然界的一种生物，人需要那些不以其意志为转移、独立于其之外的对象来满足自身的需求。另一方面，只有在这些对象已然存在的基础上，人通过对其进行改造，才能彰显和确证自身的体力、智力等多种本质力量。与《1844年经济学哲学手稿》相比，在《形态》中，马克思恩格斯是从人所特有的生命活动入手来探讨人的能动性与受动性。

2.人们的第一个历史活动是"生产物质生活本身"

如前所述，在《形态》中，马克思恩格斯在人的感性活动中认识到了人是能动与受动的统一。那么，人的活动有哪些形式呢？这是接下来需要分析和回答的问题。根据马克思恩格斯在《形态》中的论述，人的活动包括物质生活资料的生产、新的生存需要的生产以及引起的物质生活资料再生产、新的生命的生产、社会关系的生产以及意识的生产。

第一，物质生活资料的生产。人是一种有生命的自然存在物，为了存续发展，必须保证自己的吃喝住穿等基本生存需要得到保障。自然界诚然可以直接为人提供生活资料，但是这种生活资料往往是有限的，无法使人们日益增长的需要得到满足。因此，要满足这些需要，就必须进行物质生活资料的生产。人的生存需要是推动人们进行物质生产的动力。在进行物质生产的过程中，人能

---

① 《马克思恩格斯文集》第一卷，北京：人民出版社，2009年版，第544-545页。

够在实践中按照自己的意志对自然界进行改造,使之发生有利于人的需要的变化,创造出一个属人的自然界。在这一意义上而言,人的生产是超越动物的,因为动物虽然也为了维系生存进行生产,但动物的"生产对周围自然界的作用在自然界面前只等于零"①,它们无法再生产整个自然界。

第二,新的生存需要的生产以及引起的物质生活资料再生产。在考察了社会活动的第一个方面(物质生活资料的生产)后,马克思恩格斯指出:"第二个事实是,已经得到满足的第一个需要本身、满足需要的活动和已经获得的为满足需要而用的工具又引起新的需要,而这种新的需要的产生是第一个历史活动。"②对于这里所提到的新的需要,有些论者认为,马克思恩格斯所指的是基础的生存需要以外的更高层次的需要,比如情感的需要、交往的需要、自我实现的需要等,从而也将《形态》中所说的社会活动的第二个方面理解为生存需要以外的其他需要的生产。但通过仔细分析这段论述可知,马克思恩格斯在这里所说的新的需要并没有超出生存需要的范围。因为,如果这里的新的需要是指生存需要以外的需要,就无法解释"这种新的需要的产生是第一个历史活动"。在马克思恩格斯看来,需要和人的活动之间有着密切的关系,即人们正是为了满足需要才去开展活动。例如,在《形态》"圣麦克斯"章中,他们指出:"任何人如果不同时为了自己的某种需要和为了这种需要的器官而做事,他就什么也不能做"③。在《〈政治经济学批判〉导言》中,马克思再次强调,"没有需要,就没有生产"④。基于此,也就不难理解马克思恩格斯为何在这里直接将需要与活动等同起来。但是,如果这里的"新的需要"是生存需要以外的需要,那么,上述所说的"这种新的需要的产生是第一个历史活动"就不能成立,因为物质生产活动实际上是人们为了满足基本的生存需求而采取的行动,由此证明此处的"这种新的需要"只能是新的生存需要,《形态》此处所说的社会活动的第二个方面也只能是新的生存需要的生产以及由此引起的物质生活资料再生产。但是,跳出该文本语境来看,新的需要自然可以指生存需要以外的需要,活动也可以在人们的不同需要的作用下呈现出多样化的形式。此外,对于新的生存需要的产生,马

---

① 《马克思恩格斯文集》第九卷,北京:人民出版社,2009年版,第421页。
② 《马克思恩格斯文集》第一卷,北京:人民出版社,2009年版,第531–532页。
③ 《马克思恩格斯全集》第三卷,北京:人民出版社,1960年版,第286页。
④ 《马克思恩格斯文集》第八卷,北京:人民山版社,2009年版,第15页。

克思恩格斯认为,它是由"已经得到满足的第一个需要本身、满足需要的活动和已经获得的为满足需要而用的工具"引起的。

第三,新的生命的生产。无论是从事物质生活资料的生产还是再生产,人们都是为了维持自己的生命,因此,前述两种生产在这一意义上可统称为"自己的生命的生产"。正如马克思恩格斯在考察完这三种活动后总结道,"这样,生命的生产,无论是通过劳动而生产自己的生命,还是通过生育而生产他人的生命,就立即表现为双重关系"①。在历史长河中,人们通过物质生活资料的生产与再生产维系了自身的生存与发展。在此过程中,人们同样开始生产他人的生命从而在自己的后代中使自己有限的生命得到延续。正因如此,马克思恩格斯在《形态》一书中阐述道,前述所言的两种社会活动加上新的生命的生产并非是社会活动在其发展过程中所形成的不同阶段,而只是它所具有的不同表现形式。这就是说,历史表明,这三种活动并不是在不同的历史时期接续发生的,而是自人类出现之始便始终并行存在着。

第四,社会关系的生产。马克思恩格斯在考察人的生命的生产时,即通过劳动维持自身的生命以及通过繁衍后代产生他人的生命,发现社会关系也在这一活动中得以形成和发展。一方面,就生产自己的生命而产生的社会关系而言,"现实的个人"为了维持自身的生命必须进行物质生产活动。但是因为单个人的活动的力量是分散的、有限的,存在着必然的局限性,无法有效地对自然界进行改造。因此,为了提升自己改造自然的能力,更好地战胜强大的自然界,从而维系自身的生存和发展,"现实的个人"必然要寻求在生产中联合起来,共同活动,结成一定的生产关系、社会关系,从而更好地与自然界进行物质变换。正如马克思在《政治经济学批判(1857—1858年手稿)》中考察土地所有制的第一种形式(亚细亚的所有制形式)时指出:"自然形成的部落共同体,或者也可以说群体——血缘、语言、习惯等等的共同性,是人类占有他们生活的客观条件,占有那种再生产自身和使自身对象化的活动(牧人、猎人、农人等的活动)的客观条件的第一个前提。"②另一方面,就孕育新的生命而产生的社会关系而言,马克思恩格斯认为,这表现为"夫妻之间的关系,父母和子女之间的关系,也就是家庭"③。

①《马克思恩格斯文集》第一卷,北京:人民出版社,2009年版,第532页。
②《马克思恩格斯文集》第八卷,北京:人民出版社,2009年版,第123-124页。
③《马克思恩格斯文集》第一卷,北京:人民出版社,2009年版,第532页。

第五,意识的生产。意识是人们的现实生活过程在观念上的映现。在马克思恩格斯看来,每一个现实的、从事实际活动的人都会对"他们的现实关系和活动、他们的生产、他们的交往、他们的社会组织和政治组织"[①]等形成各种各样的观念,从而促使了意识在历史上的产生。马克思恩格斯认为,人们在日常生活过程中所形成的这种意识是自人类存在以来就有的,是意识的最初形式,具有自发性、非系统性。而只有当物质劳动和精神劳动的分工出现以后,人们才能去"构造'纯粹的'理论、神学、哲学、道德等等"[②],即从事意识形态的生产,而这种意识形态往往是自觉的、系统的。在马克思恩格斯看来,意识形态由人们的物质交往形式所决定,因此,应当"从市民社会(指物质交往形式,引者注)出发阐明意识的所有各种不同的理论产物和形式,如宗教、哲学、道德等等,而且追溯它们产生的过程"[③]。物质劳动与精神劳动的分工虽然使精神活动成为一部分人所独立和专门从事的活动,为意识形态的产生提供了条件,但由于在这些领域从事活动的人,长期以来只和思想材料打交道,看不到意识形态产生的物质基础,甚至还颠倒二者的关系,这就导致了虚假意识形态的产生。根据马克思恩格斯在《形态》中的论述,虚假意识形态至少具有两层含义:一是颠倒观念与现实关系的唯心主义,二是剥削阶级意识形态,为了夺取或维护自己的统治,这种意识形态将其所反映、表达和维护的本阶级的特殊利益虚幻为全体社会成员的普遍利益。这两种虚假意识形态的产生是多方面因素作用的结果,其中,物质劳动与精神劳动的分工便是原因之一。在此意义上而言,马克思恩格斯认为,要消灭虚假意识形态,就需要消灭分工。

(三)个人总是"在一定历史条件和关系中的个人"

"现实的个人"首先是有生命的个人,为了延续生命,他们不得不从事物质生产活动。在这一过程中,人与自然之间的关系得以体现为生产力,同时,人与人之间的关系则表现为生产关系。这两种关系一经产生便不以人的意志为转移,因此生活在其中的人便受到自己的生产力以及与生产力相适应的交往的制约。

---

① 《马克思恩格斯文集》第一卷,北京:人民出版社,2009年版,第524页。

② 《马克思恩格斯文集》第一卷,北京:人民出版社,2009年版,第534页。

③ 《马克思恩格斯文集》第一卷,北京:人民出版社,2009年版,第544页。

1. 人们受着"自己的生产力"的制约

马克思恩格斯在《形态》中对生产力的意蕴进行了阐释,进而指出人们受到"自己的生产力"的制约。

第一,生产力是指人的活动(的力量)。马克思恩格斯在谈到生产力时曾写道,"一定的生产方式或一定的工业阶段始终是与一定的共同活动方式或一定的社会阶段联系着的,而这种共同活动方式本身就是'生产力'"[①],"生产力与交往形式的关系就是交往形式与个人的行动或活动的关系"[②]。分析上述论述后,我们可以更清楚地理解马克思恩格斯对于生产力的认识。他们认为,生产力不仅体现在单个人的活动之中,也蕴含在许多人共同活动所产生的力量里。尽管他们承认,个人的活动本身确实构成了一种生产力,但这种力量往往是分散的,并且具有一定的局限性。唯有当个人之间发生互动与合作时,这些分散的力量才能汇聚起来,突破原有的限制,形成更为强大和广泛的生产力,从而得到更为充分地展现、发挥及利用。他们指出:"生产力表现为一种完全不依赖于各个人并与他们分离的东西,表现为与各个人同时存在的特殊世界,其原因是,各个人——他们的力量就是生产力——是分散的和彼此对立的,而另一方面,这些力量只有在这些个人的交往和相互联系中才是真正的力量。"[③]每个人的力量之所以只有在交往中才能转化为真正的力量,是因为许多个人的共同活动能够提高人改造自然的能力,即"受分工制约的不同个人的共同活动产生了一种社会力量,即成倍增长的生产力"[④]。而许多个体在共同参与活动时能够提升生产力,这主要依赖于两种途径:其一,在具备一定的条件下,协作能够创造出"1+1>2"的效应,即当人们协同工作时,他们各自的努力和贡献能够相互叠加并产生额外的增益,使得整体的生产力超过个体生产力的简单相加;其二,尽管竞争存在优胜劣汰,但正是这种优胜劣汰的机制迫使每一个想在市场中立足的生产者不断改进生产技术,提高劳动生产率,进而推动社会生产力的迅速提高。

第二,生产力是指人的活动的结果或产物,具有物的形式。马克思恩格斯指出:"某一个地域创造出来的生产力,特别是发明,在往后的发展中是否会失

①《马克思恩格斯文集》第一卷,北京:人民出版社,2009年版,第532–533页。
②《马克思恩格斯文集》第一卷,北京:人民出版社,2009年版,第575页。
③《马克思恩格斯文集》第一卷,北京:人民出版社,2009年版,第580页。
④《马克思恩格斯文集》第一卷,北京:人民出版社,2009年版,第537–538页。

传,完全取决于交往扩展的情况。"①在此,马克思恩格斯将发明认定为生产力的一种特定表现形式,表明此处所提到的生产力并非指代人类活动的力量,而是其所创造出来的某种存在物。就从人的活动所创造的产物来考察生产力而言,马克思恩格斯仍然是从政治经济学的视角来解读这一概念,因此在这一方面,他们并未超出亚当·斯密对生产力的界定,后者将其视为社会财富。然而,他们的视角又超越了亚当·斯密的理解,因为他们从哲学的维度出发,认为生产力是人类改造自然的能力。这种能力的高低反映了人的能力强弱,从而揭示了生产力与人的内在关系。

第三,生产力是指人的生产能力和水平。如前所述,把生产力转化为一种属人的力量,马克思恩格斯由此超越了亚当·斯密对生产力的单纯的狭隘的经济学的理解,而使生产力具有了更多的哲学意义。从马克思的思想发展历程来看,他在《1844年经济学哲学手稿》中使用的生产力范畴已经具有了属人的力量的内涵。马克思指出:"分工提高劳动的生产力,增加社会的财富,促使社会精美完善,同时却使工人陷于贫困直到变为机器。"②劳动是人的生命活动,马克思在这里将生产力视为劳动的生产力,标示了生产力的属人性。其后,马克思进一步明确和发展了这一思想,在《评弗里德里希·李斯特的著作〈政治经济学的国民体系〉》中,他将生产力界定为人的生产能力或劳动能力,指出"在现代制度下,如果弯腰驼背,四肢畸形,某些肌肉的片面发展和加强等,使你更有生产能力(更有劳动能力),那么你的弯腰驼背,你的四肢畸形,你的片面的肌肉运动,就是一种生产力"③。在《形态》中,马克思恩格斯继续延续了这一思想,指出"如果懂得在工业中向来就有那个很著名的'人和自然的统一',而且这种统一在每一个时代都随着工业或慢或快的发展而不断改变,就像人与自然的'斗争'促进其生产力在相应基础上的发展一样,那么上述问题也就自行消失了"④。在此,马克思恩格斯将生产力置于人与自然之间的斗争中来考察,指出这一斗争能够推动生产力的提升。而因为能够在这种斗争活动中得到提升的显然指向的是作为一种生产能力的生产力,所以此处的生产力意涵便得到了明晰。生产力由

---

① 《马克思恩格斯文集》第一卷,北京:人民出版社,2009年版,第559页。

② 《马克思恩格斯文集》第一卷,北京:人民出版社,2009年版,第123页。

③ 《马克思恩格斯全集》第四十二卷,北京:人民出版社,1979年版,第261页。

④ 《马克思恩格斯文集》第一卷,北京:人民出版社,2009年版,第529页。

多种要素构成，其中，生产工具的发展程度反映着人类改造自然的能力和水平。①

根据马克思恩格斯在《形态》中的论述，人们受着"自己的生产力"的制约表现在两个方面。第一，这表现在人的活动受到生产力的制约。首先，人的物质生产活动受到生产力的制约。"现实的个人"为了维持自己的生存必须进行生活资料的生产。然而，这种生产活动又并非完全是由人的主观意愿所决定，因为从历史来看，人类的生产活动是在前代所积累的生产力基础上开展的，为过去的生产力发展状况所制约；从现实来看，它又受到自己所能达到的生产力水平的制约。其次，人的革命活动受到生产力的制约。实现革命的成功必须具备两个重要的物质条件，具体来说，首先是必需的生产力水平，其次是广泛的群众基础。同时，因为革命群众的产生也以生产力发展到一定水平为前提，"要使这种异化成为一种'不堪忍受的'力量，即成为革命所要反对的力量，就必须让它把人类的大多数变成完全'没有财产的'人，同时这些人又同现存的有钱有教养的世界相对立，而这两个条件都是以生产力的巨大增长和高度发展为前提的"②，因此革命活动的成败根本上受到生产力发展水平的制约。之后，马克思在《1848年至1850年的法兰西阶级斗争》中对六月革命失败的剖析进一步证成了这一观点。二月革命后，资产阶级共和派组建"别动队"、解散国家工场、将无产阶级排除在执行委员会之外，施行了一系列压制和对抗无产阶级的政策，促使无产阶级在资产阶级的逼迫下奋起抗争，发动六月革命，革命最终以无产阶级的失败而告终。在剖析起义失败的原因时，马克思认为，社会生产力尚未在资本主义生产关系的范围内得到充分发展，资本主义仍处于上升阶段是导致起义失败的重要原因。这由此表明，"只有在现代生产力和资产阶级生产方式这两个要素互相矛盾的时候"③，革命才有可能。最后，人的活动的状态受到生产力发展水平的制约。在生产力发展水平较为落后的阶段，人们为了获得生活资料不得不从事某种活动并限制在这种活动范围之内，他们所承担的分工并不是出于自我选择，而是受到外部因素的强制。这些活动是一种异己的力量，不仅与他们相对立，还在某种程度上对他们形成了压迫。而要消除人的活动的这种异

① 韩立新主编：《新版〈德意志意识形态〉研究》，北京：中国人民大学出版社，2008年版，第217-218页。
② 《马克思恩格斯文集》第一卷，北京：人民出版社，2009年版，第538页。
③ 《马克思恩格斯文集》第二卷，北京：人民出版社，2009年版，第176页。

化状态,必须"以生产力的巨大增长和高度发展为前提"①。也就是说,只有在生产力高度发达的基础上,人的活动才能成为一种自主自由的活动,才能由一种压迫人的力量转化为一种由人所驾驭的力量。

第二,人们受着"自己的生产力"的制约表现在人的发展受到生产力的制约。在生产力水平低下的情况下,生产不足以满足所有人的需要,这种条件下的人的发展表现为少数人的发展与大多数人的不发展的对立,即"一些人靠另一些人来满足自己的需要,因而一些人(少数)得到了发展的垄断权;而另一些人(多数)经常地为满足最迫切的需要而进行斗争,因而暂时(即在新的革命的生产力产生以前)失去了任何发展的可能性"②。而只有在高度发达的生产力的条件下,每个人的自由全面发展才有了可靠的基础、坚实的保障。一方面,在生产力高度发展的社会环境中,社会所积累和创造的财富足以全面满足全体社会成员的需要,人们才能将目光从追求财富转向谋求人的发展。另一方面,也只有在生产力高度发展的基础上,人们才能够在最大范围内减少为生产满足自身的衣食住行等方面需要的产品所花费的时间,相对延长自己的自由时间,从而获得更多的自我发展的空间。正如马克思指出:"时间实际上是人的积极存在,它不仅是人的生命的尺度,而且是人的发展的空间。"③

2.人们受着与生产力"相适应的交往"的制约

在《形态》中,马克思恩格斯使用了"交往""交往形式""交往方式"等范畴。尽管他们在文中并未对这些范畴进行明确的界定和区分,但通过分析相关文本可以发现,他们所使用的交往概念既指人的交往活动,也指在生产和交往中形成的交往形式。

第一,"交往"是指人的一种活动。在《形态》中,马克思恩格斯从不同维度论述了作为活动的交往,将其划分为多个类型。在交往主体的维度上,涵盖了个体间的互动、民族间的交往以及国家层面的交流。在交往领域的维度上,可以将其分为物质和精神两个层面,其中物质层面的交往主要是指人们在生产生活资料的过程中所形成的人与人之间的关系。精神交往是指人在思想、意识和文化方面进行的交往。从交往所及的地域来看,包括一个城市同近郊城市以及

①《马克思恩格斯文集》第一卷,北京:人民出版社,2009年版,第538页。

②《马克思恩格斯全集》第三卷,北京:人民出版社,1960年版,第507页。

③《马克思恩格斯全集》第三十七卷,北京:人民出版社,2019年版,第161页。

同城市近郊以外地区的交往、某一个地区同其毗邻地区以及邻近地区以外的地区的交往、某个国家与外国各民族的交往（"世界交往"）。从交往的具体表现形式来看，包括建立贸易联系（通商）、战争等。无论从哪个角度来看，上述所言的交往都指的是不同主体在各个领域所发生的一种"相互交流、相互沟通、相互作用和相互影响"①的活动。

第二，"交往"是指交往形式。根据马克思恩格斯在《形态》中的论述，交往形式至少具有两重含义。首先，交往形式具有生产关系的意蕴。支撑这种观点的文本依据主要有两个。一是，"从直接生活的物质生产出发阐述现实的生产过程，把同这种生产方式相联系的、它所产生的交往形式即各个不同阶段上的市民社会理解为整个历史的基础，从市民社会作为国家的活动描述市民社会，同时从市民社会出发阐明意识的所有各种不同的理论产物和形式，如宗教、哲学、道德等等，而且追溯它们产生的过程"②。在马克思恩格斯的论述框架内，交往形式这一根植于实际物质生产过程的关系，被他们赋予了"市民社会"的深刻内涵。基于这样的理解，若要准确界定交往形式的概念，首要且至关重要的一步，便是深入剖析并阐释市民社会的本质。至于市民社会的具体含义，结合上述论述中对它的描述，并参考《〈政治经济学批判〉序言》中关于唯物史观的经典总结，便不难得出市民社会是社会的经济基础（生产关系的总和），交往形式具有生产关系的意蕴。二是，"私有财产是生产力发展一定阶段上必然的交往形式，这种交往形式在私有财产成为新出现的生产力的桎梏以前是不会消灭的，并且是直接的物质生活的生产所必不可少的条件"③。在这段论述中，私有财产被阐释为交往形式的一种具体且重要的表现形式，他们对此进行了深刻的剖析，揭示了私有财产与生产力之间不可分割的紧密联系。根据他们的观点，私有财产是与某一特定历史时期的生产力发展水平相匹配的一种交往形式，构成了生产关系不可或缺的组成部分。这意味着，交往形式本身蕴含着生产关系的深刻内涵。其次，交往形式是在生产和交往中形成的社会组织。对此，马克思恩格斯在《形态》中有多处论述。马克思恩格斯指出，"每当工业和商业的发展创造出新的交往形式，例如保险公司等等，法便不得不承认它们都是获得财产

① 侯振武、杨耕：《关于马克思交往理论的再思考》，《哲学研究》2018年第7期，第11页。
② 《马克思恩格斯文集》第一卷，北京：人民出版社，2009年版，第544页。
③ 《马克思恩格斯全集》第三卷，北京：人民出版社，1960年版，第410-411页。

的方式"①"而作为以'人'为中介的交往(有各种形式:监狱社会、家庭、国家、资产阶级社会等)的社会被归结为'我'的交往"②。从这些论述中可以看出,交往形式是指社会组织,如保险公司、监狱社会、家庭、国家、资产阶级社会等。在上述两种对交往方式的理解中,第二种将交往形式界定为生产关系的观点,是学术界较为普遍认可的一种解读方式。例如,《马克思恩格斯文集》第一卷2009年版注释186对"交往(Verkehr)"的解释是:"《德意志意识形态》中所用的'交往形式''交往方式''交往关系'、'生产关系和交往关系'这些术语,表达了马克思和恩格斯在这个时期形成的生产关系概念。"③但需要注意的是,交往形式具有生产关系的意蕴,并不代表交往形式等于生产关系。首先,在《形态》中,马克思恩格斯多次将交往形式与生产关系作为并列词使用,并用"和"而不是"或"进行连接,表明交往形式与生产关系不是可以相互替代的概念。④其次,对《形态》的进一步考察可以发现,交往形式是一个比生产关系更大的概念。在《形态》中,马克思恩格斯至少10次使用了生产关系术语,尽管他们并未对之作出明确界定,但也谈到了对于生产关系的理解。他们指出:"分工的各个不同发展阶段,同时也就是所有制的各种不同形式。这就是说,分工的每一个阶段还决定个人在劳动材料、劳动工具和劳动产品方面的相互关系。"⑤在本段论述中,劳动材料和工具这两种生产要素与个人之间的关系相当于生产资料的所有制关系,而劳动产品这一要素与个人之间的关系则对应于产品的分配方式,这两者共同构成了马克思恩格斯后来对于生产关系组成要素的阐释要点。就交往形式的概念而言,基于之前对交往形式的界定,并结合马克思恩格斯在《形态》中的分类——将交往划分为物质交往与精神交往,从而交往形式也相应地分为物质交往形式与精神交往形式——可以看出,交往形式的内涵和外延是大于生产关系的。

根据马克思恩格斯在《形态》中的论述,人们受着与生产力"相适应的交往"的制约,主要表现在三个方面:第一,"现实的个人"的发展有赖于交往活动的发展。从纵向上来看,通过与前一代人的交往,后一代人可以继承前一代人所创

---

①《马克思恩格斯文集》第一卷,北京:人民出版社,2009年版,第586页。

②《马克思恩格斯全集》第三卷,北京:人民出版社,1960年版,第267页。

③《马克思恩格斯文集》第一卷,北京:人民出版社,2009年版,第808页。

④赵家祥:《解析〈德意志意识形态〉中的一个难解之谜——"生产关系"概念与"交往形式"等术语的关系》,《哲学动态》2011年第4期,第7页。

⑤《马克思恩格斯文集》第一卷,北京:人民出版社,2009年版,第521页。

造的生产力、资金和环境,为自己的发展奠定基础。从横向上来看,通过与其他地区的交往,尤其是通过与其他民族和国家的交往,人们才能够克服自己的地域局限与民族局限,全面地利用人类进行物质生产和精神生产的能力。正是在此意义上,马克思恩格斯指出:"每一个单个人的解放的程度是与历史完全转变为世界历史的程度一致的。"①第二,"现实的个人"受到不同的所有制形式的制约。在《形态》中,马克思恩格斯论及了部落所有制、古典古代的公社所有制和国家所有制、封建的或等级的所有制,尽管他们并未专门阐述不同所有制下的"现实的个人",但依据马克思在《形态》中的论述,以及在《政治经济学批判(1857—1858年手稿)》中对上述所有制的进一步阐述,仍然可以对不同所有制下的"现实的个人"的特征进行一些分析和描述。首先,不同所有制下的"现实的个人"对共同体的依赖程度不同。在部落所有制(亚细亚的所有制形式)下,土地归专制君主所有,在家庭基础上发展起来的部落或公社是土地的直接占有者,而个人"只有作为这个共同体的一个肢体,作为这个共同体的成员,才能把自己看成所有者或占有者"②。因此,在部落所有制下,个人对生产和生活资料的占有必须依赖于共同体,无法独立于共同体的支持而生存,对共同体的依赖程度十分显著。在古典古代的公社所有制和国家所有制(古代的所有制形式)下,土地由公社(国家)占领,一部分土地用作公有财产,余下的分配给私人占有。在此种所有制结构中,土地能够成为个人的私有财产,从而使个人减轻了对共同体的依赖。但因为他们对土地的私人占有是以其作为公社(国家)的成员为前提,是以公社的存在为前提,他们也必须通过服兵役以保证公社的存在。在此意义上,他们又必须受到公社的制约和约束。在封建的或等级的所有制(日耳曼的所有制形式)下,私有土地在各种土地所有制形式中处于基础地位,而公有土地作为私有土地的补充而存在,处于从属地位。在这种所有制形式下,个人对共同体的依赖程度相较于之前进一步降低。其次,不同所有制下的"现实的个人"被划分为不同的等级。在部落所有制下,"现实的个人"有部落首领、部落成员以及奴隶之分。在古典古代的公社所有制和国家所有制中,"公民和奴隶之间的阶级关系已经充分发展"③,平民小农开始向无产阶级转化,"现实

①《马克思恩格斯文集》第一卷,北京:人民出版社,2009年版,第541页。
②《马克思恩格斯文集》第八卷,北京:人民出版社,2009年版,第124页。
③《马克思恩格斯文集》第一卷,北京:人民出版社,2009年版,第521页。

的个人"表现为公民、奴隶以及介于自由民和奴隶之间的流氓无产阶级。在封建的所有制下,等级结构已经比较明显,在乡村中,"现实的个人"有"王公、贵族、僧侣和农民的划分",在城市里,他们有"师傅、帮工、学徒以及后来的平民短工的划分"①。第三,"现实的个人"往往处于一定的社会组织中,从而受到不同社会组织所制定的规章制度的制约。

二、"现实的物质生产"形成"现实的关系"

"现实的个人"为了生活,必须进行物质生产。在这种物质生产中产生了两种关系:一种是人与自然的关系,一种是人与人的关系。其中,人与自然的关系在人与人之间的关系中获得了现实性,因为"只有在社会中,自然界才是人自己的合乎人性的存在的基础,才是人的现实的生活要素"②。

(一)"进行生产的物质条件"形塑个人

在《形态》中,马克思恩格斯指出:"个人怎样表现自己的生命,他们自己就是怎样。因此,他们是什么样的,这同他们的生产是一致的——既和他们生产什么一致,又和他们怎样生产一致。因而,个人是什么样的,这取决于他们进行生产的物质条件。"③这段论述表明,马克思恩格斯不是理想化、抽象化地建构人,对人进行先验预设,而是从人的劳动及其发生的物质条件出发对人进行考察和理解。

但是,在《形态》之前,马克思也曾对人进行设想,造出关于人应当是何物的种种观念。在《1844年经济学哲学手稿》中,马克思认为人的类特性(生命活动、生产生活、劳动的特性)是"自由的有意识的活动"④,正是这种自由的、有意识的活动将人与动物区分开来,使人成为一种类存在物。但是,从马克思关于异化劳动的论述可知,这种性质的劳动并不是资本主义社会中真实存在的劳动,而是设想出来的、理想化的、应然的劳动。这种劳动的基本特征是自由的、有意识的、自主的,这种劳动能够使人们在自己所创造出的对象性存在中感受到自身

---

① 《马克思恩格斯文集》第一卷,北京:人民出版社,2009年版,第523页。
② 《马克思恩格斯文集》第一卷,北京:人民出版社,2009年版,第187页。
③ 《马克思恩格斯文集》第一卷,北京:人民出版社,2009年版,第520页。
④ 《马克思恩格斯文集》第一卷,北京:人民出版社,2009年版,第162页。

的本质力量，"工业的历史和工业的已经生成的对象性的存在，是一本打开了的关于人的本质力量的书"①，从而使人感到愉快。这种劳动绝不仅是谋生劳动，绝不仅是维持肉体生存和增加财富的手段。但是，从现实来看，这种意义上的劳动是很难存在的。因为在资本主义社会中，人的劳动因为种种因素而发生了异化，从而失去了其本然的存在状态，走向了自己的对立面。具言之，在现实中，工人的劳动并不属于他自己，因此，这种劳动并不是自由的、自主的。在现实中，劳动对工人而言仅仅是维持生命存在的手段。一旦他们不再需要通过劳动来保障生存时，就会如同逃避瘟疫般逃避劳动。基于此，在自由的、有意识的活动构成人的本质的条件下，倘若人们只能进行异化劳动，这实际上意味着他们已经失去了自身的本质，从而不再是人。对此，为了实现人的本质回归，马克思主张消除异化劳动，并对私有财产进行批判性的反思和改造。由上述可知，在《1844年经济学哲学手稿》中，尽管马克思也是从人的劳动来理解人，但因为他不是从现实中真实存在的劳动，而是从预设的自由的、有意识的劳动来理解人，他对人的理解也难以彻底摆脱抽象性、先验性。

　　而在《形态》中，马克思恩格斯从现实社会中真实存在的劳动来考察人，使他们走出了对人进行先验预设的逻辑。从人们进行劳动的物质条件（生产什么、如何生产）出发，马克思恩格斯看到的"现实的个人"具有如下规定性：第一，从生产什么来看，"现实的个人"通过创造对象世界表明自己是一种有意识的类存在物。与动物的生产不同，人生产的东西具有全面性。人不仅能够依据自身的意愿和需求来进行生产活动，同样也能遵循其他物种的特性或标准来开展生产。而就按照人自身的尺度所进行的生产而言，人的生产既表现为通过劳动增加自然界的天然产物，也表现为通过劳动对天然产物进行改造和加工以使其更好地满足人的需要。在此意义上，人能够按照自己以及其他种的要求再生产整个自然界，在此过程中，人也表明自己是一种有意识的能动的存在物。正如马克思指出："通过实践创造对象世界，改造无机界，人证明自己是有意识的类存在物。"②第二，从如何生产来看，随着生产的分工化，个体在从事某一特定领域的活动后便被固定其中。马克思写到，分工现象出现后，每个个体都将拥有特定的活动领域，除非愿意放弃生活资料，否则便无法跨越这一领域。因此，不论

①《马克思恩格斯文集》第一卷，北京：人民出版社，2009年版，第192页。
②《马克思恩格斯文集》第一卷，北京：人民出版社，2009年版，第162页。

他们扮演的社会角色是猎手、渔夫、牧民抑或评论家,其角色都将趋于固定不变。

(二)需要促使着"现存的关系"的创立

作为一种对象性存在物,人必须不断从外部世界中寻求对象以满足自身的需要。这种需要是历史的、发展的、无限的,吃喝住穿等方面的需要是人的第一个需要,一旦这些需要得到满足后,便会产生新的更高层次的需要。"物质生活的这样或那样的形式,每次都取决于已经发达的需求,而这些需求的产生,也像它们的满足一样,本身是一个历史过程,这种历史过程在羊或狗那里是没有的。"①为了满足自身的需求,人们不得不参与物质生产活动并与社会中的其他人进行交流和往来,这促成了人与自然界的关系以及人与人之间关系的形成。

第一,"现实的个人"为了满足物质需要必须进行生产,由此产生了人与自然的关系以及人与人之间的关系。"现实的个人"首先是有生命的、肉体的个人,是一种自然存在物。所以,为了延续生命并满足物质上的需求,人们必须依赖外部的自然环境或资源,"人靠自然界生活。这就是说,自然界是人为了不致死亡而必须与之处于持续不断的交互作用过程的、人的身体。"②人之所以能够依赖自然界生存,其中一个重要因素是自然界提供了直接的物质资源,进而满足了人们的基本生存需求。但是,就自然界提供的对象是不依赖于人而存在于人之外的,自在自然往往并不能满足人的需要而言,人又感觉到自己受到自然界的制约。由此,因为"它感到自己是受动的,所以是一个有激情的存在物。激情、热情是人强烈追求自己的对象的本质力量"③。这就是说,一旦自在自然无法直接满足人的需要,人们便会不断提升自己的能力,以更好地实现对自然界的变换和改造,从而创造出合乎人的需要的对象。正是在这一意义上,马克思才强调,"人的对象不是直接呈现出来的自然对象"④"这种活动、这种连续不断的感性劳动和创造、这种生产,正是整个现存的感性世界的基础,它哪怕只中断一年,费尔巴哈就会看到,不仅在自然界将发生巨大的变化,而且整个人类世界

---

① 《马克思恩格斯文集》第一卷,北京:人民出版社,2009年版,第575页。
② 《马克思恩格斯文集》第一卷,北京:人民出版社,2009年版,第161页。
③ 《马克思恩格斯文集》第一卷,北京:人民出版社,2009年版,第211页。
④ 《马克思恩格斯文集》第一卷,北京:人民出版社,2009年版,第211页。

以及他自己的直观能力，甚至他本身的存在也会很快就没有了。"①同时，在人与自然界打交道，并于物质生产活动中生产出满足自己需要的产品的过程中，人们也在这种活动中得以联系起来，发生了一定的关系。对此，马克思在《雇佣劳动与资本》中指出，人们"只有以一定的方式共同活动和互相交换其活动，才能进行生产。为了进行生产，人们相互之间便发生一定的联系和关系；只有在这些社会联系和社会关系的范围内，才会有他们对自然界的影响，才会有生产"②。社会关系是指"许多个人的共同活动"，并且这种"共同活动方式本身就是'生产力'"③。从这个角度来看，人们在生产过程中追求相互联结的原因在于当他们的力量以孤立的、单个的形式表现出来时，其力量往往不能在此过程中得到有效整合并在这种整合中得以放大和增强，因此，人们希望通过共同活动来提高其改造自然的能力，即生产力。其次，在存在分工的情况下，人们相互之间需要他人生产的产品作为自己生产的原料和劳动工具，因此，从这一意义上而言，人们为了进行生产也必须发生相互关系。

第二，"现实的个人"为了从他人那里获得满足需要的手段，使人与人之间发生了相互关系。马克思恩格斯指出，"他们的需要即他们的本性，以及他们求得满足的方式，把他们联系起来（两性关系、交换、分工），所以他们必然要发生相互关系"④"需要的增长产生了新的社会关系"⑤"这种联系是由需要和生产方式决定的，它和人本身有同样长久的历史；这种联系不断采取新的形式，因而就表现为'历史'，它不需要用任何政治的或宗教的呓语特意把人们维系在一起。"⑥通过对这三段论述进行分析可以看出，需要的满足是推动人们不断奔走，与社会其他成员交往并建立关系的动因。但需要何以能够促进社会关系的生成，马克思恩格斯在《形态》中做出这一论断后，并未对此展开进一步的研究和阐释。但在《神圣家族》中，他们对此进行了说明。鲍威尔把市民社会中的人视为单个的自私的原子，认为他们是通过普遍的国家制度联系起来的。马克思恩格斯在《神圣家族》中对鲍威尔的这一观点进行了批判。在马克思恩格斯看来，

①《马克思恩格斯文集》第一卷，北京：人民出版社，2009年版，第529页。
②《马克思恩格斯文集》第一卷，北京：人民出版社，2009年版，第724页。
③《马克思恩格斯文集》第一卷，北京：人民出版社，2009年版，第532-533页。
④《马克思恩格斯全集》第三卷，北京：人民出版社，1960年版，第514页。
⑤《马克思恩格斯文集》第一卷，北京：人民出版社，2009年版，第532页。
⑥《马克思恩格斯文集》第一卷，北京：人民出版社，2009年版，第533页。

鲍威尔之所以主张市民社会中的人通过国家联系起来,是因为他把人看作是原子。这种原子是自给自足、无需他物的,故而对于它而言,周遭的事物与人皆显得无关紧要、毫无价值。与鲍威尔不同,马克思恩格斯认为,这种原子式的个人只能存在于人的观念中、存在于他们想象的天堂中。而从事实上来看,现实世界中的人是有生命的、感性的,"他的每一种本质活动和特性,他的每一种生命欲望都会成为一种需要,成为一种把他的私欲变为追逐身外其他事物和其他人的需求"①。这段论述表明,通过抛弃对人的抽象理解,马克思恩格斯从"现实的个人"的需要出发,认识到了人为了满足需要而产生了追逐其他人的需求,即产生了与其他人进行交往、发生相互联系的需求。而人们之所以为了满足需求而与他人建立联系,是因为他人那里拥有满足自身需要的手段,但是对于拥有这种手段的利己主义的个人来说,他并不能意识到这种手段对于满足其他人的需要的意义,因此,"每一个个人都必须建立这种联系,为此,每一个个人都同样要成为他人的需要和这种需要的对象之间的牵线者"②。由此可见,需要所以能够将人与人之间联系起来,是因为一个人那里拥有另一个人满足自身需要的手段。

(三)社会关系是实践活动中"历史的产物"

在马克思提出相关理论之前,费尔巴哈把"类"当作个人的本质来理解,主张个体唯有在与社会其他成员的交往互动中,才能使他的这种本质得到实现,这表明费尔巴哈看到了人与人之间的关系。但是因为费尔巴哈未能把人理解为感性的活动,所以"除了爱与友情,而且是理想化了的爱与友情以外,他不知道'人与人之间'还有什么其他的'人的关系'"③。与费尔巴哈不同,马克思在人的物质生产实践中看到了社会关系的产生。对此,在《形态》中,马克思恩格斯指出:"由此可见,事情是这样的:以一定的方式进行生产活动的一定的个人,发生一定的社会关系和政治关系。"④如何理解这里的"社会关系"呢?结合马克思在不同文本中对社会关系的论述,以及这段话所在的文本语境来看,这里的"社会关系"显然是指生产关系。首先,在《雇佣劳动与资本》《〈政治经济学批判〉序

① 《马克思恩格斯文集》第一卷,北京:人民出版社,2009年版,第321-322页。
② 《马克思恩格斯文集》第一卷,北京:人民出版社,2009年版,第322页。
③ 《马克思恩格斯文集》第一卷,北京:人民出版社,2009年版,第530页。
④ 《马克思恩格斯文集》第一卷,北京:人民出版社,2009年版,第523-524页。

言》中，马克思已经明确将在物质生产中发生的关系称之为生产关系。马克思指出："各个人借以进行生产的社会关系，即社会生产关系"①"人们在自己生活的社会生产中发生一定的、必然的、不以他们的意志为转移的关系，即同他们的物质生产力的一定发展阶段相适合的生产关系"②。如此言之，既然马克思在《形态》之后的文本中已经明确把人们在物质生产中所发生的关系称之为生产关系，那么，《形态》中所说的个人在物质生产活动中所发生的关系自然也是指生产关系。其次，将"社会关系"理解为生产关系，也符合这段论述所在的文本语境。在这段论述中，马克思恩格斯说"由此可见，事情是这样的……"，这表明马克思恩格斯是基于前面的分析才得出这一结论。而通过对《形态》进行考察，这一结论是马克思恩格斯在详细分析了分工发展的不同阶段所带来的所有制形式的多样性，也就是说，是在剖析了个人在劳动材料、劳动工具及劳动产品方面所呈现的不同关系后作出的。而因为前两种关系（生产资料的所有制关系）和最后一种关系（产品的分配关系）构成马克思在后来的著作中所界定的生产关系的核心内容，这里的"社会关系"自然就可以理解为生产关系。基于此，"以一定的方式进行生产活动的一定的个人，发生一定的社会关系和政治关系"表明，生产关系是人的物质生产活动的产物。与此同时，需要指出的是，尽管马克思恩格斯在这里把社会关系理解为生产关系，但在他们看来二者又并非是等同的。在《雇佣劳动与资本》中，在把人们在物质生产中所形成的社会关系界定为生产关系之后，马克思紧接着指出，"生产关系总合起来就构成所谓社会关系，构成所谓社会，并且是构成一个处于一定历史发展阶段上的社会，具有独特的特征的社会"③。在这段话中，"生产关系总合起来就构成所谓社会关系"表明，如前所述，生产关系是社会关系的一种，但它又不是与社会关系等同的概念，因为它总合起来才是社会关系。然而，对于为什么生产关系总合起来才是社会关系，我们无法从这段论述中直接得知。而马克思在《〈政治经济学批判〉序言》中关于唯物史观的经典表述，为我们解答了这一困惑。马克思指出："人们在自己生活的社会生产中发生一定的、必然的、不以他们的意志为转移的关系，即同他们的物质生产力的一定发展阶段相适合的生产关系。这些生产关系的总和构

① 《马克思恩格斯文集》第一卷，北京：人民出版社，2009 年版，第 724 页。

② 《马克思恩格斯文集》第二卷，北京：人民出版社，2009 年版，第 591 页。

③ 《马克思恩格斯文集》第一卷，北京：人民出版社，2009 年版，第 724 页。

成社会的经济结构,即有法律的和政治的上层建筑竖立其上并有一定的社会意识形式与之相适应的现实基础"[1]。上述论述表明,社会的经济结构是由生产关系的总和所构成,并在此之上产生了相应的政治上层建筑(政治生活)和观念上层建筑(精神生活)。由此可见,正如人们为了实现物质生产而构建生产关系一样,参与共同的政治和精神活动的群体也必然会形成相应的政治与思想关系。而因为生产关系是其他一切社会关系形成的基础,所以后者又可以回溯并归结到前者之中。或许也正是因此,列宁才在《什么是"人民之友"以及他们如何攻击社会民主党人?》中提出"两个归结",即"把社会关系归结于生产关系,把生产关系归结于生产力的水平"[2]。由此可见,"生产关系总合起来就构成所谓社会关系"表明社会关系包括生产关系、政治关系、思想关系。

生产关系是适应人的物质生产活动而产生的。因为人的物质生产活动在不同的历史阶段具有不同的特点,所以建基于其上的生产关系同样需要随之做出相应的调整和变革。在《形态》中,马克思恩格斯以生产资料的所有制形式在各个分工阶段呈现出不同的表现形式为例,证成了这一观点,指出"已成为桎梏的旧交往形式被适应于比较发达的生产力,因而也适应于进步的个人自主活动方式的新交往形式所代替;新的交往形式又会成为桎梏,然后又为另一种交往形式所代替"[3]。同时,马克思恩格斯认为,在历史发展的进程中,当生产关系采取不同形式时,以此为基础构建的所有社会关系也会相应地发生变迁。正如马克思在《〈政治经济学批判〉序言》中指出,"随着经济基础的变更,全部庞大的上层建筑也或慢或快地发生变革。"[4]从马克思在不同文本中对上层建筑的论述可以得知,马克思既在思想、观念的意义上,也在社会政治结构或者国家政权的意义上使用上层建筑概念。[5]由此,全部庞大的上层建筑随着经济基础的变更而发生变革表明,经济基础(生产关系的总和)的变化,引起了政治关系以及思想关系的变化,从而说明一切社会关系都是历史的。

①《马克思恩格斯文集》第二卷,北京:人民出版社,2009年版,第591页。

②《列宁选集》第一卷,北京:人民出版社,2012年版,第8页。

③《马克思恩格斯文集》第一卷,北京:人民出版社,2009年版,第575—576页。

④《马克思恩格斯文集》第二卷,北京:人民出版社,2009年版,第592页。

⑤ 胡为雄:《马克思上层建筑概念的三种喻义》,《现代哲学》2010年第6期,第1、2页。

三、社会关系决定着"一个人能够发展到什么程度"

"现实的个人"并不是孤立存在的，而是处于一定的社会关系中的人。这意味着每一个人的生活状态、发展状况都受到所处的社会关系的深刻影响。对此，马克思恩格斯指出："社会关系实际上决定着一个人能够发展到什么程度。"①

（一）生产资料的所有制关系影响人的发展

在《形态》中，马克思恩格斯认为，人们在自己的实践活动中发展着自己的生产力，并在此基础上建立起各种社会关系，从而使人成为一种社会性的存在。社会关系在《形态》中至少具有三重意蕴：其一，社会关系是指生产关系。这在前文中已有说明，在此不做赘述。其二，社会关系是指"许多个人的共同活动"②，并且这种共同活动方式本身就是生产力。其三，社会关系是指人与人之间的关系。马克思恩格斯指出："这就是夫妻之间的关系，父母和子女之间的关系，也就是家庭。这种家庭起初是唯一的社会关系。"③在这里，马克思恩格斯把家庭关系视为社会关系的原初形式，并认为随着人口的增长带来需要的增加会产生新的社会关系。根据他们对社会关系的描述，可以清晰地看出，社会关系主要是指人与人之间的关系。由于人们在社会中扮演着各种不同的角色，这种关系便具象化为人们所扮演的角色之间的关系。

关于社会关系决定着人的发展程度，马克思恩格斯在《形态》"圣麦克斯"章中作出这一论断后，并未给予其过多的关注和阐述。但是，基于《形态》中所使用的社会关系范畴以及其他的相关思想，依然可以对其作出一些理解。在《形态》中，生产关系是社会关系的内涵之一，在此意义上，社会关系决定着人的发展程度首先表现为生产资料的所有制关系影响人的发展。

第一，人对生产资料的占有状况影响人的发展。劳动能力的发展是人的发展的重要方面。除了通过接受教育外，人们还能够通过参与各种类型的劳动来锻炼和提升自己的劳动能力。劳动过程是劳动者借助一定的劳动工具与劳动对象发生关系，将自己的本质力量对象化于其中，使其发生变化，从而创

---

① 《马克思恩格斯全集》第三卷，北京：人民出版社，1960年版，第295页。
② 《马克思恩格斯文集》第一卷，北京：人民出版社，2009年版，第532页。
③ 《马克思恩格斯文集》第一卷，北京：人民出版社，2009年版，第532页。

造出某种合乎人的需要的对象性存在的过程。因此,劳动者只有在占有劳动工具和劳动对象(生产资料)的条件下,才能从事劳动,进而在劳动过程中发展自己的劳动能力。在此意义上,人对生产资料的占有状况影响人的发展首先表现为是否占有生产资料影响着人的劳动能力的发展。其次,在占有生产资料的前提下,占有的生产资料种类和数量也会影响人的发展。具言之,从理论上而言,当人们所占有的生产资料种类越多时,他们所可能从事的劳动类型也就越多,从而其劳动能力得到全面提升的可能性也就越有可能增加。同时,从理论上而言,在已经占有不同类型的生产资料的情况下,如果人们对不同类型的生产资料的占有越多,他们也就越能尽可能多地从事这种劳动,从而在反复实践中进一步提升自己的劳动能力。

第二,不同所有制条件下的生产力发展状况影响人的发展。唯物史观认为,生产力的不断进步与生产关系的变革相辅相成,当后者与前者的发展水平相适合时,生产力就能在这种良好的生产关系环境中实现更好的解放和发展。在人类社会的发展历程中,生产资料的所有制形式总体上经历了从公有制到私有制的演化。对于私有制,马克思认为,它是"作为社会的、集体的所有制的对立物,只是在劳动资料和劳动的外部条件属于私人的地方才存在"①。并且,依据生产资料是否归属于劳动者,马克思把私有制分为"靠自己劳动挣得的私有制"和"以剥削他人的但形式上是自由的劳动为基础的私有制"②。马克思认为,在前一种私有制下,劳动者与其创造的劳动成果之间具有直接的同一性,这有助于调动劳动者的积极性,但其所具有的局限性也是十分明显的。因为它以"土地和其他生产资料的分散为前提""排斥生产资料的积聚,也排斥协作,排斥同一生产过程内部的分工"③,不利于促进社会生产力的提升,难以为人的自由全面发展提供坚实的物质保障与前提条件。因此,在马克思看来,当生产资料从分散于大多数人手中的小规模财产逐步转变为集中在少数人手中的大规模财产时,这种私有制形式注定会为一种新的所有制形式——资本主义私有制所取代。马克思认为,资本主义私有制在一定历史阶段确实推动了生产力的巨大发展,为人的自由全面发展创造了物质条件。这主要表现在资本在少数人手中

①《马克思恩格斯文集》第五卷,北京:人民出版社,2009年版,第872页。
②《马克思恩格斯文集》第五卷,北京:人民出版社,2009年版,第873页。
③《马克思恩格斯文集》第五卷,北京:人民出版社,2009年版,第872页。

的集中实现了规模化的社会化大生产，把"分散的劳动者联合在大工场内，从事有分工的但又互相衔接的活动"①，这有助于消除劳动者的孤立状态，促进其社会关系的发展，并在社会关系的完善中进一步促进劳动者其他方面的发展。同时，资本主义私有制下形成的全面的、不断发生变革的社会分工体系，不断把大批工人从一个生产部门投入到另一个生产部门之中，这有助于推动工人的多方面发展。正如马克思指出："承认劳动的变换，从而承认工人尽可能多方面的发展是社会生产的普遍规律。"②但是，从另一方面来看，马克思认为，资本主义私有制也阻碍了人的发展。在资本主义私有制下，工人被迫屈从于旧式的分工并由此固定在某一个活动领域之中，这使他们"变成片面的人，使他畸形发展，使他受到限制"③。在资本主义私有制下，为了最大化地实现资本增殖，工人获得的工资仅限于再生产其自身的劳动力以及维持其后代的生存，因此，为了持续维持其自身及其后代的生存，他们就不得不持续出卖劳动力，而无暇从事其他活动。如前所述，无论是劳动者的私有制还是资本主义私有制，它们都无法促进人的自由全面发展。基于此，马克思要求废除私有制，重建个人所有制，为人的自由全面发展奠定基础。

（二）"其他一切人的发展"影响个人的发展

《形态》中的社会关系也具有人与人的关系的意蕴。在此意义上，一个人的发展除了受到生产资料所有制关系的影响外，也"取决于和他直接或间接进行交往的其他一切人的发展"④。

从思想史上来看，马克思并不是从人与人之间的关系来考察人的发展状况的第一人。在马克思之前，费尔巴哈认为"类是人的自然、本质。因而，所有个体之本来意义上的人的关系都是对于其本质的关系""一本质对其他本质拥有的关系越多，它也就越完善"⑤。可见，费尔巴哈看到了社会关系对个人发展的促进作用。但是由于费尔巴哈所看到的人的关系主要是指人们在爱情、友谊、

① 《马克思恩格斯文集》第七卷，北京：人民出版社，2009年版，第674页。
② 《马克思恩格斯文集》第九卷，北京：人民出版社，2009年版，第312页。
③ 《马克思恩格斯全集》第三卷，北京：人民出版社，1960年版，第514页。
④ 《马克思恩格斯全集》第三卷，北京：人民出版社，1960年版，第515页。
⑤ 转引自侯才：《青年黑格尔派与马克思早期思想的发展》（修订本），北京：中国社会科学出版社，2021年版，第56页。

法律、道德和科学中所表现出来的关系,即精神性的关系。所以,费尔巴哈的这种思想尽管展现出相当的深度与广度,但由于受限于当时的历史背景以及自身的思想水平,他的理论仍然处于尚未得到完全发展的初始阶段。与费尔巴哈相反,施蒂纳却仅仅从消极的意义上去理解。在《唯一者及其所有物》中,施蒂纳把社会,诸如家庭、国家、民族、党派、人民、人类等看作是泯灭人、否定"个人"的异己的存在物,"我们的那些社会和国家并非由我们所制造的存在,它们是不经我们的结合而结合的。它们是命定的,它们存在着或者说它们有着一种固有的、独立的存在,它们是反对我们利己主义者的永不消失的现存制度"①,认为个人不能通过社会而只能通过我得到发展。鉴于此,他主张把社会作为"圣物"抛弃掉。在《形态》中,马克思恩格斯批判了施蒂纳仅仅从消极的方面去理解社会关系对人的发展的影响。在马克思恩格斯看来,人在实践活动中与他人发生联系,因此每一个人的发展状况必定会对他自身之外的人的发展产生影响。但对马克思恩格斯来说,这种影响决不能单从否定的意义上去理解,他们指出:"一个人的发展取决于和他直接或间接进行交往的其他一切人的发展。"②这表明,在马克思恩格斯看来,社会关系恰恰是一个人赖以存在和发展的唯一的可能的形式,因为"只有在共同体中,个人才能获得全面发展其才能的手段,也就是说,只有在共同体中才可能有个人自由"③。而所谓社会关系对人的否定,这只是社会关系的一种规定性、一个方面,只是在一定的社会发展阶段才凸显出来。例如,在社会发展的一定阶段上产生的国家就是如此。国家是社会发展到一定阶段的产物,是为了控制和缓和经济利益相互对立的阶级之间的矛盾,避免他们在斗争中导致自己及社会的共同毁灭而产生的,本质上是统治阶级实行阶级压迫的工具。因此,在这种共同体中,"个人自由只是对那些在统治阶级范围内发展的个人来说是存在的,他们之所以有个人自由,只是因为他们是这一阶级的个人"④。但是对于被统治阶级来说,由于国家只是为了维护自己的统治才把自己的特殊利益虚幻为普遍利益,并没有真正代表全体社会成员的共同利益,这种共同体在他们看来就只是一种"冒充的共同体"("虚假的共同体"),它是独立

---

① [德]麦克斯·施蒂纳:《唯一者及其所有物》,金海民译,北京:商务印书馆,1989年版,第247页。

② 《马克思恩格斯全集》第三卷,北京:人民出版社,1960年版,第515页。

③ 《马克思恩格斯文集》第一卷,北京:人民出版社,2009年版,第571页。

④ 《马克思恩格斯文集》第一卷,北京:人民出版社,2009年版,第571页。

于人而存在的，他们并不能在这种共同体中获得发展。对此，马克思致力于废除这种虚假的共同体，建立真正的共同体。马克思认为，只有在这种真正的共同体中，每个人才能够在自己的这种联合中获得发展。

彼此发生联系的个人在不同的时代也是相互联系的。因此，单个人的发展既不能脱离与他同时代的个人的发展，也不能脱离在他之前的时代的个人的发展。一方面，每一代人自诞生之始均从他们的先辈那里继承了大量的生产力资源、资金和环境，这些因素既构成了新的一代生存的基础条件，保障了其基本生活需要的满足，同时也为他们的发展划定了界限。具体而言，如果先辈所传承的资源或时间仅足以支持新的一代发展某一种特性或素质，那么，在新的一代有能力对这些条件做出改变之前，他们的发展将不可避免地具有局限性。另一方面，从交往形式来看，每一代人都继续发展着前一代人的交往，如果前一代人的交往是比较普遍的，那么继续发展着这种交往的人，他们的生活状况一开始就会突破狭隘的地域局限而与世界有着更多的联系，从而使他们过着多方面的生活。在此基础上，因为人们的意识为他们的生活状况所决定，生活的多样性也使人的思维能够突破狭隘的地域局限，获得全面的性质。正如马克思恩格斯指出："一个人，他的生活包括了一个广阔范围的多样性活动和对世界的实际关系，因此是过着一个多方面的生活，这样一个人的思维也像他的生活的任何其他表现一样具有全面的性质。"[1]同时，人的发展是否能够突破地域的局限性，获得多方面的发展，也取决于交往的扩大。正如马克思恩格斯指出："这些特性怎样发展为多方面的或是地方性的，它们超越地方的局限性还是仍然受地方局限性的拘束，这并不决定于施蒂纳，而是决定于世界交往的发展，决定于他和他所生活的地区在这种交往中所处的地位。"[2]

（三）社会关系制约着人的活动范围和发展水平

人的活动的发展是人的发展的重要方面。人们的生产以及其他活动是在一定的社会关系中进行的，所以他们的活动范围和发展水平也必然受到社会关系的制约。

---

① 《马克思恩格斯全集》第三卷，北京：人民出版社，1960年版，第296页。
② 《马克思恩格斯全集》第三卷，北京：人民出版社，1960年版，第297页。

第一,交往的扩大提高了人的活动的水平。一方面,交往的扩大带来市场需求的增加,要求提高人的劳动生产率。在中世纪的时候,人的交往是非常有限的。随着分工的扩大带来生产和交往的分离之后,贸易交往便成为由商人这一特殊的阶级专门来承担的活动。因为贸易交往成为由商人这一阶级单独承担的活动,加上人们需要的不断增长以及交通工具的不断进步,这样人们就能够与邻近地区以外的城市甚至是与外国建立贸易联系。贸易交往的扩大,不断创造出了更大的市场需求。为了满足这种扩大的市场需求,人们必须改进自己的劳动工具或者采用新的劳动组织形式,从而提高劳动生产率,在此过程中,人的活动水平也得到了提升。另一方面,交往的扩大带来了新的劳动工具,有助于提高人的劳动生产率。在交往有限的情况下,人们不得不单独地发明劳动工具,并且这种劳动工具也不容易保存下来。随着交往的扩大,劳动工具可以从一个地方运送到另一个地方,一个地方的人才可以利用其他地方的人所创造出来的劳动工具进行生产,从而提高自己的劳动能力。正如马克思恩格斯指出,只有“各个相互影响的活动范围在这个发展进程中越是扩大,各民族的原始封闭状态由于日益完善的生产方式、交往以及因交往而自然形成的不同民族之间的分工消灭得越是彻底,历史也就越是成为世界历史”[1]的时候,“单个人才能摆脱种种民族局限和地域局限而同整个世界的生产(也同精神的生产)发生实际联系,才能获得利用全球的这种全面的生产(人们的创造)的能力”[2]。

第二,许多个人的共同活动提高了人的生产能力。在马克思看来,个人的活动的力量具有有限性、分散性,仅靠单个人的力量无法有效地实现对自然界的改造。因此,人们才寻求相互联合,共同活动。在这种许多个人的共同活动中,人们的生产能力得到了提升。因此,在此基础上,人们就可以扩大自己的劳动对象。例如,古代人利用风力和水力,现代人可以利用太阳能、潮汐能等等。古代人采集地面的果实,现代人可以挖掘地下几千米之处的矿藏,也可以在遥远的太空种植水稻和蔬菜。

第三,社会制度制约、引导着人们的活动范围。在现实中,人们总是生活在一定的制度环境中。在这些社会制度中,有些制度作为规则,它们不仅提供了

---

①《马克思恩格斯文集》第一卷,北京:人民出版社,2009年版,第540-541页。

②《马克思恩格斯文集》第一卷,北京:人民出版社,2009年版,第541-542页。

明确的指引，告诉人们在特定情境下必须、能够和应该做什么，同时还明确指出必须避免的行为和不应该采取的行动，从而有效地划定了人的活动边界。同时，有些制度也是一种激励机制，它通过提倡和鼓励某种活动，激发和扩大了人的某种活动的范围，也通过反对和禁止某种活动，抑制了某种活动的范围。

第三章

旧式分工：统治人的异己力量

马克思恩格斯在《形态》中对现实的资本主义社会进行了较为全面的分析,揭示了旧式分工与私有财产之间的关系,深刻指出旧式分工规约了人在生产过程中的地位和劳动状态,进而成为统治人的异己力量。马克思恩格斯在《形态》中对旧式分工的分析不仅深化了对资本主义的批判,而且为人的自由而全面发展的实现指明了现实路径。

一、"分工是迄今为止历史的主要力量之一"

马克思在批判蒲鲁东将分工看作一种单纯而抽象的范畴时指出:"市场的大小和它的面貌所赋予各个不同时代的分工的面貌和性质,单从一个'分'字,从观念、范畴中是很难推论出来的。"[①]故离开特定的时代境遇和社会环境是难以认清何谓分工的。在《形态》一书中,马克思恩格斯首先确立了现实的人及其现实历史,并以此作为分工阐释的现实前提,即对活生生的、具体的、历史的分工形态展开研究,继而对分工的起源与发展历程进行了深入阐述,"说明分工是迄今为止历史的主要力量之一"[②],详细剖析了分工在社会历史发展中所扮演的关键角色,即对生产力的发展和社会关系的形成所产生的重要影响。

(一)"受分工制约"的共同活动形成"成倍增长的生产力"

马克思恩格斯在《形态》中以现实的人为起点,基于物质生产实践的视角,深刻论述了分工与生产力的关系。一方面,分工的发展程度是对生产力发展程度的反映,并由生产力的发展所决定。"一个民族的生产力发展的水平,最明显地表现于该民族分工的发展程度。任何新的生产力,只要它不是迄今已知的生产力单纯的量的扩大(例如,开垦土地),都会引起分工的进一步发展。"[③]由此可见,生产力发展水平与分工息息相关,且分工为分析社会生产力的发展提供了新的视角。纵观人类社会发展史,人类社会历经了三次社会大分工。第一次社会大分工源于原始生产力的发展,由于自然条件的差异导致了农业与畜牧业的分化;第二次社会大分工则是基于生产资料的积累,尤其是金属作为生产工具的应用,促使手工业从农牧业中独立出来,手工业与农牧业相分离;而第三次社

①《马克思恩格斯文集》第一卷,北京:人民出版社,2009年版,第618页。
②《马克思恩格斯文集》第一卷,北京:人民出版社,2009年版,第551页。
③《马克思恩格斯文集》第一卷,北京:人民出版社,2009年版,第520页。

会大分工,则是生产与交换活动广泛发展的结果,伴随着大型机械的采用及科学技术水平的显著提升,商业与工业实现了分离。在此过程中,自然形成的生产工具向文明形成的生产工具转化,"前一种情况下,即在自然形成的生产工具的情况下,各个人受自然界的支配,在后一种情况下,他们受劳动产品的支配"①。因此,伴随着生产工具的革新与运用,将会对生产力发展与社会分工的演进产生直接影响。生产工具的革新背后是科技进步和人的劳动能力提升。随着生产工具的改进和生产力的发展,整个社会生产体系划分为多个既相互独立又互为补充的部分,分工也随之变得更加精细和复杂。一旦分工形成,它将对生产力产生极大影响,"受分工制约的不同个人的共同活动产生了一种社会力量,即成倍增长的生产力"②,也就是说分工反过来促进生产力的发展。"生产力表现为一种完全不依赖于各个人并与他们分离的东西,表现为与各个人同时存在的特殊世界,其原因是,各个人——他们的力量就是生产力——是分散的和彼此对立的,而另一方面,这些力量只有在这些个人的交往和相互联系中才是真正的力量。"③在这里,马克思恩格斯强调没有分工和交往,就没有真正的生产力,分工、交往等人类劳动的具体形式是生产力的表现。而分工能促进生产力发展的原因则在于"劳动过程的简单要素是:有目的的活动或劳动本身,劳动对象和劳动资料"④,而"分工的每一个阶段还决定个人在劳动材料、劳动工具和劳动产品方面的相互关系"⑤。因此,马克思恩格斯在《形态》中从分析分工如何影响劳动对象、劳动者、劳动资料的一般和共性,进而深入到从资本主义旧式分工分析其如何影响生产力三要素的个别和个性,得出"一定的生产方式或一定的工业阶段始终是与一定的共同活动方式或一定的社会阶段联系着的,而这种共同活动方式本身就是'生产力'"⑥的结论。

1.分工促使劳动者的熟练化与专业化

马克思在说明柏拉图为分工辩护的论述中,提到柏拉图反复强调的论据:"劳动者应当适应工作,而不是工作应当适应劳动者"⑦。"如果一个人(按照事物

---

① 《马克思恩格斯文集》第一卷,北京:人民出版社,2009年版,第555页。
② 《马克思恩格斯文集》第一卷,北京:人民出版社,2009年版,第537-538页。
③ 《马克思恩格斯文集》第一卷,北京:人民出版社,2009年版,第580页。
④ 《马克思恩格斯文集》第五卷,北京:人民出版社,2009年版,第208页。
⑤ 《马克思恩格斯文集》第一卷,北京:人民出版社,2009年版,第521页。
⑥ 《马克思恩格斯文集》第一卷,北京:人民出版社,2009年版,第532-533页。
⑦ 《马克思恩格斯文集》第五卷,北京:人民出版社,2009年版,第423页。

的性质并在适当的时间内)只从事一种工作而不从事其他工作,那么,一切东西就都能更多、更好、更容易地生产出来。"①即当劳动者适应劳动,并只从事一种工作时,他的劳动效率将会提高,从而促进生产的发展。由此可见,分工之所以能推动生产力发展,主要在于分工使劳动者只能从事某一固定的职业,进而提升劳动者的劳动生产率。分工的演进促使劳动被最终划分为体力劳动与精神劳动两大类别,一部分劳动者通过体力劳动获取生存所必需的物质生活资料,另一部分则专注于精神劳动。值得注意的是,尽管两者的最终目标都是获取物质生活资料,但他们却各自被限定在特定的工作范畴内劳作。一是在分工所决定的单一化的工作与工作目标中,劳动者会将大量的精力与时间集中于反复的劳动操作中,进而不断提高劳动者在工作中的专业化与熟练化程度,其劳动生产率必然得到提高,并节省从一项工作或一个工作环节转到另一项工作或另一个工作环节所造成的时间损失和生产资料的人均推动量。二是在长期的职业工作中,劳动者在提升熟练度的同时,也会积累宝贵的工作经验,不断探索并优化工作流程与方法,力求以最省心省力的方式实现工作效率的最大化,进而减少学习新技能所需的时间和成本。三是由于分工促使劳动者们各自独立的劳动之间发生了一定的联系,形成劳动者的共同活动和协作活动,使得原本孤立的私人劳动转化为社会劳动,汇聚为更加强大的整体合力,促进生产力发展。而共同劳动将引起社会竞争,社会竞争能激发劳动者的生产热情,促使劳动者精神振奋,提高劳动主动性,"因此,每一个想当师傅的人都必须全盘掌握本行手艺。正因为如此,中世纪的手工业者对于本行专业劳动和熟练技巧还是有兴趣的"②。这样,劳动者为提高劳动生产率就会不断提升自身劳动的专业化与熟练化水平。

2.分工推动劳动工具的交流与改进

当人类由自然分工向现代社会分工发展时,人类的劳动实践活动的深度与广度也随之不断拓展。在分工不发达的情况下,"这些城市中的资本是自然形成的资本;它是由住房、手工劳动工具和自然形成的世代相袭的主顾组成的,并且由于交往不发达和流通不充分而没有实现的可能,只好父传子,子传孙"③,即

①《马克思恩格斯全集》第三十二卷,北京:人民出版社,1998年版,第323页。
②《马克思恩格斯文集》第一卷,北京:人民出版社,2009年版,第559页。
③《马克思恩格斯文集》第一卷,北京:人民出版社,2009年版,第558页。

劳动资料与劳动工具的交换因分工的不发达而受到局限。当"城市彼此建立了联系,新的劳动工具从一个城市运往另一个城市,生产和交往之间的分工随即引起了各城市之间在生产上的新的分工"[①]。即分工的范围不断扩大并逐渐打破地域局限,促进了交往的发展与生产工具的交流,与此同时,分工也越来越精细化发展。在社会生产中不断创造出新的生产工具、新的工艺和新的生产部门,让分工呈现出多样化与专业化的发展态势。马克思恩格斯指出,分工不仅扩展了人类劳动的范畴,还促进了劳动工具的改进和发展。在没有分工的社会中,劳动工具种类具有稀缺性,使用却具有广泛性,即各类劳动活动共用同一种劳动工具。而随着分工的产生与发展,劳动被细分为专门化领域,每种劳动根据其特殊的劳动对象与特定的劳动工具相匹配,由此推动了劳动工具的专业化发展。同时,分工为劳动工具的专业化发展创造了条件,由于劳动者对某一专业工作的长期专注,他们更为熟练地掌握了特定工作技巧,从而在工作中会通过生产劳动工具的改进提升劳动效率,而随着某一部门劳动生产率的提高,将促进分工的发展和其他部门劳动工具的改进,以适应整个生产过程变化的需要。因此,分工越精细,工作就变得越简单,从而进一步推动劳动工具的发明与创新。

3.分工促进劳动生产率的提高

生产力发展的直接表现形式是生产效率的提高,对于分工与劳动生产率的关系,马克思在评价亚当·斯密的分工理论时指出:"斯密的独到之处就在于他把分工放在首位,并且把分工片面地(因而从经济上来说是正确的)看作提高劳动生产力的手段。"[②]即分工把复杂的劳动任务划分成多个既独立又相关联的部分,使得艰巨繁重的工作变得相对容易且轻松。分工越精细,工作便更加简化和更易高效完成,以此提高劳动生产率,促进生产的发展。再者,随着分工的发展,脑力劳动与体力劳动逐渐分离,经济活动组织形式变得日益多元化,随着人的劳动能力发展,科技逐步发展,进而推动了生产工具和生产方式的不断创新与变革,以此促进劳动生产率的提高。另外,"分工是一种特殊的、有专业划分的、进一步发展的协作形式,是提高劳动生产力,在较短的劳动时间内完成同样的工作,从而缩短再生产劳动能力所必需的劳动时间和延长剩余劳动时间的有

①《马克思恩格斯文集》第一卷,北京:人民出版社,2009年版,第559页。

②《马克思恩格斯全集》第三十二卷,北京:人民出版社,1998年版,第315页。

力手段"①。为了确保整个生产过程的顺利进行,不同部门、不同环节之间必须密切协作,以确保各个部门有效统筹、各个环节顺畅衔接以及整体效率的最大化。随着分工的精细化程度不断提高,对于劳动协作的需求也变得尤为明显。劳动协作是指多个人在同一生产流程之内,或者在不同但彼此相互关联的生产流程之间,有计划地协同开展劳动活动。如此,在高度分工的生产体系中,每个个体或团队的任务更加专门化和复杂化,而多人协同作业不仅能够增强个体的生产能力,而且能够创造出一种超越各个劳动者力量简单累加的全新生产力形态。这种全新的生产力形态的本质是人的集体力量的展现,将有效推动生产效率的提升。

由此可见,马克思恩格斯关于分工的探究是基于物质生产实践的视角,建立在辩证唯物主义和历史唯物主义基础上的。一方面生产力的发展促进了社会分工的细化,影响并决定分工的发展水平;另一方面社会分工提高了劳动者的专业技能和熟练程度,推动劳动工具的交流与革新,促进劳动生产率的提高,成为生产力发展的重要推动力。必须指出的是,分工作为一种复杂的社会现象,本身就蕴含着矛盾的双面性:一方面,它能促进生产力的增长与发展;另一方面,它也可能成为制约生产力进一步提升的障碍;它既能提升劳动者的专业技能和熟练程度,又能造成人的畸形、片面的发展。因此,分工的发展演变与人的发展形态有着内在联系,人要彻底摆脱对"物"的依赖,实现自由而全面的发展,现代分工就必须发生实质性变化。

(二)分工促成"交往形式"的形成

马克思恩格斯在《形态》中没有直接说明"生产关系"这一概念,而是运用了相关的术语来加以表述,采用了诸如"交往方式""交往形式""交往关系"以及合并使用的"生产关系和交往关系"等词汇来阐述相关概念。《形态》中的"交往关系"包含民族内部的和民族之间的关系,"各民族之间的相互关系取决于每一个民族的生产力、分工和内部交往的发展程度"②。因此,交往关系与分工发展程度息息相关。从一般意义上讲,生产关系包含三个基本内容:生产资料的所有制关系、生产中形成的人与人的关系以及劳动产品的分配关系。其中,生产资

---

①《马克思恩格斯全集》第三十二卷,北京:人民出版社,1998年版,第301页。

②《马克思恩格斯文集》第一卷,北京:人民出版社,2009年版,第520页。

料的所有制关系是生产关系中最基本的关系,它决定着其他两个关系的形成和发展。①可见,生产关系的形成和发展与分工的演变与发展息息相关,并且分工在历史的各个阶段限制着生产关系各阶段的性质与特征。

1.分工包含"所有制本身的各种不同的形式"

在进一步分析生产关系过程中,马克思恩格斯将分工和所有制联系起来考察。他们指出:"分工从最初起就包含着劳动条件——劳动工具和材料——的分配,也包含着积累起来的资本在各个所有者之间的劈分,从而也包含着资本和劳动之间的分裂以及所有制本身的各种不同的形式。"②即分工与生产资料所有制有着密切的联系,生产资料所有制从根本上决定着不同形态的社会经济结构,决定着生产、分配、交换和消费过程。而分工伊始便涵盖劳动工具与材料的分配,且在历史的不同阶段还决定着劳动资料的划分,即个人与劳动工具及材料之间的具体关系,因此,分工包含着"所有制本身的各种不同的形式"③,"分工的各个不同发展阶段,同时也就是所有制的各种不同形式。这就是说,分工的每一个阶段还决定个人在劳动材料、劳动工具和劳动产品方面的相互关系"④。即分工的发展阶段决定了所有制形式的演变,所有制形式同一定的分工形式相适应。在《形态》中,马克思恩格斯阐述了分工不同阶段所对应的所有制形态变迁,进而描述了四种所有制形式。

第一种是部落所有制,是人类社会和所有制的最原始形态。这一阶段的所有制形态与生产和分工的不发达阶段相适应,人们主要依靠狩猎、捕鱼、畜牧或者"有大量未开垦的土地为前提的"⑤耕作来获取食物。同时,"在这个阶段,分工还很不发达,仅限于家庭中现有的自然形成的分工的进一步扩大"⑥。该时期的分工主要根据性别、年龄等进行自然社会分工,整个"社会结构只限于家庭的扩大:父权制的部落首领,他们管辖的部落成员,最后是奴隶"⑦。落后的生产和分工,决定了这一时期只能采取原始的部落制度和家庭制度,除奴隶外,部落成员

---

① 王磊:《马克思的分工理论及其对人类历史发展规律的揭示》,《理论导刊》2017年第2期,第47–50页。
② 《马克思恩格斯文集》第一卷,北京:人民出版社,2009年版,第579页。
③ 《马克思恩格斯文集》第一卷,北京:人民出版社,2009年版,第579页。
④ 《马克思恩格斯文集》第一卷,北京:人民出版社,2009年版,第521页。
⑤ 《马克思恩格斯文集》第一卷,北京:人民出版社,2009年版,第521页。
⑥ 《马克思恩格斯文集》第一卷,北京:人民出版社,2009年版,第521页。
⑦ 《马克思恩格斯文集》第一卷,北京:人民出版社,2009年版,第521页。

共同拥有生产资料,共同参与劳动过程,并共同分配劳动产品,以此最大程度地确保每个成员的生存需求得到满足。

第二种是古典古代的公社所有制与国家所有制。这种所有制源自几个部落通过征服或者契约共同联合建立城市的过程。在此所有制下,奴隶仍然存在,动产私有制与不动产私有制相继兴起并发展起来,而此类联合旨在镇压奴隶的反抗。随着私有制的发展,社会架构与民众权能渐趋式微,个人私有财富的累积日益集中,这一过程导致了社会阶级构成的深刻变迁,即随着公民和奴隶间阶级关系的充分展现,平民小农逐渐转变为无产阶级,他们置身于有产公民与奴隶的夹缝之中,这一转变与分工的转变息息相关。分工的发展催生了城乡的对立,并进一步造成分别代表城市与乡村利益的国家间的对立,且双方的矛盾冲突愈发突出。同时,分工的发展也促使工商业二者的进一步分离,海外贸易也随之兴起。在城市中,工业与海外贸易的对立态势逐渐形成,导致财富日益集中于少数人手中,公民和奴隶之间的阶级对立不断扩大。在人类社会的早期阶段,生产资料如土地、工具等是全体社会成员共同占有和使用的,大家共同劳动,共享成果。然而,随着生产力的发展和社会的分化,"分工慢慢地侵入了这种生产过程。它破坏生产和占有的共同性,它使个人占有成为占优势的规则"①,一些部落或群体开始利用战争等手段,对其他部落或群体实施征服或掠夺,迫使他们沦为奴隶,从而掌握更多的生产资料和劳动力。这样,奴隶就不再是零星现象,而逐渐发展成为一个数量较大的阶级——奴隶阶级,同时,也就产生了剥削压迫奴隶的奴隶主阶级。奴隶主将奴隶视为自己的私有财产,视为会说话的生产工具,剥夺了他们对生产资料的共同占有权。奴隶被迫为奴隶主劳动,劳动成果也被奴隶主所占有,这样,体力劳动和脑力劳动彼此分离并相互对立,出现"劳心者治人,劳力者治于人"的现象。

第三种是封建所有制或等级所有制。马克思恩格斯指出,封建所有制或等级所有制在乡村开始生长出来,"小农奴"取代奴隶与共同体相对立,"土地占有的等级结构以及与此相联系的武装扈从制度使贵族掌握了支配农奴的权力"②。不仅农村出现了这样的阶级变动,在城市同样如此,"在城市中与这种土地占有

---

① 《马克思恩格斯文集》第四卷,北京:人民出版社,2009年版,第194页。
② 《马克思恩格斯文集》第一卷,北京:人民出版社,2009年版,第522页。

的封建结构相适应的是同业公会所有制,即手工业的封建组织"①。为了对付成群搭伙、掠夺成性的贵族,实业家或商人成立了行会,帮工制度和学徒制度发展起来,成为类似于农村等级制的城市等级制。社会阶级关系的变化是由分工和生产资料的所有制变化引发和决定的。封建时代小规模的"粗陋的土地耕作"和"手工业式的工业"决定了该时期的生产关系非常狭隘,进而产生该时期的所有制形式,其主要形式体现在两个方面,一是土地所有制及其附带的农奴对土地的依附性劳动;二是掌握少量资本并支配着帮工进行生产的自身劳动。即便是在封建制度的繁荣时代,分工仍然比较简单:"每一个国家都存在着城乡之间的对立;等级结构固然表现得非常鲜明,但是除了在乡村里有王公、贵族、僧侣和农民的划分,在城市里有师傅、帮工、学徒以及后来的平民短工的划分之外,就再没有什么大的分工了。"②农业和手工业中的分工很少,只有在比较新的城市中,由于彼此之间发生了日益密切的联系后,分工才发展起来。总之,对于下一阶段而言,该时期的分工仍然不够发达,城乡对立,等级森严,直到封建社会后期,随着生产力的不断发展,资本主义才开始从其内部萌芽。

第四种是资本主义所有制,也即资本主义的现代私有制形式。在资本主义大工业生产的环境中,"分工的进一步扩大是生产和交往的分离,是商人这一特殊阶级的形成"③。商人这一特殊阶级的产生表明了商业与生产的分离,随着工业与商业分离程度的不断加深,简单商品经济向发达商品经济发展,社会分工较之以往有很大发展,工场手工业开始向工厂手工业过渡。马克思依据分工的发展历程,将资本主义生产的发展分为三个阶段:行会时期、工场手工业时期以及机器大工业时期,在这三个阶段中,随着生产工具的改进和生产方式的变革,分工快速发展,机器大工业时期的分工发展到更高水平。在此阶段,劳动者与大机器之间建立了紧密的联结,生产工序经过更加精细的划分,催生出前资本主义社会难以构想的高水平生产力。马克思恩格斯发现资本主义社会中的诸多矛盾现象:财富在不断积累,贫穷也在不断积累;社会在不断进步,但公平似乎更加缺失;人从"人的依赖"中脱身出来,却又被"物的依赖"所困;等等。这些矛盾的存在,促使马克思恩格斯进一步深入展开资本主义经济政治生活的研究。

---

①《马克思恩格斯文集》第一卷,北京:人民出版社,2009年版,第522-523页。

②《马克思恩格斯文集》第一卷,北京:人民出版社,2009年版,第523页。

③《马克思恩格斯文集》第一卷,北京:人民出版社,2009年版,第559页。

回溯历史，早期人类社会处于自然分工状态，人们的生产、生活方式受地理环境因素制约，维系着一种原始的共产制生活；随着分工与交换的演进，私有制逐渐兴起，公共财产逐渐转变为特殊财产，并向私有财产形态过渡，到资本主义社会发展到它的顶峰。只有到了未来的共产主义社会，才能消灭私有制、重建个人所有制，实现旧式分工向自觉分工转化。

2.分工与"不平等的分配"同时出现

马克思恩格斯深入考察了资本主义社会分工下劳动成果的归属问题，并在《形态》中指出："与这种分工同时出现的还有分配，而且是劳动及其产品的不平等的分配（无论在数量上或质量上）"[①]。即分工制约着产品的分配关系，使得社会成员被分配到不同的生产领域和部门，这就导致了生产资料、工具等生产条件在成员间的差异化分配。生产资料分配的不均衡，使得社会成员在生产中的地位出现了差异，劳动产品的分配也随之变得不平等。最终，生产资料被少数人掌控，他们无偿地占有了他人的劳动产品，而广大劳动者因为没有生产资料，只能出卖自己的劳动力以维持生计，从而失去了对自己劳动产品的所有权和支配权。因此，分工使得精神活动与物质活动、享受与劳动、生产与消费分别由不同的主体承担，原本应该统一的生产、分配与消费的主体变得不再直接统一。如此情境下，"当现代工厂中的分工由企业主的权威详细规定的时候，现代社会要进行劳动分配，除了自由竞争之外没有别的规则、别的权威可言"[②]。劳动者在分配过程中也将处于被支配的地位，致使劳动者只能获取微薄的仅仅能赖以生存的收入。因此，资本家的享乐是建立在劳动者痛苦之上的，资本家看似全面的发展是建立在劳动者的普遍异化基础上的，从而不可避免地加剧了两个阶级之间的矛盾，加剧了社会生活各个领域中的矛盾。

3.分工决定着人们在生产中的"支配"关系

马克思恩格斯在《形态》中深入分析了不同形式的分工如何影响所有制结构，如何塑造不同的人与人之间的关系，进而揭示了社会地位不平等、阶级对立以及阶级剥削和压迫等现象的产生。由于分工和所有制造成占有上和分配上的不平等，出现了"所有制是对他人劳动力的支配"[③]，即分工造成了人们在生产过程中支配与被支配关系的出现。

① 《马克思恩格斯文集》第一卷，北京：人民出版社，2009 年版，第 536 页。
② 《马克思恩格斯文集》第一卷，北京：人民出版社，2009 年版，第 624 页。
③ 《马克思恩格斯文集》第一卷，北京：人民出版社，2009 年版，第 536 页。

在部落所有制阶段,分工仅仅是家庭内部自然分工的延伸,因此,社会结构仍然局限于家庭扩大的范围。受父权制影响,"在那里妻子和儿女是丈夫的奴隶"①,部落首领对部落成员的管理以及家庭中丈夫对妻子和孩子的支配,体现了一定程度的劳动控制,这种分工结构与劳动控制逐渐孕育了奴隶制和私有制的雏形,但是相对原始与隐蔽。随着社会发展到公社所有制阶段,虽然形式上表现为共同拥有,但实际上"公民仅仅共同拥有支配自己那些做工的奴隶的权力"②,形成了一种"共同私有制",人与人之间的不平等关系开始显现。进入封建所有制阶段,人与人之间的对立与支配关系成为普遍现象。由于生产力发展相对滞后,社会分工简单化,在土地占有基础上的新阶级分化——贵族与农奴出现,贵族在生产中占据支配地位,支配着农奴的劳动。在城市则形成了行会等手工业组织,师傅、学徒、帮工在生产中也处于不同地位,学徒和帮工的劳动力也处于被支配状态。在资本主义私有制的分工下,生产资料依然被少数资本家牢牢掌控,广大工人阶级除却自身的劳动力之外,几乎一无所有,唯有依靠出卖劳动力方能维系生活生存所需。在资本主义逐利的生产过程中,工人将劳动力作为商品进行出卖,从而致使他们在劳动过程中无法自主支配劳动行为,而是受到监控和强迫,他们沦为了机器的附属物,仅仅被视为生产工具甚至生产工具的附属物,进而失去了人的类本质,陷入异化的困境。同时,分工也造成工人长期被束缚在一个工作岗位上,他只能片面地发展某方面的能力,成为渔夫、牧人或批判者,进而成为片面发展的人。

(三)分工扩大推动"历史向世界历史转变"

马克思恩格斯在《形态》中指出,"历史向世界历史的转变,不是'自我意识'、世界精神或者某个形而上学幽灵的某种纯粹的抽象行动,而是完全物质的、可以通过经验证明的行动,每一个过着实际生活的、需要吃、喝、穿的个人都可以证明这种行动"③。即世界上不同地域与民族间的联系正逐渐加强,这一趋势既非神灵、上帝所定,亦非个人臆想所能选择与决定,实则源自生产力、社会分工及交往三者间相互作用下的必然产物。马克思恩格斯在《形态》中通过对

---

① 《马克思恩格斯文集》第一卷,北京:人民出版社,2009年版,第536页。
② 《马克思恩格斯文集》第一卷,北京:人民出版社,2009年版,第521页。
③ 《马克思恩格斯文集》第一卷,北京:人民出版社,2009年版,第541页。

生产力发展、分工演进及交往变迁的深刻剖析,揭示了人类社会历史正逐步向世界历史阶段演进的趋势。

1."分工消灭得越是彻底,历史也就越是成为世界历史"

"各个相互影响的活动范围在这个发展进程中越是扩大,各民族的原始封闭状态由于日益完善的生产方式、交往以及因交往而自然形成的不同民族之间的分工消灭得越是彻底,历史也就越是成为世界历史。"①随着资本在世界范围内游走,各民族间自然形成的封闭状态及其分工,即自然分工被消灭得越彻底,历史就越趋向于发展成为各地域、各民族相互关联的世界历史。《形态》为阐释世界历史性时通过一个假设来进行说明,假设英国发明了一种机器,替代了中国、印度等发展中国家众多劳动者的工作,由此引发整体生存模式的变革,那么这一发明就成为世界历史性的事实。马克思恩格斯在《形态》中强调一个被公认的原理:"各民族之间的相互关系取决于每一个民族的生产力、分工和内部交往的发展程度。……不仅一个民族与其他民族的关系,而且这个民族本身的整个内部结构也取决于自己的生产以及自己内部和外部的交往的发展程度。"②具体而言,随着生产力的不断发展,分工逐渐趋向精细化,这种精细化的分工反过来又成为生产力持续提升的驱动力。这一生产力与分工的相互促进,极大地增强了世界各地、各民族及各国家在经济与政治领域的相互联系。

在原始社会时期,由于生产力水平低下,自然分工是主要局限于家庭或部落内部遵循人们的生理特质进行的相对原始且不发达的分工形式,因此人们的交往活动也受制于自然条件与自然分工,被局限在原始共同体的狭小区域范围内。而随着生产力的不断发展,特别是私有制的进一步发展,自然分工开始向社会分工转变,在封建社会形成相对较为精细和复杂的分工。一方面,封建土地所有制将劳动者牢牢束缚于土地之上,阻碍了交往活动的发展;另一方面,由于城乡分工导致的城乡对立明显,"分工的进一步扩大是生产和交往的分离,是商人这一特殊阶级的形成"③,促使商人真正作为一个独立的阶级形成并发展起来。商人的涌现直接加强了城市间的相互联系,推动了生产技术在不同城市之间的交流与传播,进而产生了多样化的分工结果,最终导致"最初的地域局限性

---

① 《马克思恩格斯文集》第一卷,北京:人民出版社,2009年版,第540-541页。

② 《马克思恩格斯文集》第一卷,北京:人民出版社,2009年版,第520页。

③ 《马克思恩格斯文集》第一卷,北京:人民出版社,2009年版,第559页。

开始逐渐消失"①。与此同时,资本主义手工业工场与商业活动的繁荣兴盛,以及随之而来的竞争态势不断加剧,催生了人口的跨国界迁徙与流动,为市场向全球市场的演变奠定了坚实的基石。随着资本主义社会对资本累积需求的不断攀升,原有的生产力体系逐渐显现出对满足世界市场形成的巨大需求的力不从心。资本家为了追求更大的利润,不断推动生产的专业化和规模化,从而促进了分工的深化和发展。科技革命浪潮推动了机器大工业的形成和发展,它将自然力巧妙地应用于工业领域,广泛采用机器化生产方式,并实现了"最广泛的分工",进而开创了与人类以往历史截然不同的"世界历史"。大工业的产生与发展实现了人类历史向世界历史的转变,使每个文明国家及其国民的需求满足愈发依赖于世界市场,同时,它彻底颠覆和打破了以往国家间自然存在的封闭孤立的状态,把世界各地的民族与国家日渐紧密地编织为一个整体。

2."最广泛的分工"推动世界市场的形成

大工业的兴起标志着世界历史的开端,它是在"最广泛的分工"阶段完成的。"这种超过了生产力的需求正是引起中世纪以来私有制发展的第三个时期的动力,它产生了大工业———把自然力用于工业目的,采用机器生产以及实行最广泛的分工。"②分工积极参与了消灭狭隘地域历史的过程,开启了世界历史的新篇章。一方面,此时的分工被赋予了特定的形态与动力,追求价值增殖的资本本性驱使着分工不断细化与深化。这种分工不仅是为了提高生产效率,更是为了适应资本不断扩张和竞争的需要。在资本的推动下,分工变得更为复杂和精细,每一个生产环节都被精心设计和优化,以实现资源的最优配置和利润的最大化。另一方面,当特定的地域、特定的民族已经不能满足资本扩张的需要,它必将突破地域和民族的限制走向世界,进而促使分工也突破原来的限制,在世界范围内发挥作用,转变为世界分工,各个民族被纳入服务于资本主义生产的分工体系中,进而必然形成资本主义生产方式向外扩张的产物——世界市场。这一进程将各国各民族都纳入了资本主义生产体系中,虽然它们在其中的地位和作用不同,但却使以往相互孤立的国家与民族被整合进不可逆转的世界历史进程中。因此,世界市场的形成标志着世界历史的形成。

---

①《马克思恩格斯文集》第一卷,北京:人民出版社,2009年版,第559页。
②《马克思恩格斯文集》第一卷,北京:人民出版社,2009年版,第565页。

　　大工业在创造世界市场与推动世界历史进程的同时，也标志着资本主义生产方式逐渐获得并确立了其主导地位的过程。"历史向世界历史的转变是资本主义生产方式合乎逻辑发展的必然结果"①，因为资本追求价值增殖的固有本性驱使着资本家在全球开疆辟土，建立市场，将一切民族卷入"资本文明"中。然而，资本逻辑主导下的世界分工将资本主义社会内部的贫富差距、不平等也世界化了，有了富国与穷国的两极分化，有了宗主国对被压迫民族的压迫和剥削，资本在世界范围内彰显它的权力。马克思恩格斯在《形态》指出："此外，许许多多人仅仅依靠自己劳动为生——大量的劳力与资本隔绝或甚至连有限地满足自己的需要的可能性都被剥夺——，从而由于竞争，他们不再是暂时失去作为有保障的生活来源的工作，他们陷于绝境，这种状况是以世界市场的存在为前提的。因此，无产阶级只有在世界历史意义上才能存在，就像共产主义——它的事业——只有作为'世界历史性的'存在才有可能实现一样。而各个人的世界历史性的存在，也就是与世界历史直接相联系的各个人的存在。"②这表明资本主义生产关系在全球范围内得以形成与确立，如此，生产各环节便能够在全球范围内实现分布与协作，这代表着资本家能以最小的成本获取最大的利润。同时，这也意味着资本奴役劳动已经突破资本主义国家的边界，在世界范围内展开，资本主义国家的工人阶级和被纳入资本主义生产体系中的非资本主义国家的人民都在遭受着资本的压榨。因此，在世界历史形成的过程中，要实现人类的彻底解放和每个人自由而全面的发展，全世界无产者必须联合起来，彻底推翻那些使人受屈辱、被奴役、被遗弃和被蔑视的一切旧关系。

　　总之，"一个民族的生产力发展的水平，最明显地表现于该民族分工的发展程度。任何新的生产力，只要它不是迄今已知的生产力单纯的量的扩大（例如，开垦土地），都会引起分工的进一步发展"③。生产力的发展与分工的发展相互作用，推动着人类历史从地域史、民族史向世界历史转变。

---

① 王虎学：《"历史向世界历史转变"的内在逻辑与当代启示》，《中国延安干部学院学报》2012年第5期，第42—47页。

② 《马克思恩格斯文集》第一卷，北京：人民出版社，2009年版，第539页。

③ 《马克思恩格斯文集》第一卷，北京：人民出版社，2009年版，第520页。

二、旧式"分工和私有制是相等的表达方式"

分工本身作为一个纯粹的概念,并不蕴含不平等的意义,但在私有制社会中的分工却始终伴随着不平等的现象。分配同分工一起出现,并由于分工的不一致性,导致劳动及其产品在分配上的不平等,进而造成生产、生活资料的不平等分配,加剧社会的分化与分裂,从而形成私有制。因此《形态》认为私有制和分工是同一件事情,即"分工和私有制是相等的表达方式"①。相对于未来共产主义社会的自觉分工,这是一种旧式分工。在私有制下的不平等分工与分配,一部分人作为私有者去占有和支配他人的劳动,还有一部分人的劳动则被他人占有和支配。②"随着分工的发展也产生了单个人的利益或单个家庭的利益与所有互相交往的个人的共同利益之间的矛盾。"③即分工的发展引起了不同个人、不同群体之间的利益矛盾,促使着私有制进一步从家庭内部扩大到社会范围。而私有制的存在和发展反过来造成分工愈加不平等,不平等的分工意味着奴役与压迫,象征着控制和剥削,导致社会中人与人关系的对立与异化,成为人的自由发展和社会全面进步的障碍。基于此,要消灭私有制,就必须消除物质劳动与精神劳动的对立,就要消除与私有制联系在一起的旧式分工。

(一)旧式分工是落后生产力和社会关系的产物

一般说来,在《形态》之前,马克思恩格斯习惯于用"消灭分工"的提法;而在恩格斯的《共产主义原理》之后,马克思恩格斯极少使用"消灭分工"的提法,更多的是使用"消灭旧式分工"的提法。事实上,这里并无实质性的矛盾,因为在《形态》以前的著作中,马克思恩格斯批判的主要是与私有制、阶级对抗相联系的分工,"消灭分工"实质就是"消灭旧式分工"。可见,马克思主义"经典作家从来没有离开人的发展问题而仅仅从形式上去谈分工之'旧'"④。马克思曾深刻地指出:"正是这种导致工人分裂的分工构成了他们当前受奴役的真正基础。"⑤在此,旧式分工就是指"这种导致工人分裂的分工",是在社会劳动与生产实践

---

① 《马克思恩格斯文集》第一卷,北京:人民出版社,2009年版,第536页。
② 王思鸿:《马克思异化理论的历史生成与当代价值》,北京:中国社会科学出版社,2016年版,第92页。
③ 《马克思恩格斯文集》第一卷,北京:人民出版社,2009年版,第536页。
④ 王虎学:《马克思分工思想研究》,北京:中央编译出版社,2012年版,第130页。
⑤ 《马克思恩格斯文集》第三卷,北京:人民出版社,2009年版,第340页。

中个体被限定在特定的活动领域与劳动范畴中,进而转变为限制、压迫及奴役人的工具与途径,这构成了一种致使人的片面与畸形发展的分工形式。所谓"旧式分工",它具有历史的性质,是社会生产力达到一定水平但尚未充分发展的结果,而当社会发展至某个阶段时,旧式分工也必将被消灭或其本质将发生彻底变革。简而言之"旧式分工"是指与私有制、商品交换和阶级存在及其对抗相联系的各类分工形式①,是在生产力尚不发达、社会关系相对落后片面的历史时期产生和存在的,它自原始社会末期萌芽,贯穿于私有制主导的各个社会形态,直至进入共产主义社会实行自觉分工,它才退出历史舞台。在《形态》中,马克思恩格斯立足于唯物史观,对分工现象展开了较为全面而系统的剖析。他们依据分工的本质特性,将其细化为三种主要类别:自然分工、旧式分工或自发分工、新式分工或自觉分工。

1.旧式分工产生具有历史必然性

旧式分工,亦被称作自发分工,是一种历史暂时性的分工。从旧式分工的产生过程来看,"分工起初只是性行为方面的分工,后来是由于天赋(例如体力)、需要、偶然性等等才自发地或'自然地'形成的分工"②。在人类社会的早期阶段,自然分工主要依据个体的自然差异与生理特性来界定,比如,基于性别与年龄的差异,男性通常承担捕鱼与狩猎的任务,女性则从事采集和豢养家畜工作;青壮年是生产劳动的主力军,老人则负责传授劳动技能和生活经验,孩子则从事力所能及的协助工作。随着生产力水平的提升,生产劳动领域内出现了更多种类的分工,如畜牧业与种植业,但自然分工却无法在更广泛且多样化的劳动过程中有效运作,其影响力逐渐减弱,社会分工随之兴起。马克思恩格斯指出,"分工只是从物质劳动和精神劳动分离的时候起才真正成为分工"③,此后,物质劳动与精神劳动之间的分离与对立贯穿于整个人类社会的发展历程,成为分工的基本表现形式。在该阶段,分工对于劳动者而言是被动的,非自由选择的,因此劳动对劳动者构成了压迫与奴役,与人的本质相背离,劳动的异化又造成人的畸形片面发展;旧式分工导致了一部分人垄断精神劳动的特权而脱离物质劳动,另一部分人则相反,仅从事物质劳动并供养那些垄断精神劳动的人,这

---

① 李剑:《关于旧式分工范畴理解上的几个问题》,《哲学研究》1988年第7期,第42页。

②《马克思恩格斯文集》第一卷,北京:人民出版社,2009年版,第534页。

③《马克思恩格斯文集》第一卷,北京:人民出版社,2009年版,第534页。

证明了建立在旧式分工和私有制基础上的现实社会的局限性与不合理性。要解放劳动,就要消灭旧式分工,进而化解物质与精神劳动之间的分离与对立,促使二者重新统一,使得劳动超越单纯谋生的范畴,转而成为实现"人之为人"生活的首要需要。

2.旧式分工将被新式分工所取代

新式分工是相对于旧式分工而言的分工形式。生产者与生产资料所有者之间的矛盾是旧式分工条件下无法避免的问题。《形态》指出:"因为分工使精神活动和物质活动、享受和劳动、生产和消费由不同的个人来分担这种情况不仅成为可能,而且成为现实,而要使这三个因素彼此不发生矛盾,则只有再消灭分工。"①即旧式分工造成了这些矛盾的存在,要消除这些矛盾,必须消灭旧式分工。消灭旧式分工并不意味着未来社会不需要任何分工,而是采取了有着质的区别的新式分工:"而在共产主义社会里,任何人都没有特殊的活动范围,而是都可以在任何部门内发展,社会调节着整个生产,因而使我有可能随自己的兴趣今天干这事,明天干那事,上午打猎,下午捕鱼,傍晚从事畜牧,晚饭后从事批判,这样就不会使我老是一个猎人、渔夫、牧人或批判者。"②即在共产主义社会,分工不再是根据资本逻辑强加于个人的特殊活动范围,而是依据人们的兴趣、根据社会的需要进行自觉分工,且并不要求一个人终身从事某种职业而导致片面发展,这种分工使劳动者在从事劳动时不再经历痛苦与压抑,而是将劳动转变为一种自我意识的自由活动,成为个人兴趣得以满足的过程。在不断变化的劳动实践中,个体能够充分提升自身的劳动技能,拓宽社会关系,促进自身自由而全面的发展。当然,旧式分工被新式分工取代,一方面需要生产力的高度发达、生产关系尤其是生产资料所有制发生根本性变革,实现私有制的扬弃,个人精神境界大幅度提升等条件,否则,不能采取任何方式试图"人为"消灭旧式分工;另一方面,这是一个从量变到质变的过程,并非人类进入共产主义社会之际用自觉分工彻底取代旧式分工,它是随着生产力与生产关系矛盾运动的渐进过程。

---

① 《马克思恩格斯文集》第一卷,北京:人民出版社,2009年版,第535页。
② 《马克思恩格斯文集》第一卷,北京:人民出版社,2009年版,第537页。

(二)旧式分工催生支配人们意志和行为的力量

马克思恩格斯指出:"社会活动的这种固定化,我们本身的产物聚合为一种统治我们、不受我们控制、使我们的愿望不能实现并使我们的打算落空的物质力量,这是迄今为止历史发展中的主要因素之一。"[①]这个"物质力量"就是受旧式分工制约的不同个人共同产生的社会力量,就是成倍增长的生产力。生产力作为人的共同活动的产物,本应为人们所驾驭,但因旧式分工造成人们的共同活动本身不是自愿的而是自然形成的,结果造成人们不仅不了解"关于这种力量的起源和发展趋向",而且"他们不再能驾驭这种力量,相反,这种力量现在却经历着一系列独特的、不仅不依赖于人们的意志和行为反而支配着人们的意志和行为的发展阶段"[②]。生产力作为一种物质力量支配着人们的意识和行为,使得人们的社会活动被固定化,究其原因是旧式分工是自然的、具有自发性的分工。

1.人的社会活动被"固定化"

人的社会活动的"固定化"主要表现为劳动被固定化,劳动者被固定在一定的职业一定的岗位上,这是旧式分工造成的必然后果。人的社会活动被"固定化"既指劳动的固定划分,又指劳动者的固定化劳动。从旧式分工的主体来看,劳动本身的划分是劳动者划分的基础,并决定着劳动者的划分。《形态》指出,在封建社会,"在乡村里有王公、贵族、僧侣和农民的划分,在城市里有师傅、帮工、学徒以及后来的平民短工的划分之外,就再没有什么大的分工了"[③]。即在社会劳动体系出现分化的现象下,劳动者群体相应地被划分为若干角色与身份。分工的本质和表现形式就在于它通过将社会劳动划分为多个既相互独立又彼此依存的组成部分或环节,实现了劳动的专门化与精细化,而这些特定的部分或环节,则分别由特定的社会成员长期、固定乃至终身地担任,从而构成了社会生产活动中的一个个专门化节点。即一个人或某些人长期处于并稳定地专注于社会总劳动体系中的某一特定劳动领域或复杂工作的一部分、一个具体环节,而非依据个人意愿或社会需要轮流地、自由地参与各种不同类型的劳动。

私有制下的旧式分工,使固定的劳动划分具有一定的稳定性,"任何人都有自己一定的特殊的活动范围,这个范围是强加于他的,他不能超出这个范围:他

[①]《马克思恩格斯文集》第一卷,北京:人民出版社,2009年版,第537页。

[②]《马克思恩格斯文集》第一卷,北京:人民出版社,2009年版,第538页。

[③]《马克思恩格斯文集》第一卷,北京:人民出版社,2009年版,第523页。

是一个猎人、渔夫或牧人,或者是一个批判的批判者,只要他不想失去生活资料,他就始终应该是这样的人"①。资本主义私有制下的分工模式往往以资本的增殖和利润最大化为根本导向,而不会考虑劳动者真正的自由全面发展,这便导致了劳动者在职业选择和技能发展等方面面临范围的限制。因此,由旧式分工所划定的特殊活动范围是强加于劳动者的。劳动者之所以违背自己的意愿不超出旧式分工给他划定的范围,是为了不失去维持生存的生活资料,因而屈服于旧式分工,不得不长久地甚至终身地被限制在一定的活动范围,被迫从事某种单一的职业或工种。

旧式分工对社会活动的"固定化"、对人的发展和生产力发展都产生深刻的影响。一方面,旧式分工固定化社会活动,致使劳动者片面发展。劳动者由于长期从事某种单一劳动,其知识、技能、思维方式以及交往关系等往往也被局限于相对狭隘的领域,狭隘的活动范围决定了个人的发展也带有狭隘性,它剥夺了劳动者开阔个人眼界、发掘自身潜能、获得更充分发展的机会和资源。马克思详细分析了资本主义工厂手工业中,单个工人作为总体机器的有生命的部分,如何沦为"有意识的附属物":"在机械工厂(即在这里所考察的发展为机器体系的工厂)中,人是那个以机器形式存在于人之外的总机体的有生命的附件,是自动的机器体系的有生命的附件。但是,总的机器体系是由各个机器组成的,每个机器都是这个体系的一部分。人们在这里只不过是没有意识的、动作单调的机器体系的有生命的附件,有意识的附属物。"②可见,旧式分工不消灭,劳动者就不能摆脱片面化、畸形化发展的命运。另一方面,旧式分工固定化社会活动,限制了生产规模的扩大和市场的发展。"不同城市之间的分工的直接结果就是工场手工业的产生,即超出行会制度范围的生产部门的产生"③,"工场手工业最初只限于国内市场"④,即分工的多样化催生新兴生产部门。而劳动的"固定化"则限制了生产规模的扩大和市场的发展。在资本主义社会里,建立在私有制基础上的旧式分工使得生产者被限定在某一特定的生产领域内。同时,生产的社会化与生产资料私人占有之间的矛盾愈发尖锐,生产处于无政府状

①《马克思恩格斯文集》第一卷,北京:人民出版社,2009年版,第537页。
②《马克思恩格斯全集》第三十七卷,北京:人民出版社,2019年版,第155页。
③《马克思恩格斯文集》第一卷,北京:人民出版社,2009年版,第560页。
④《马克思恩格斯文集》第一卷,北京:人民出版社,2009年版,第560页。

态,导致各生产部门之间、生产和需求之间往往难以实现有效协调,进而造成资源的浪费;财富在资本家一极积累,贫困在另一极积累,进而造成某些商品的生产相对过剩,而某些需求又无法得到满足。可见,尽管私有制下的旧式分工在一定时期内可以提高生产效率,但它也同时造成社会资源的浪费和经济危机的周期性爆发,致使生产者无法充分利用市场资源来扩大生产规模和提高生产效率,进而影响生产力的持续健康发展。

2.旧式分工是"自发性"分工

自发性是旧式分工的另一个根本特征。分工的发展使得劳动过程被进一步细分为更多的环节,进而产生各种劳动岗位,它要求劳动者服从劳动岗位的需要,这样,分工便支配着劳动者。换言之,劳动者被划分为从事不同工种和任务的个体,这一划分过程并非基于劳动者的自主选择,而是分工与劳动本身划分的必然结果,具有强制性特征。在私有制的分工下,劳动者无法根据自己的意愿自由选择职业,而是被迫从事特定的工作,被迫屈从于旧式分工。

旧式分工的自发性主要体现在两个方面,一是从主体视角来看,劳动本身的划分从根本上决定着劳动者的划分。例如"城乡之间的对立是个人屈从于分工、屈从于他被迫从事的某种活动的最鲜明的反映,这种屈从把一部分人变为受局限的城市动物,把另一部分人变为受局限的乡村动物,并且每天都重新产生二者利益之间的对立"[①],"这些在乡村遭到自己主人迫害的农奴是只身流入城市的,他们在这里遇见了有组织的团体,对于这种团体他们是没有力量反对的,在它的范围内,他们只好屈从于由他们那些有组织的城市竞争者对他们劳动的需要以及由这些竞争者的利益所决定的处境"[②]。这种划分实质上揭示了劳动者对劳动本身划分的无奈屈从,是劳动主体在面对劳动客体时的一种必然服从,更深层次地体现了人对分工的被迫屈服。二是从客体视角来看,旧式分工的客体展现出一种与主体相对独立的特性。具体而言,劳动的划分更多地依赖于劳动资料的变革与发展,而非劳动者的个人意愿。从历史上看,第一次、第二次社会大分工的主要动因正是在于劳动资料之间存在的显著差异。例如,平原凭借其肥沃的土地条件成为农业的繁荣地,草原地区则因其得天独厚的水草资源,自然而然地成了畜牧业蓬勃发展的理想场所。至于后续分工的进一步演

①《马克思恩格斯文集》第一卷,北京:人民出版社,2009年版,第556页。
②《马克思恩格斯文集》第一卷,北京:人民出版社,2009年版,第557页。

进,则主要受制于科技的进步程度和生产力的发展水平。事实上,社会上新兴的生产领域或部门的出现,无不与科技的进步、生产力的提升以及生产资料的革新相关。而这些因素的发展变化,均非由劳动主体所能主导。因此,分工的形成和发展不是出于主体的自愿自觉选择,而是由客观的生产力和社会关系发展所推动的。

自发性的旧式分工对劳动者产生深刻影响,突出表现为劳动者在旧式分工面前往往处于被动地位,他们无法根据个人兴趣、特长及主观意愿自由选择职业与工作内容,而是被迫屈从于这种既定的劳动和职业划分,进而造成其自主性、能动性及创造性丧失。在旧式分工下,劳动者被迫遵循分工的既定框架,不得不服于分工的安排,其中劳动表现为一种外在且异化的强制力量,实施着对劳动者的控制与奴役,极大地限制了人的自由发展和全面发展。尤其是在资本主义社会中,"资本是根本不关心工人的健康和寿命的,除非社会迫使它去关心。人们为体力和智力的衰退、夭折,过度劳动的折磨而愤愤不平,资本却回答说:既然这种痛苦会增加我们的快乐(利润),我们又何必为此苦恼呢?"①资本家通过最大化地剥削工人所创造的剩余价值,对劳动者的身心健康造成了严重损害,这一行为进一步加剧了资本与劳动之间的对立关系,并严重地抑制和削弱了劳动者的自主性、能动性及创新能力,这也影响到生产效率的提高和生产力的发展。总之,以自发性为特点的旧式分工虽然在一定历史时期推动了生产力的发展,但从长远来看,它既是人的发展的现实桎梏,又是生产力发展的深层障碍,以自觉性为特征的新式分工取而代之,是人与社会发展的共同要求。

(三)私有制是分工这一"活动的产品"

在《形态》中,马克思恩格斯指出,分工与私有制是"同义语",二者从不同维度诠释了同一社会现象,"对同一件事情,一个是就活动而言,另一个是就活动的产品而言"②。即分工从活动进程的动态层面体现了劳动过程中不同任务的划分与协同;而私有制则是从活动结果及产品的静态维度出发,关注于生产资料与劳动成果的个体占有。此论述深刻地剖析了分工与私有制之间既紧密相连又互为依存的内在逻辑关系,强调了二者在社会发展中的不可分割性。分工

---

① 《马克思恩格斯文集》第五卷,北京:人民出版社,2009年版,第311–312页。
② 《马克思恩格斯文集》第一卷,北京:人民出版社,2009年版,第536页。

作为一个具体的历史范畴,在不同历史阶段有着不同表现形式,"分工的各个不同发展阶段,同时也就是所有制的各种不同形式"①。基于私有制的分工并非单纯的技术运作层面的分工,其本质属性在于自发性,即所谓的"自发分工",或称为"旧式分工"。马克思恩格斯在《形态》中深入剖析了资本主义私有制下旧式分工所蕴含的矛盾及其引发的多重困境,尤其是资产阶级和工人阶级之间的对立和矛盾,它一边推动生产力的发展,一边成为生产社会化进一步发展的障碍。

1.旧式分工是私有制发展的动力

旧式分工与私有制都是生产力发展的结果,二者存在着深刻的相互关系,这种关系不仅体现在二者的历史共生性上,还体现在它们相互依存、相互促进的结构性特征中。旧式分工作为私有制产生的基础,通过其特定的社会组织形式和劳动过程,为私有制的出现和发展提供了必要的条件。根据马克思恩格斯的论述,旧式分工既是私有制得以产生的基础,又是私有制得以发展的主要推动力。一方面,旧式分工是私有制产生的基础,分工在细化与专业化过程中,不可避免地会涉及资源与成果的分配问题。由于分配过程中固有的质量与数量上的不平等,必然会产生分配上的不平等现象。伴随着这种不平等的逐渐显现并累积,私有制应运而生。最初,私有制在家庭内部萌芽,表现为妻子和儿女被视为丈夫的私有财产,这构成了私有制最原始、最基本的形式。而随着生产力的提升和社会结构的演变,这种对他人劳动力的控制和支配不再局限于家庭范围,而是逐渐扩展到整个社会,形成了更为复杂和全面的私有制体系,私有制因此也在全社会范围内确立。另一方面,在旧式分工体系中,个体被固定于特定的劳动形态和活动范围,这导致了劳动成果的私人占有成为可能,是"劳动本身的分裂"②,进而促成了私有制的形成与发展。分工不仅是私有制不断演进的动力源泉,同时也是形成并影响社会矛盾的关键因素。对此,我们可以理解为,所有社会矛盾本质上都是社会分工机制与私有制相互交织、共同作用的产物。随着分工的深化,个体利益与集体利益之间的矛盾日益显著,这里的集体利益并非单纯人们头脑中的主观构想或理念,而是根植于社会分工结构与私有制实践之中的客观现实。正是这种利益层面的对立,催生了在阶级矛盾达到不可调和的前提状态下国家这一"虚幻共同体"的产生。特别是在资本主义社会中,分工

①《马克思恩格斯文集》第一卷,北京:人民出版社,2009年版,第521页。
②《马克思恩格斯文集》第一卷,北京:人民出版社,2009年版,第70页。

的持续发展与深化进一步加剧了资本与劳动之间的分离,而这种阶级矛盾的激化以及劳动与资本的分离,正是资本主义私有制经济体制最为鲜明的特征所在。

2.私有制促进旧式分工的细化与发展

私有制一旦形成,就与分工相互作用、相互影响、同生共长。一方面,私有制的兴起和发展促使社会分工一次又一次发生,越来越细化,为其演进提供了更为强劲的动力。私有制是在"自然共同体解体过程中逐渐发展起来的",在自然共同体逐渐瓦解的历史进程中,私有制悄然萌芽并逐渐发展壮大,与此同时,一种以私有制为基础的"自发性社会分工"也登上了历史的舞台,开始发挥其深远的影响。当私有制深入到社会分工的各个方面,它便为社会分工赋予了独特的历史内涵与重要意义。以奴隶社会为例,奴隶主不仅完全控制了奴隶的人身自由,还牢牢把握了所有生产资料的所有权,"公民仅仅共同拥有支配自己那些做工的奴隶的权力"[1],在该社会结构中,劳动力的集中管理与有效整合为分工的深化带来了有利条件,有力地推动了社会生产力的快速发展。另一方面,私有制也强化了旧式分工的强制性与固定性。私有制的存在使得生产资料和生活资料被私人所占有,没有生产资料的个人为了生存不得不依附于不同时代生产资料的占有者,从而被迫接受特定的劳动分工。这种相互依存、相互促进的关系使得旧式分工与私有制在历史进程中如影随形,共同构成了阶级社会的基本结构。

3.旧式分工与私有制发展造成严重后果

社会分工的发展过程也是私有制的发展过程。在私有制的推动下,分工进一步细化,但同时也加剧了社会的不平等和阶级对立。私有制作为特定历史条件下的一种必然交往形式,具有相对的稳定性,这意味着它并不能随心所欲地或轻易地被改变或替代。然而,随着生产力的发展,特别是大工业的兴起,私有制与生产力的矛盾逐渐显现,这为消灭私有制和旧式分工提供了现实条件。进一步而言,旧式分工导致了社会成员在劳动过程中的不同地位和角色,而私有制则进一步固化了这种地位和角色的差异,形成了鲜明的阶级对立。因此,旧式分工与私有制不仅是资本主义社会经济结构的基础,也是其社会结构和阶级结构的重要根源。私有制和旧式分工在促进社会生产力发展的同时,也导致了

---

① 《马克思恩格斯文集》第一卷,北京:人民出版社,2009年版,第521页。

人剥削人、人压迫人的不平等社会现象的产生。因此二者还将共同产生一系列的社会和经济影响与结果。这些后果既体现了旧式分工与私有制的内在联系，也揭示了它们对资本主义社会发展的深远影响。

　　一是旧式分工与私有制对生产力发展的阻碍作用。在旧式分工体系下，个体被束缚于特定的劳动形态和活动范围，无法充分发挥其创造力和潜能。同时，私有制的存在使得生产资料被私人所占有，限制了生产资料的自由流动和优化配置。这种对生产力和生产资料的双重束缚在资本主义社会表现得尤为突出，经济危机就是通过对生产力的破坏暂时缓和社会矛盾，客观上严重阻碍了文明的进步。二是旧式分工与私有制加剧社会矛盾。旧式分工导致了不同阶级的社会成员在劳动过程中的不平等地位和利益冲突，而私有制则加剧了这种冲突和分裂。即便是在发达资本主义国家，这种冲突和分裂引发的社会矛盾和阶级斗争仍然存在，在一定的条件下被激化，进而引发骚乱和社会动荡。三是旧式分工与私有制使得生产力与个人相互分离彼此对立。正如马克思恩格斯在《形态》中所指出的那样，"生产力表现为一种完全不依赖于各个人并与他们分离的东西，表现为与各个人同时存在的特殊世界，其原因是，各个人——他们的力量就是生产力——是分散的和彼此对立的"①，原本作为人的活动的产物的"生产力好像具有一种物的形式，并且对个人本身来说它们已经不再是个人的力量，而是私有制的力量，因此，生产力只有在个人是私有者的情况下才是个人的力量"②，对于那些"非私有者"而言，对于"同这些生产力相对立的大多数个人"而言，"这些生产力是和他们分离的，因此这些个人丧失了一切现实的生活内容，成了抽象的个人"③。由此可见，旧式分工与私有制共同塑造了资本主义社会的基本结构与人的生存状态，它们的两面性决定了要实现人的自由而全面发展，必须扬弃旧式分工与私有制。

三、旧式分工是"一种异己的、同他对立的力量"

　　在人类社会的发展历程中，分工始终扮演着举足轻重的角色。然而，当分工在私有制的温床中演进至资本主义阶段，其本质逐渐显现为"一种异己的、同

①《马克思恩格斯文集》第一卷，北京：人民出版社，2009年版，第580页。
②《马克思恩格斯文集》第一卷，北京：人民出版社，2009年版，第580页。
③《马克思恩格斯文集》第一卷，北京：人民出版社，2009年版，第580页。

他对立的力量"①,对个人与社会发展产生了深远的影响。正如亚当·斯密、马克思、恩格斯等人所洞见的,旧式分工虽然在一定程度上促进了生产效率的提升,但实质上却是一种文明且精巧的剥削手段。人的本质在现实性上是一切社会关系的总和,因而与分工这一社会关系演变发展的重要力量紧密相连,在《形态》一书中,马克思恩格斯从"现实的人"这一独特视角出发,深刻揭示了分工如何对人的发展产生深远的影响。

(一)劳动成为"凌驾于个人之上的力量"

在社会发展的早期阶段,旧式分工由于生产力水平低下和社会结构的限制,将劳动划分为不同的种类和等级,每个人被迫固定在特定的劳动岗位上,致使劳动者无法根据自己的兴趣和能力自由选择职业工种和劳动形式,也无法通过更换职业工种和劳动形式来实现个人的成长和发展。马克思恩格斯在《形态》中明确指出,私有制下的"劳动仍然是最主要的,是凌驾于个人之上的力量;只要这种力量还存在,私有制也就必然会存在下去"②。即旧式分工和私有制使得劳动成为一种"凌驾于个人之上的力量",掌控着人、压迫着人。

1.旧式分工下劳动带有强制性

在《形态》中,马克思恩格斯认为,私有制下的生产力不仅同个人相互分离,而且造成人与人的彼此分散与对立,"这正是由于他们作为个人是相互分离的,是由于分工使他们有了一种必然的联合,而这种联合又因为他们的相互分离而成了一种对他们来说是异己的联系"③。也就是说分工使得分散而对立的个人实现了"必然的联合",但由于这种联合建立在个人相互分散和对立的基础之上,因此,这种联合就成为"被逼迫的联合",对个人而言成为一种"异己的联系"。

在《1844年经济学哲学手稿》中,马克思深刻剖析了异化劳动的四个表征,进而阐释了资本主义社会中个人之间"分散与对立"关系的根源。他指出私有制和旧式分工不仅导致劳动产品的异化,劳动与劳动者相异化,更导致了人们与其类本质相异化,以及人与人之间关系的异化,从而揭示了资本主义社会中个人之间为何是"分散与对立"的关系。同时,一旦这种"分散与对立"的关系形成,它作为一种"异己的联系"、作为一种"异己的力量"又反过来奴役着人。

---

① 《马克思恩格斯文集》第一卷,北京:人民出版社,2009年版,第537页。
② 《马克思恩格斯文集》第一卷,北京:人民出版社,2009年版,第557页。
③ 《马克思恩格斯文集》第一卷,北京:人民出版社,2009年版,第573页。

　　在资本主义生产过程中，劳动者所处的"特殊的活动范围"实质上构成了"限制"，旧式分工所划定的领域对人施加了现实的强制规定性，构筑成为个体的"牢笼"。为了生存，人们不得不困于这个"牢笼"，被纳入并受制于唯利是图的资本主义逻辑体系中，接受资本家的监督。他们必须严格遵守劳动秩序，行动整齐划一，从而逐渐蜕变为丧失了人的类本质的机器，面临着最终被资本榨取所有生命力和劳动力的命运。《形态》指出，"只要分工还不是出于自愿，而是自然形成的，那么人本身的活动对人来说就成为一种异己的、同他对立的力量"[1]，在人类历史的长河中，每一时代的分工演变均受制于客观生产力的局限，其形成具有自发性，而非源自个体的自主选择。分工所确定的劳动身份，成为劳动者难以摆脱的既定命运。生活资料对人形成了一种束缚力量，在由分工明确划定的特定领域内，个体的自由受到了限制与剥夺。面对现实生活的压力，人们不得不接受这一既定事实，因为唯有如此，他们才能维持自身的生存状态。这样一种基于旧式分工的强制劳动，致使劳动不再是人的本质力量的确证，而是成为"凌驾于个人之上的力量"。

2.旧式分工是劳动异化的根源

　　旧式分工使得劳动成为一种更具社会性的活动，但劳动者却无法享有劳动的成果，因此，劳动不再是个人自我实现和创造价值的手段，而是成为一种异化的力量，以至于"整个历史过程就被看成'人'的自我异化过程"[2]。劳动者在旧式分工下没有自由选择劳动的权利，在劳动过程中同样也处于被支配的地位，从而感到痛苦和压抑。他们的劳动成果被资本家无偿占有，自己仅仅只能获得微薄的工资来维持生活。这种矛盾使得劳动不再是个人自由全面发展的手段，而成为一种限制和束缚个人发展的力量。

　　在《形态》中，马克思恩格斯探寻劳动异化产生的根源，认为劳动异化是分工的必然结果。在资本主义体系中，旧式分工旨在服务于资本的累积与利润的最大化，这一转变促使社会成员从原先对"人的依赖"中解脱出来，转而陷入对"物"的强烈依赖之中，人们在物欲的驱使下追逐着商品、货币，人与人之间的利益冲突、利益矛盾不断加剧，尤其是在物质利益上根本对立的两个阶级——资产阶级和无产阶级之间的矛盾趋于尖锐化。其中，在经济层面占据

---

[1]《马克思恩格斯文集》第一卷，北京：人民出版社，2009年版，第537页。
[2]《马克思恩格斯文集》第一卷，北京：人民出版社，2009年版，第582页。

统治地位的资产阶级,始终如一地标榜自己为"普遍利益"及"共同利益"的代表,企图掩盖其对无产阶级的剥削与压迫。实则,在阶级分化明显的社会中,经济上占优势的阶级为了更有效地对其他阶级进行统治,会"采取国家这种与实际的单个利益和全体利益相脱离的独立形式"①。当然,国家并非完全与"单个利益和全体利益相脱离",这种脱离只是一种表面现象,以便在维持秩序的过程中能够充当似乎公正的裁判。因此,国家的本质乃是一种虚幻的共同体形态,它虽然宣称代表普遍利益及共同利益,但究其根本,实则是仅仅服务于统治阶级的"特殊的独特的'普遍'利益"。统治阶级往往巧妙地将自身利益伪装为普遍利益,从而使得这种与单个和整体利益相脱离的形式成为凌驾于人们特殊利益之上的异己力量。基于此,马克思恩格斯在《形态》中进一步总结道:"只要人们还处在自然形成的社会中,就是说,只要特殊利益和共同利益之间还有分裂,……只要分工还不是出于自愿,而是自然形成的,那么人本身的活动对人来说就成为一种异己的、同他对立的力量,这种力量压迫着人,而不是人驾驭着这种力量。"②

综上,劳动异化是私有制和旧式分工下人们的物质生产方式和普遍现象,它衍生出各种社会矛盾与冲突。随着分工和生产力发展到一定阶段,劳动者同生产资料相异化,使得个体只能在社会给予他们的特定生活条件下从事特定的劳动,此类劳动仅仅是维持生计的方式,它带有强制性、限制性和片面性,从而使劳动成为一种束缚和限制劳动者发展的力量。伴随着社会分工的不断深化与发展,这一过程进一步推动了脑力劳动与体力劳动、城市与乡村、工业与农业之间的分离,以及阶级与国家间对立的形成,这一系列变化进而引发了"个人利益"与"公共利益"之间的分裂与对立,使得个体在异化的社会关系中逐渐走向畸形与片面的发展路径,最终导致人与人的关系不断趋于异化状态。"无论是劳动的异化还是人与人关系的异化,都在资本主义社会达到了顶峰,而此时劳动者已成为机器的单纯的附属品,物已成为一种统治和奴役人且不受人支配和控制的力量,人与人之间的交往除了赤裸裸的金钱交易也再无其他"③,劳动彻底成为"凌驾于个人之上的力量"。因此,唯有当人们重新获得对这些物的力量的

① 《马克思恩格斯文集》第一卷,北京:人民出版社,2009年版,第536页。
② 《马克思恩格斯文集》第一卷,北京:人民出版社,2009年版,第537页。
③ 贾莎:《从"真正的共同体"到"人类命运共同体":马克思恩格斯共同体思想的逻辑理路与时代表达——基于〈德意志意识形态〉的文本考察》,《当代世界与社会主义》2022年第4期,第73-80页。

掌控之时,他们方能从被限定的、狭隘的劳动领域中解脱出来,进而达成真正意义上的自由而全面的个人发展。

(二)旧式分工推动私人关系"发展为阶级关系"

"在分工的范围内,私人关系必然地、不可避免地会发展为阶级关系,并作为这样的关系固定下来。"[①]马克思恩格斯在《形态》中批判圣桑乔时指出,阶级是在社会分工的基础上产生的。在资本主义社会中,旧式分工不仅塑造了劳动过程和生产方式,还深刻影响着社会关系,特别是阶级关系的形成和发展。在资本主义这一形式的阶级社会,资产阶级和无产阶级之间的冲突和对抗尤其激烈,二者之间的斗争不可调和,这一阶级矛盾消灭之时即人类进入无阶级社会之时。

1.旧式分工是阶级划分的基础

《形态》指出,阶级是在社会大分工的过程中产生的。社会分工包含的种种矛盾促使私有制产生,而私有制的确立与利益分配的差异化,又进一步促进了阶级与国家的形成。分工将社会成员分配到各个不同的生产领域及部门的同时,也将生产工具与生产资料在社会成员之间进行了有差异的分配,因此"因为分工使精神活动和物质活动、享受和劳动、生产和消费由不同的个人来分担这种情况不仅成为可能,而且成为现实"[②]。即在现实社会中,个人实践活动的形式不尽相同,或是从事物质实践活动或是从事精神实践活动,或是劳动或是享受,或是生产或是消费,进而使得人与人之间的差别变大。而在私有制社会中,旧式分工促使个人利益之间的分化与矛盾,在此基础上形成了物质利益相互对立的阶级,阶级矛盾始终是阶级社会中的主要矛盾。由此可知,主要从事精神劳动的人成为统治阶级,而主要从事物质劳动的人成为被统治阶级,统治阶级纵情享受、消费,被统治阶级从事生产劳动,却生活在贫困之中,进而出现统治阶级压迫被统治阶级、少数人剥削大多数人的社会现象。因此,马克思恩格斯在《形态》中指出,"由分工决定的阶级"[③],在现实中总是表现为一个阶级统治着其他一切阶级、一个阶级压迫了其他一切阶级,阶级关系成为阶级社会中人与人之间最基本的关系。

---

① 《马克思恩格斯全集》第三卷,北京:人民出版社,1960年版,第513页。
② 《马克思恩格斯文集》第一卷,北京:人民出版社,2009年版,第535页。
③ 《马克思恩格斯文集》第一卷,北京:人民出版社,2009年版,第536页。

在《形态》中,马克思恩格斯通过物质生产活动与社会分工相联合的形式剖析社会现象,并着重描绘了市民阶级、资产阶级以及无产阶级的产生与发展历程。社会分工的出现与发展导致了物质劳动与精神劳动的分离,而那些利益诉求与价值立场相同的人们聚集并联合成为同一阶级,如此,不同阶级产生,各阶级间因利益冲突而产生的对抗也随之而来。随着生产力的发展,在奴隶社会初期,社会产品开始出现剩余现象,这一经济变革成为社会结构分化的重要催化剂。部分拥有生产资料的个体凭借其对生产资料的占有逐渐演化成为奴隶主阶级,他们主要从事管理活动,不再直接参与生产劳动,从而成为新兴的统治阶级。与此同时,另一部分人丧失了维持生计所必需的生产资料,生活陷入困境,不得不依附于掌握生产资料的人,出卖自身劳动力谋生,在承受繁重的体力劳动过程中,这部分人逐渐丧失了对生产资料的所有权,甚至人身自由也遭到了剥夺,最终沦为被剥削阶级。与此同时,这一时期传统集体劳动模式向个体劳动逐步转变,这一变迁标志着社会分工进入了更为深化与细化的阶段。这一分工不仅清晰地划分出奴隶主阶级与奴隶阶级这两大对立的阶级,使得社会结构呈现出更为鲜明的阶级特征,而且象征着人类社会从此迈入阶级社会的第一种形态,即奴隶社会。而随着社会分工的进一步深化与发展,加速了社会形态的演变与更替,封建社会的出现成为了历史发展的必然趋势。在封建体制下,农奴阶级饱受拥有广袤土地的贵族阶级的严酷剥削与压迫。为了抵御这些贪婪无度且掠夺成性的贵族,城市中那些拥有共同经济利益的自由民开始团结起来,逐步形成了具有自我意识的市民阶级,旨在共同维护自身的权益。然而,阶级的稳定性从根本上来说是建立在其内部成员利益诉求高度一致的基础之上的。随着社会分工的不断演进,出现新的利益分化,促使市民阶级内部进一步分化。少数人凭借积聚和掌握了大量资本,逐渐在物质资料的生产领域占据优势,进而发展成为新的阶级,即资产阶级。而机器大工业代替工场手工业后推动着生产力迅猛发展,进一步帮助崭露头角的资产阶级成为物质资料生产的掌控者,他们成为当时代表先进的阶级,成为推动社会进步的主导力量。然而,资本的本性是增殖,它不择手段追求最大化的利润,在快速增加社会物质财富积累的同时,进一步拉大社会的贫富差距,加剧社会的两极分化,造成经济危机的周期性爆发,这些问题的出现也暴露了资产阶级的贪婪本性和资本主义无法克服的痼疾,阶级矛盾日益尖锐,阶级斗争此起彼伏,整个社会的分裂难以弥合,进而孕育着新社会的新因素。

2.旧式分工促使"一个阶级统治着其他一切阶级"

社会大分工的发展促使阶级和阶级分化的出现,"这些阶级是通过每一个这样的人群分离开来的,其中一个阶级统治着其他一切阶级"[①],同时,"一个阶级是社会上占统治地位的物质力量,同时也是社会上占统治地位的精神力量"[②],统治阶级不仅在物质生产领域占据统治地位,同样在精神生产领域占据着主导位置。具有一致利益诉求的个体通常归属于同一阶级,他们采取协同一致的行动来维护其共有的利益,这就导致了不同阶级之间的相互对立和冲突。此外,社会分工的进一步发展将继续推动阶级关系的变化和阶级矛盾的发展,阶级关系和阶级矛盾的发展推动社会改革或者社会革命,进而推动社会历史的进步。在原始社会,由于部落所有制基础上的分工水平低下,生产力水平低下,与之相适应的是原始的公有制,因而没有阶级产生的客观条件和现实需要,当然不存在阶级对立和阶级矛盾。人类进入奴隶社会,由于生产力的进一步发展,特别是社会大分工推动农业和畜牧业的分离,生产资料的占有方式从量变到质变,最终出现原始公有制的瓦解和私有制的诞生,社会关系发生剧烈变动,产生了人类历史上第一次出现的两个对抗性阶级:奴隶阶级与奴隶主阶级。奴隶不仅从事繁重的劳动,成为奴隶主掌控下的会说话的工具,而且个人生死也掌握在奴隶主手中,完全没有人身自由。因此,两个阶级之间的矛盾是对抗性的,利益的冲突是根本性的,二者之间的矛盾冲突不断。人类进入封建社会,社会分工进一步发展,形成了农业、手工业和商业等不同的生产部门,由此带来社会阶级关系的新变革:在城市形成了手工业者与贵族之间的对抗,在农村形成了农奴与贵族之间的矛盾。当人类进入资本主义社会,分工的发展、科技的进步推动工场手工业向机器大工业发展,现代社会中的阶级矛盾则转变为资产阶级和无产阶级之间的矛盾,资产阶级之所以能成为统治阶级是因为他们掌握着生产资料——资本,而资本是能够带来剩余价值的价值,而剩余价值正是由工人阶级在生产过程中创造的,因此,资产阶级是通过工人阶级创造的剩余价值

---

① 《马克思恩格斯文集》第一卷,北京:人民出版社,2009年版,第536页。
② 《马克思恩格斯文集》第一卷,北京:人民出版社,2009年版,第550页。

的占有来实现价值增殖,维持本阶级的存在,因此,二者之间的矛盾是经济利益的根本对立且不能调和。

总的来看,三次社会大分工促使阶级产生和阶级分化,人类进入阶级社会,由此开启了阶级斗争的历史。阶级斗争一方面推动上层建筑适应经济基础、生产关系适应生产力的发展,促成社会进步;另一方面逐步破除"使人成为被侮辱、被奴役、被遗弃和被蔑视的东西的一切关系"①,推动人朝着自由而全面的境界发展。随着社会的进步,旧式分工退出历史舞台,被自觉分工取而代之,人的发展与社会发展才能真正实现良性互动,不再出现以牺牲人的发展为代价以增加社会的物质财富的现象。

3.旧式分工导致的利益矛盾催生了国家

马克思恩格斯在《形态》中阐明,随着分工的深化,个人或单个家庭的利益逐渐与所有相互交往的个人的共同利益之间产生矛盾,这一矛盾进而促使共同利益采取了一种"独立形式",也即"虚幻的共同体的形式",我们称之为国家。国家诞生后,它在形式上似乎是"与实际的单个利益和全体利益相脱离",从而借此掩盖它同现实状况及特定社会阶级之间的深刻关联。实际上,国家是建立"在每一个家庭集团或部落集团中现有的骨肉联系、语言联系、较大规模的分工联系以及其他利益的联系的现实基础上,特别是在我们以后将要阐明的已经由分工决定的阶级的基础上产生的"②,因此,国家作为共同体的表现形式蕴含着"虚幻性"的本质。而在这些虚幻表象的掩盖之下,各个不同阶级之间的斗争异常激烈,阶级矛盾的尖锐与阶级斗争的炽热构成了国家产生与存续发展的深层次根源。

社会分工导致了个人利益和共同利益之间的矛盾,不管是个人利益还是共同利益都是建立在分工的基础之上,要建立真正的共同体就要消除个人利益与共同利益之间的矛盾,要消除导致利益矛盾的旧式分工。社会分工的不断发展必然导致不同阶级之间、个人利益与共同利益之间的冲突,为了更好地维护个人利益,个人依附于特定的阶级,同一阶级的利益具有一致性,因而会牢牢地凝聚在一起。在这个过程中,统治阶级将其"特殊利益"伪装成社会的"普遍利益",而国家这一虚幻的共同体形式则通过军队、警察、法庭、监狱等暴力机器维

①《马克思恩格斯文集》第一卷,北京:人民出版社,2009年版,第11页。
②《马克思恩格斯文集》第一卷,北京:人民出版社,2009年版,第536页。

护"共同利益"，并始终作为统治阶级所谓的"共同利益"的代表者和捍卫者，其本质上就是维护特殊群体——统治阶级的利益。

国家这一虚幻的共同体形式存在，致力于将阶级矛盾和冲突控制在一定的"秩序"范围之内，但它并不能真正化解这些矛盾和冲突。旧式分工和私有制是个人与群体之间发生利益分化、产生利益矛盾的根源。"在这种强制性的社会分工下，人们劳动是在被奴役、压迫的状况下进行的，个人的实践活动对人本身而言就是一种异己的力量，是同人自身相对立、对抗的。"[①]国家依靠其暴力机器可以压制被统治阶级的反抗，或者出台政策、采取举措缓和社会矛盾，但因为它始终维护的是统治阶级的根本利益，故不能消除统治阶级与被统治阶级的矛盾，不能消除个人利益与共同利益的矛盾。因此，国家的消亡一定是与社会分工的发展进程同步的，若要国家这一阶级压迫的工具消亡，就必然消灭自发性的社会分工和私有制，进而消灭阶级。只有阶级和阶级矛盾消亡，国家这一虚幻的共同体形式才会消亡，取而代之的是自由人的联合体，是真实的共同体。由于真实的共同体消除了个人利益与共同利益的矛盾，代表了全体社会成员的共同利益，因而具有真实性；只有在真实的共同体中，个体的自由发展才会成为推动所有人实现自由全面发展不可或缺的前提与基础。

（三）旧式分工造就"片面的、畸形的、受限制的人"

马克思恩格斯在研究各个历史阶段分工的不同表现形式时，尤其重视对以私有制为根本的资本主义社会分工现象的研究。他们指出，私有制一方面在推动社会生产力的发展上起到了积极的作用，但另一方面也没有改变它是人压迫人、人剥削人的不平等社会制度的实质，这种矛盾性在资本主义社会中尤为显著，"就个人本身来考察个人，他屈从于分工，分工使他变成片面的、畸形的、受限制的人"[②]。马克思恩格斯反复强调，分工实则是私有制的同义语，其对社会结构和个人发展所带来的影响同样具有两面性。诚然，从衡量历史发展的客观尺度而言，旧式分工在一定程度上促进了社会生产力的提升，加速了社会经济的进步，起到了积极作用。然而，从历史发展的价值尺度而言，旧式分工导致了

---

① 杜昭熺、槐艳鑫：《浅谈社会分工与私有制、阶级、国家的关系——基于〈德意志意识形态〉的文本考察》，《南方论刊》2020年第7期，第28—29页。
②《德意志意识形态》（节选），北京：人民出版社，2018年版，第120页。

劳动异化和人的社会活动的固定化,造成人的畸形发展和片面发展,其负面作用也暴露无遗。

1.分工造就的生活条件决定了人的发展水平

马克思恩格斯在《形态》中指出:"如果这个人的生活条件使他只能牺牲其他一切特性而单方面地发展某一种特性,如果生活条件只提供给他发展这一种特性的材料和时间,那末这个人就不能超出单方面的、畸形的发展。"①个人的发展程度受限于其生活条件,现实的生活条件主要为个体发展某种特质提供"材料和时间",可能会迫使个体只能"单方面地发展某一种特性",因此,个体往往只能实现片面的、非均衡的畸形发展,其发展水平不会超过现实生活条件所能容许的范围。

在此基础上,马克思恩格斯进一步分析了资本主义大工业发展背景下,人的生活条件及其对人的发展造成的影响,"在大工业和竞争中,各个人的一切生存条件、一切制约性、一切片面性都融合为两种最简单的形式——私有制和劳动"②。积累起来的劳动或者说私有制,以及现实的劳动塑造了人的生活条件,包括个人交往活动,私有制和劳动缺少任何一个,交往就会停止。分工一方面决定了资本和劳动之间的关系,"分工从最初起就包含着劳动条件——劳动工具和材料——的分配,也包含着积累起来的资本在各个所有者之间的劈分,从而也包含着资本和劳动之间的分裂以及所有制本身的各种不同的形式。分工越发达,积累越增加,这种分裂也就发展得越尖锐。劳动本身只能在这种分裂的前提下存在"③。劳动与资本的分离源自分工,资本家掌控资本,而工人则承担起劳动的任务。在这一过程中,资本奴役劳动,对劳动实施支配,资本家则对工人进行剥削。由此,"个人的联合"与"资本的联合"构成了鲜明的对立,成为突出的社会矛盾。在这样的分裂中进行劳动,必然是资本家购买劳动力进而掌控劳动的过程,劳动者出卖劳动力进而在劳动中感受到痛苦和压抑,毫无自由和乐趣可言。另一方面,分工决定了私有制和劳动之间的关系,"个人本身完全屈从于分工,因此他们完全被置于相互依赖的关系之中。私有制,就它在劳动

---

①《马克思恩格斯全集》第三卷,北京:人民出版社,1960年版,第295—296页。
②《马克思恩格斯文集》第一卷,北京:人民出版社,2009年版,第579页。
③《马克思恩格斯文集》第一卷,北京:人民出版社,2009年版,第579页。

的范围内同劳动相对立来说,是从积累的必然性中发展起来的"①。分工与私有制被视为相等的表达式,而私有制也同样与劳动形成对立,其本质也体现为资本与劳动之间的对立。这样,分工、私有制和劳动共同塑造了资本主义社会中充斥着分裂和对立的生活条件,进而决定了人的发展必然是片面的、畸形的、受限制的。因此,马克思在《哲学的贫困》中指出,现代社会内部分工既产生了特长和专业,又产生了"职业的痴呆",进而出现如勒蒙泰所说的现象:"我们十分惊异,在古代,一个人既是杰出的哲学家,同时又是杰出的诗人、演说家、历史学家、牧师、执政者和军事家。这样多方面的活动使我们吃惊。现在每一个人都在为自己筑起一道藩篱,把自己束缚在里面。……这样一来,人是缩小了。"②

2.旧式分工造成人的片面发展成为普遍现象

旧式分工是人片面、畸形发展的深层原因。纵观分工发展的历史,不同发展阶段的分工对人的发展有不同影响。在原始社会时期,人的自由自觉的类本质虽有所体现,但仅处于低水平状态,各方面能力均未充分发展。此时分工处于与低水平生产力相适应的自然分工阶段,虽在一定程度上提高了劳动生产率,但无法实现更广泛的分工与交往。人们基于生理和地理条件分工生产自己和部落所需的生活资料,此时物质资料的生产、分配、交换、消费主体统一,尚未分化。马克思对此指出:"单个人显得比较全面,那正是因为他还没有造成自己丰富的关系。"③在自然分工阶段,由于生产力的相对低下,人类无法构建全方位的社会关系网,而只是处于初步的、原始的全面发展状态,这种全面性并非真正意义上的全面发展。然而,随着社会生产力的逐步提升,人类原始的全面发展状态开始发生分化,经历了从自然分工向自发分工的转变,相应地,人的发展也从原始的全面性阶段发展到了片面性发展阶段。进一步地,人类社会历经了三次社会大分工并基本形成了社会的基本分工,从而出现了脑力劳动与体力劳动的分化,以及工农之间、城乡之间的差异。尽管这些分工的深化在一定程度上促使人类向单一方向发展,但在这一阶段,人们仍然能够自主地生产自己所需的产品,并在一定程度上保持着个体的完整性。而资本主义的出现则使自发分工高度发展,"迄今为止的一切占有制下,许多个人始终屈从于某种唯一的生产

①《马克思恩格斯文集》第一卷,北京:人民出版社,2009年版,第579页。
②《马克思恩格斯文集》第一卷,北京:人民出版社,2009年版,第630页。
③《马克思恩格斯文集》第八卷,北京:人民出版社,2009年版,第56页。

工具;在无产者的占有制下,许多生产工具必定归属于每一个个人,而财产则归属于全体个人"①。人被强制性地限定在固定的活动领域之中,长期乃至终身被束缚于单一的工作中,并且无法获得其应得的劳动成果,从而导致人的发展变得片面且畸形,剥夺了其实现全面发展的可能。

第一,旧式分工造成人的全面性被剥夺。虽然分工降低了劳动的复杂性,有利于提升劳动者的劳动熟练度从而提高劳动生产率,但是在自发分工中人只能专门从事一份工作,甚至只是其中的一道工序或是机器的一部分,从而被限定了活动范围。且个人因为生存的需要,被迫为提高劳动效率而忙碌,"在分工有很大发展的情况下,工人要把自己的劳动转用于其他方面是极为困难的"②,使得个人的自由时间所剩无几,没有时间发展其他爱好和其他能力,进而造成全面性的被剥夺。由于旧式分工导致了物对人的奴役和压迫,导致劳动者的工作热情与充沛精力日渐枯竭,同时,劳动与活动的单一化也阻碍了人独立思维的发展,使得个人的知识体系和技能水平呈现出高度的片面性。在此背景下,劳动者的理性需求遭到抑制,其潜能与才华受到严重损害,最终沦为"单向度的人",成为自己劳动的奴隶。他们不仅要忍受劳动带来的身体疲累,还要忍受因分工细化带来的生活范围缩小、见识狭窄的精神空虚,这是资本主义工场手工业、机器大工业时期产业工人的普遍状况,人们屈从于分工,成为受资本控制的机器附属物。为了生存,他们不得不长时间地守在机器旁,反复进行一些简单、枯燥但频率极高的操作,一方面导致他们的身心都受到严重的损害,"大工业不仅使工人对资本家的关系,而且使劳动本身都成为工人不堪忍受的东西"③;另一方面,每个生产者只熟悉产品生产的某一环节、某一部分,个人的整体性和全面性被严重剥夺,"劳动力变得很片面",缺少从事其他工作的相关经验和能力,进而难以转向其他生产领域,甚至在劳动产品或生产过剩的情况下面临大面积失业。

第二,旧式分工导致物质劳动和精神劳动的对立。在《形态》中,马克思恩格斯通过对中世纪以来西欧城市化历史的深入考察,得出物质劳动与精神劳动的分工直接导致城乡分离与对立的结论。城乡之间的分离与对立,实质上是物

---

①《马克思恩格斯文集》第一卷,北京:人民出版社,2009年版,第581页。

②《马克思恩格斯文集》第一卷,北京:人民出版社,2009年版,第116页。

③《马克思恩格斯文集》第一卷,北京:人民出版社,2009年版,第567页。

质劳动者与精神劳动者相分离的必然结果与外在表现。旧式分工对于个体而言,是一种被动且不得不屈从的分工形式。个体因消极地从事特定的工作,而被迫服从于社会的分工体系,它在城市和农村中都制造了群体之间的利益对立,也制造了城乡的分裂与对立。在农村,有公爵、贵族、僧侣和农夫的不同分工;在城市里,则有师傅、帮工、学徒和临时工的等级划分,社会等级结构更加明显。从更深的层次来看,物质劳动与精神劳动的分工,实质上是脑力劳动与体力劳动的分离,并随着分工的发展二者之间愈益不平衡。那些仅仅专注和从事于精神活动、享乐及消费的人,由于掌握了更多的社会资源与话语权,逐渐成为统治阶级;而那些仅投身于物质生产、劳作的人,则沦为了被统治与剥削的阶级。但是不论是投身于物质还是精神层面的劳动,个体均面临着片面发展的境遇。正如资本主义工场手工业和机器大工业时期,工人阶级为了谋生屈从于分工,主要从事着物质资料的生产劳动或者体力劳动,却丧失了个性与自我意识,失去了自由而全面发展的条件与机会;资产阶级主要从事精神劳动或者脑力劳动,从事司法、艺术、科学、哲学、管理等领域的相关工作,拥有足够的资本、特权与自由时间,相对于工人阶级而言其发展相对更为自由与全面,成为社会的特权阶层。这样,在资本主义私有制下,在旧式分工仍然存在的情况下,物质劳动和精神劳动的分裂与对立不仅不会消除,反而在一定的条件会进一步加剧。

第三,旧式分工剥夺人的独立精神。马克思恩格斯在《形态》中指出:"人们的想象、思维、精神交往在这里还是人们物质行动的直接产物"[①],"至于个人在精神上的现实丰富性完全取决于他的现实关系的丰富性"[②],即人们的精神世界的发展受物质世界的制约与影响。在资本主义条件下,旧式分工"破坏了农村居民的精神发展的基础和城市居民的肉体发展的基础。……由于劳动被分割,人也被分割了。为了训练某种单一的活动,其他一切肉体的和精神的能力都成了牺牲品"[③]。旧式分工剥夺了人们的物质生活资料和精神生活资料,其物质需要和精神需要都难以得到充分满足,进而导致个人肉体的发展和精神的发展受到极大限制。马克思恩格斯尖锐地指出,在阶级社会中,"支配着物质生产资料

---

① 《马克思恩格斯文集》第一卷,北京:人民出版社,2009年版,第524页。
② 《马克思恩格斯文集》第一卷,北京:人民出版社,2009年版,第541页。
③ 《马克思恩格斯选集》第三卷,北京:人民出版社,2012年版,第679页。

的阶级,同时也支配着精神生产资料,因此,那些没有精神生产资料的人的思想,一般地是隶属于这个阶级的"①。即统治阶级凭借其对物质生产资料的掌控和支配,进而掌控和支配着精神生产资料;统治阶级不仅掌握着物质产品和精神产品的分配权,而且其精神产品也反映着统治阶级的利益和要求,而作为被统治阶级不仅其精神产品匮乏,而且往往被迫接受反映统治阶级利益和诉求的精神产品,从而其思想和精神被统治阶级操控。这样,旧式分工就剥夺了被统治阶级精神产品的生产权利和精神需要的满足机会,被迫套上了统治阶级给予的精神枷锁,失去了独立精神和自由思想,更是难以实现自由而全面的发展。

3.个人须驾驭外部世界对个人才能发展的推动作用

马克思恩格斯在批判圣桑乔关于个人职责的观点时指出:"任何人的职责、使命、任务就是全面地发展自己的一切能力,其中也包括思维的能力"②,但是现实的分工恰恰造就出"破坏了自己的全面性并被归属于一种片面的职责的个人",因此,如何才能实现人的全面发展,成为马克思恩格斯必须正面回答的问题。马克思恩格斯明确指出:"个人的全面发展,只有到了外部世界对个人才能的实际发展所起的推动作用为个人本身所驾驭的时候,才不再是理想、职责等等,这也正是共产主义者所向往的。"③那么,这里的"外部世界"主要是指什么?《形态》中对此做了解释:"各个人必须占有现有的生产力总和,这不仅是为了实现他们的自主活动,而且从根本上说也是为了保证自己的生存。"④当然,个人能否占有生产力的总和,并不取决于个人的主观意愿,而是取决于生产力和交往发展的普遍性质,而"对这些力量的占有本身不外是同物质生产工具相适应的个人才能的发挥"⑤。

此外,能否占有"现有的生产力总和",不仅受到生产力和交往自身发展水平的制约,而且受到占有主体的制约,即"只有完全失去了整个自主活动的现代无产者,才能够实现自己的充分的、不再受限制的自主活动,这种自主活动就是

①《马克思恩格斯文集》第一卷,北京:人民出版社,2009年版,第550页。
②《马克思恩格斯全集》第三卷,北京:人民出版社,1960年版,第330页。
③《马克思恩格斯全集》第三卷,北京:人民出版社,1960年版,第330页。
④《马克思恩格斯文集》第一卷,北京:人民出版社,2009年版,第580-581页。
⑤《马克思恩格斯文集》第一卷,北京:人民出版社,2009年版,第581页。

对生产力总和的占有以及由此而来的才能总和的发挥"①。现代无产者对生产力总和的占有同过去的一切革命的占有是不同的,因为此前的生产工具和交往都是有限的,即便他们占有了生产力的总和,也只是造成了新的局限性,即"他们的生产工具成了他们的财产,但是他们本身始终屈从于分工和自己的生产工具"②。但无产阶级的占有则与之有着本质区别,即"许多生产工具应当受每一个个人支配,而财产则受所有的个人支配"③。到这时,无产阶级由于占有了现实的生产力的总和,驾驭了外部世界对个人才能发展的推动作用,个人的全面发展将得以实现。

最后,马克思恩格斯还特别强调,工人阶级能否占有"现实的生产力总和"还受制于采取的方式。他们指出,无产阶级只有通过联合才能达到占有的目的,只有通过革命才能得以实现,"在革命中一方面旧生产方式和旧交往方式的权力以及旧社会结构的权力被打倒,另一方面无产阶级的普遍性质以及无产阶级为实现这种占有所必需的毅力得到发展,同时无产阶级将抛弃旧的社会地位所遗留给它的一切东西"④。到那时,劳动将成为自主活动而同物质生活相一致,进而同个人向完整的个人的发展以及一切自发性的消除相适应;过去的被迫交往将转化为所有个人作为真正个人参加的交往,随着生产力的发展私有制被消灭,人的全面发展得以真正实现。

总之,正如恩格斯所说,旧式分工最终造成"不仅是工人,而且直接或间接剥削工人的阶级,也都因分工而被自己用来从事活动的工具所奴役;精神空虚的资产者为他自己的资本和利润欲所奴役;法学家为他的僵化的法律观念所奴役,这种观念作为独立的力量支配着他;一切'有教养的等级'都为各式各样的地方局限性和片面性所奴役,为他们自己的肉体上和精神上的短视所奴役,为他们的由于接受专门教育和终身从事一个专业而造成的畸形发展所奴役,——哪怕这种专业纯属无所事事,情况也是这样"⑤。只有全部生产资料由社会占有,可以在全社会范围内有计划地利用生产资料之时,才能彻底消灭人自己的生产资料对人的奴役,这就要求"旧的生产方式

① 《马克思恩格斯文集》第一卷,北京:人民出版社,2009年版,第581页。
② 《马克思恩格斯文集》第一卷,北京:人民出版社,2009年版,第581页。
③ 《马克思恩格斯全集》第三卷,北京:人民出版社,1960年版,第76页。
④ 《马克思恩格斯全集》第三卷,北京:人民出版社,1960年版,第76-77页。
⑤ 《马克思恩格斯选集》第三卷,北京:人民出版社,2012年版,第679-680页。

必须彻底变革,特别是旧的分工必须消灭。代替它们的应该是这样的生产组织:在这样的组织中,一方面,任何个人都不能把自己在生产劳动这个人类生存的必要条件中所应承担的部分推给别人;另一方面,生产劳动给每一个人提供全面发展和表现自己的全部能力即体能和智能的机会,这样,生产劳动就不再是奴役人的手段,而成了解放人的手段,因此,生产劳动就从一种负担变成一种快乐。"①

① 《马克思恩格斯选集》第三卷,北京:人民出版社,2012年版,第681页。

第四章

共产主义:个人自由而全面发展的实现

在《形态》中，马克思恩格斯摒弃了"巴黎手稿"时期通过对"异化劳动"的阐发，用人的本质异化来阐述人的解放和发展问题，将共产主义理解为是人向自身、向社会的合乎人性的人的复归，"是人和自然界之间、人和人之间的矛盾的真正解决，是存在和本质、对象化和自我确证、自由和必然、个体和类之间的斗争的真正解决"①的观点，而是从生产力和生产关系、经济基础和上层建筑的矛盾运动出发，科学揭示共产主义必然代替资本主义社会的发展趋势和基本特征。马克思恩格斯认为，未来共产主义社会是建立在生产力高度发展基础上的个人自由联合的"真正的共同体"，它消灭了资本主义私有制和旧式分工，是"个人的独创的和自由的发展不再是一句空话的唯一的社会"②。马克思恩格斯基于唯物主义历史观对共产主义的阐释，为实现共产主义社会提供了科学的哲学论证，也为人类指明了获得解放和实现自由而全面发展的方式和道路。

一、共产主义是实现人的解放的"一种历史活动"

实现全人类的解放和每个人的自由全面发展是哲学家们一直以来的价值追求。对当时的德国而言，人的解放是一个现实问题，关乎每个人的生存和发展状况。而当时的思想家包括费尔巴哈在内的青年黑格尔派从唯心史观出发，把历史归结为观念史和思想史，把现实关系理解为观念的演绎和表达。由此，人的解放和发展也被看作是一种思想活动，认为"人是靠批判的行为才获得解放的，因而人们也是如此"③；但从观念去解释历史并不能找到实现人的解放和发展的现实途径。马克思恩格斯在《形态》中批判了青年黑格尔派把人的解放和发展看作一种思想活动的观点，指出"'解放'是一种历史活动，不是思想活动，'解放'是由历史的关系，是由工业状况、商业状况、农业状况、交往状况促成的"④，表明了实现人的解放和发展不仅是"改变世界"的革命性的实践活动，同时也是一个受生产力发展状况和生产关系制约的历史性的生成过程，是人类历史发展的必然结果。

---

① 《马克思恩格斯文集》第一卷，北京：人民出版社，2009 年版，第 185 页。
② 《马克思恩格斯全集》第三卷，北京：人民出版社，1960 年版，第 516 页。
③ 《马克思恩格斯全集》第三卷，北京：人民出版社，1960 年版，第 105 页。
④ 《马克思恩格斯文集》第一卷，北京：人民出版社，2009 年版，第 527 页。

（一）共产主义是追求人的发展的"实践性的运动"

马克思恩格斯将解放理解为是一种历史活动,表现为共产主义是客观的实践性的运动。在《形态》中,共产主义是以"运动""实践"方式出场的,马克思恩格斯第一次从实践出发宣称自己为共产主义者,指明了"共产主义是用实践手段来追求实践目标的最具有实践性的运动"①。他们主张把共产主义付诸实践,使之成为改变现实世界的革命行动,为人的解放和全面发展开辟了现实道路。

《形态》以对黑格尔哲学,特别是对青年黑格尔派的批判作为探求人的解放和发展理论的起点。青年黑格尔派鲍威尔把体现个体意识的自我意识当作其哲学主体,思辨唯心主义"用'自我意识'即'精神'代替现实的个体的人"②,认为自我意识必须从宗教、政治、经济等特定的利益中解放出来。当普遍、无限、自由的自我意识实现时,人的解放和发展就宣告完成。这种批判的共产主义把一切都归结为"自我意识"哲学体系的自洽,人的解放并没有前进一步。施蒂纳从黑格尔的绝对精神出发,逐步推演至人,进而再由人推演至"我"。这个"我"具有"唯一性",从而滑向了极端的个人主义和唯我论的深渊。当我们将这一理论应用于现实问题时,依据施蒂纳的观点,那些遭受社会压迫并渴望实现自我解放与发展的人们,其中"我"所需改变的并非外在的现实环境,而是改变自身的内在状态。因为若要改变现实,这个"我"必须处在与他人的关系中,而这与他所主张的个体绝对独立相悖。因此,受压迫者的最终出路只能是在忍受现有环境的同时,依靠"我"内在的思想活动来进行无声的反抗。

费尔巴哈正确认识到了宗教将神性投射到超验的存在中,使人们迷失在宗教虚假的幻想中,主张要实现人的解放和发展,必须摒弃宗教的虚假神话回归现实世界的实践中,展现出其唯物主义的思想性质。但是费尔巴哈却借助"共同人"的概念自称是"共产主义者",并且立足于人是个体与类的统一这一视角,认为人是作为类的存在物,因此单个人之间存在着相互需要和交往的必要性。然而,这一观点实际上是将人与人之间的关系局限于爱与友情内,人与人之间的实践就是人与人之间爱的关系。马克思认为"主张靠'爱'来实现人类的解放,……沉溺在令人厌恶的美文学和泛爱的空谈中了"③。无论是鲍威尔、施蒂

---

① 《德意志意识形态》(节选本),北京:人民出版社,2018年版,第115页。
② 《马克思恩格斯文集》第一卷,北京:人民出版社,2009年版,第253页。
③ 《马克思恩格斯文集》第四卷,北京:人民出版社,2009年版,第276页。

纳，还是费尔巴哈，都将改造社会实现人的解放和发展的事业停留在理论领域。在《手稿》创作时期，马克思深受费尔巴哈的影响，他从理想化的人类生存状态出发来阐述共产主义社会中人的发展问题，他将共产主义视为人类理想状态异化现象的复归。然而，值得注意的是，马克思在探讨这一问题时，他选择从国民经济学批判作为切入点，这一选择预示着他正在探索一条不同于旧唯物主义的解释共产主义与人的发展问题的全新路径。

在《形态》中，马克思恩格斯把人理解为具体的、处于一定条件下"现实的个人"，把实现人的解放和发展的共产主义彻底对象化和现实化，指出了人"只有在现实的世界中并使用现实的手段才能实现真正的解放"[1]。其中"现实的世界"不是"观念世界的产物"，不是黑格尔抽象的思想世界，也不是费尔巴哈理解的宗教的和想象的世界，而是"现实的个人"通过物质生产活动在客观物质世界中创造出来的人类实践活动和人类解放的现实生活和现实关系，它不以人的幻想为转移。现实的世界"决不是某种开天辟地以来就直接存在的、始终如一的东西，而是工业和社会状况的产物，是历史的产物，是世世代代活动的结果，其中每一代都立足于前一代所奠定的基础上，继续发展前一代的工业和交往，并随着需要的改变而改变他们的社会制度"[2]。人的解放活动受到现实世界的制约。施蒂纳以为："到现在为止人们总是先给自己制定人的概念，然后取得自由，而自由的程度取决于实现这个概念时的需要；人们取得的自由的程度每次都由他们关于人类理想的相应观念来决定；同时在每个个人身上必然会保存着和这种理想不符合的某种残余，因而这种残余作为'非人的东西'还没有得到解放，或者说只有malgréeux［违反他们的意志］才得到解放。"[3]事实上，人的发展受到不断变动的现实世界的制约，尤其是现实世界生产力的制约。因为"人们每次都不是在他们关于人的理想所决定和所容许的范围之内，而是在现有的生产力所决定和所容许的范围之内取得自由的"[4]。缺乏生产力的高度发达，产品的丰富和多样性便无法满足，人的全面发展也将成为没有物质基础的无根之木。唯有生产力得到发展，才能够允许发展全部的需求，使人的合理需求得到充分

① 《马克思恩格斯文集》第一卷，北京：人民出版社，2009 年版，第 527 页。
② 《马克思恩格斯文集》第一卷，北京：人民出版社，2009 年版，第 528 页。
③ 《马克思恩格斯全集》第三卷，北京：人民出版社，1960 年版，第 506-507 页。
④ 《马克思恩格斯全集》第三卷，北京：人民出版社，1960 年版，第 507 页。

满足,也能够允许全面的活动得以展开,给予每个个人发展的可能性,让我们的一切天赋得到充分地发挥。在生产力尚未得到充分发展的现实世界中,"受这种生产力所制约的、不能满足整个社会的生产,使得人们的发展只能具有这样的形式:一些人靠另一些人来满足自己的需要,因而一些人(少数)得到了发展的垄断权;而另一些人(多数)经常地为满足最迫切的需要而进行斗争,因而暂时(即在新的革命的生产力产生以前)失去了任何发展的可能性"①。"那就只会有贫穷、极端贫困的普遍化;而在极端贫困的情况下,必须重新开始争取必需品的斗争,全部陈腐污浊的东西又要死灰复燃。"②根本不可能实现人的发展,所谓的发展也只是一句空话。

"现实的手段"表明实现人的发展绝不是靠华丽的词句和诗意的口号可以解决的,也绝不是简单的头脑的斗争。"青年黑格尔派认为观念、思想、概念,即被他们变为某种独立东西的意识的一切产物,是人们的真正枷锁"③,所以不言而喻,青年黑格尔派只要同意识的这些枷锁进行斗争就行了。他们认为把占统治地位的力量和关系的荒谬想法"从头脑中挤出去,那末'这些苦命人'就能够'生活得多么幸福'"④。马克思恩格斯指认了德国哲学家们"想用不同的方法来拯救他们所谓在自己的固定思想的威力下呻吟的人类;……他们相同的地方在于:他们相信他们的批判思想的活动应当使现存的东西遭到毁灭,——其中一些人认为只要进行孤立的思想活动,就能做到这一点,另一些人则打算争取共同的意识。"⑤但在德国哲学家们的理论中,"改造社会的事业被归结为批判的批判的大脑活动"⑥,"他们仅仅反对现存世界的词句,那么他们就绝不是反对现实的、现存的世界"⑦,因而实际上并不能改变什么,只不过是作家内心的自相斗争。马克思恩格斯揭示了观念和现实之间的关系,指出"意识的一切形式和产物不是可以用精神的批判来消灭的,也不是可以通过把它们消融在'自我意识'中或化为'幽灵'、'怪影'、'怪想'等等来消灭的,而只有实际地推翻这一切唯心

①《马克思恩格斯全集》第三卷,北京:人民出版社,1960年版,第507页。
②《马克思恩格斯文集》第一卷,北京:人民出版社,2009年版,第538页。
③《马克思恩格斯全集》第三卷,北京:人民出版社,1960年版,第22页。
④《马克思恩格斯全集》第三卷,北京:人民出版社,1960年版,第493页。
⑤《马克思恩格斯全集》第三卷,北京:人民出版社,1960年版,第16页。
⑥《马克思恩格斯文集》第一卷,北京:人民出版社,2009年版,第293页。
⑦《马克思恩格斯全集》第三卷,北京:人民出版社,1960年版,第22—23页。

主义谬论所由产生的现实的社会关系,才能把它们消灭;"①"对实践的唯物主义者即共产主义者来说,全部问题都在于使现存世界革命化,实际地反对并改变现存的事物"②。无产阶级只有通过消灭阶级、推翻资产阶级统治的革命行动,才能实现自身和每个人的自由而全面的发展。在此意义上,我们说共产主义是"人们实践活动和实际发展过程的真正的实证科学"③。

(二)共产主义是打碎人的发展桎梏的"现实的运动"

"真正的社会主义"对共产主义存在明显的误读,他们片面地将共产主义视为一种理想状态,而忽视了其深厚的现实基础,由此,共产主义也成了脱离现实土壤的乌托邦,而这无疑是对共产主义历史运动性和实践生成性的否定。马克思恩格斯在《形态》中指出,"共产主义对我们来说不是应当确立的状况,不是现实应当与之相适应的理想。我们所称为共产主义的是那种消灭现存状况的现实的运动"④。共产主义与人的自由全面发展相统一,共产主义的最终落脚点是人的自由全面发展。从现实的运动去理解共产主义表明了人的发展也是打碎人的发展桎梏的一个生成性的实践过程。人的发展并不是某一人类社会的终极形态中的生存状态,并非只有到了共产主义社会才能够有人的发展。人的发展是在不断消灭现存制约人的发展因素的过程中逐渐向好的相对状态,即从比较"自由"和比较"全面"到更加"自由"和更加"全面"的过程。人的发展也不是一种凝滞的存在状态,即便在共产主义社会里,人的发展中的矛盾得以解决,人的发展也不会停滞,而是会随着社会的发展获得更加全面的发展。

马克思恩格斯在对资本主义社会人的发展现状的剖析中,揭示了制约人的发展的桎梏因素。在《形态》中,马克思恩格斯并没有如施蒂纳等德国哲学家一样,把制约人的发展的原因归结为关于现实状况的思想和观念。他们认为,思想和观念来源于现实关系,制约人的发展的桎梏主要在于资本主义私有制这种生产关系以及由这种生产关系产生的各种现实弊病。马克思恩格斯高度评价了资本主义社会作为当时社会发展的最新形态,高度发展的生产力满足了人的发展的物质需求,也创造了自主活动的条件。但马克思恩格斯揭示出资本主义

---

① 《马克思恩格斯全集》第三卷,北京:人民出版社,1960年版,第43页。
② 《马克思恩格斯文集》第一卷,北京:人民出版社,2009年版,第527页。
③ 《马克思恩格斯文集》第一卷,北京:人民出版社,2009年版,第526页。
④ 《马克思恩格斯文集》第一卷,北京:人民出版社,2009年版,第539页。

的私人占有制"起初是自主活动的条件,后来却变成了自主活动的桎梏"①,在资本主义的生产力和交往形式的制约下,旧式分工和劳动异化导致人的发展呈现为畸形的、片面的和有限制的发展。资本主义对机器的采用把人变成不能反抗的奴隶,劳动与生产资料的分离,导致个人仅能依靠劳动为其生存手段,迫使他们不得不依赖对生命构成摧残的异化劳动来维持生计。同时,统治阶级通过具有虚假的"普遍性"的国家,制定法律规定人民权利的范围,从而限制了人们的自由。此外,掌控物质生产资料的阶级,还通过支配精神生产资料的方式,将自身利益包装成普遍利益,进而实现对未掌握精神生产资料的人的统治,导致了人们精神层面的贫乏。总之,"同这些生产力相对立的大多数个人,这些生产力是和他们分离的,因此这些个人丧失了一切现实的生活内容,成了抽象的个人"②。

在唯物史观视野中,人类历史的全部运动就是不断打碎人的发展桎梏的生成过程,人的发展也孕育在人类历史的长河之中。历史是实践的人创造的,由于生产力和交往关系之间的矛盾,当旧的交往形式成为生产力发展的桎梏,就要求变革交往关系以适应新的生产力的发展,促进生产力的不断向前发展。"由于这些条件在历史发展的每一阶段都是与同一时期的生产力的发展相适应的,所以它们的历史同时也是发展着的、由每一个新的一代承受下来的生产力的历史,从而也是个人本身力量发展的历史。"③生产力的不断发展使得物质财富不断丰富,为个人潜能的发挥,需要和利益的满足提供条件,也促使个人生命活动在生产过程中得到积极展现。在资本主义社会以前,"这种发展是自发地进行的,就是说它不是按照自由联合起来的个人制定的共同计划进行的,所以它是以各个不同的地域、部落、民族和劳动部门等等为出发点的,其中的每一个起初都与别的不发生联系而独立地发展,后来才逐渐与它们发生联系。其次,这种发展也非常缓慢;各种不同的阶段和利益从来没有被完全克服,而只是屈从于获得胜利的利益,并在许多世纪中和后者一起延续下去。由此可见,甚至在一个民族内,各个人,即使撇开他们的财产关系不谈,都有各种完全不同的发

---

① 《马克思恩格斯文集》第一卷,北京:人民出版社,2009年版,第575页。

② 《马克思恩格斯文集》第一卷,北京:人民出版社,2009年版,第580页。

③ 《马克思恩格斯文集》第一卷,北京:人民出版社,2009年版,第576页。

展"①。人在这种自发和缓慢进行的社会变革过程中获得一定程度的发展。

　　共产主义作为现实的运动要求,在实践过程中有意识、有目的地变革现实和"消灭现存状况",消除制约人的发展的桎梏因素,摆脱人的发展的盲目性。共产主义者并不是等着社会给他们什么,而是自己为自己建立起一个社会。通过"实际地反对和改变事物的现状"使现存世界革命化,而使人成为真正的人。马克思恩格斯没有详细去规定"被压迫阶级能够做什么",他们通过揭示资本主义所有制这一阻滞人的发展的根源,从原则上规定了无产阶级必须消灭私有制、打碎国家机器、消灭分工和各种不合理的经济政治制度。这一过程中共产主义者并不是施蒂纳所说的"牺牲"自己,而是在改变社会的过程中获得自身各方面的发展。因为个人的发展决定于一定社会关系下"个人生活的经验发展和表现"②,那些"发展着自己的物质生产和物质交往的人们,在改变自己的这个现实的同时也改变着自己的思维和思维的产物"③。所以,"把各种限制的真正消灭——这种消灭同时也是生产力的非常积极的发展,是迫切需要的实在动力和满足,是个人权力的扩展"④。在这一过程中,无产阶级不仅能够在物质层面获得满足,同时在思想层面也能实现解放。此外,无产阶级的普遍性质也得到了体现,并在实践中增强了共产主义革命所必需的革命经验和能力。尽管马克思恩格斯没有提出无产阶级消除人的发展桎梏的详细行动方案,但马克思恩格斯赞扬了工人阶级在资产阶级统治下去争取获得积极的公民权利并"取得利益"的斗争,认为这表现了个人的自由,鼓励无产阶级在为了最终实现共产主义的过程中展开各种实践活动,获得自身的发展。当然,马克思恩格斯也承认这种在资本主义生产关系限制下无产阶级的行动和人的发展始终是片面的存在,认为只有在生产力发展的基础上推翻资本主义制度的成功革命实践,建立起共产主义社会,人最终才能实现较高层次的自由而全面的发展。

　　这一过程也必然是一个缓慢的进程,生产力与生产关系的矛盾运动决定了无产阶级只有通过长期的革命实践才能够最终消灭私有财产,打破现存世界的秩序。在《手稿》中,马克思就指明了"要扬弃现实的私有财产,则必须有现实的

①《马克思恩格斯文集》第一卷,北京:人民出版社,2009年版,第576页。

②《马克思恩格斯全集》第三卷,北京:人民出版社,1960年版,第295页。

③《马克思恩格斯文集》第一卷,北京:人民出版社,2009年版,第525页。

④《马克思恩格斯全集》第三卷,北京:人民出版社,1960年版,第345页。

共产主义行动"①,且共产主义只能在"历史的全部运动"中或"在现实中将经历一个极其艰难而漫长的过程"②才能实现。在《形态》这部著作中,马克思恩格斯批判了施蒂纳把共产主义误解为是一个封闭且狭隘的社会形态,仿佛只需通过一个草率的决议,便能轻而易举颠覆迄今为止的整个世界秩序,显然,这无疑是不切实际的幻想,再次强调了无产阶级只有通过长期的革命斗争才能达到社会发展与人的发展完全相统一的状态。对自身政治权利的呼吁和争取的漫长历史过程,只能是使人们成为联合革命的群众的一种手段。无论采取的形式多么多样,过程多么波折,但它的总方向总是朝着实现人的解放和发展而前进。这既是人自身发展的内在需求,也是社会发展的必然结果。

(三)共产主义与人的发展是"世界历史性"的存在

马克思恩格斯在《形态》中把共产主义与人的解放和发展同世界历史联系起来,认为世界历史是实现共产主义进而实现人的解放和发展的必要条件。共产主义事业本身就是世界历史性的,它绝不可能"作为某种地域性的东西而存在",因为"共产主义只有作为占统治地位的各民族'一下子'同时发生的行动,在经验上才是可能的,而这是以生产力的普遍发展和与此相联系的世界交往为前提的"③。人的发展也建立在普遍交往的基础上,"一个人的发展取决于和他直接或间接进行交往的其他一切人的发展"④。个人的存在是与世界历史直接联系的,因此,"每一个单个人的解放的程度是与历史完全转变为世界历史的程度一致"⑤。当然,全面的发展不仅包括个人发展内容的全面性,也包含了所覆盖主体的全面性。马克思恩格斯指出,"个人的关系无论如何不能不是他们的相互关系"⑥,即是说个人在普遍的交往中所得到的各方面的发展同时也是与其交往着的所有人得到发展。总的来看,世界历史的普遍发展,才能使每个人在各个方面都能够得到全面而自由的发展。

---

① 《马克思恩格斯文集》第一卷,北京:人民出版社,2009年版,第232页。
② 《马克思恩格斯文集》第一卷,北京:人民出版社,2009年版,第232页。
③ 《马克思恩格斯文集》第一卷,北京:人民出版社,2009年版,第538-539页。
④ 《马克思恩格斯全集》第三卷,北京:人民出版社,1960年版,第515页。
⑤ 《马克思恩格斯文集》第一卷,北京:人民出版社,2009年版,第541页。
⑥ 《马克思恩格斯全集》第三卷,北京:人民出版社,1960年版,第514页。

生产力普遍发展的世界历史带来了人们的普遍交往，使狭隘地域性的个人发展为世界历史性的、真正普遍的个人。当时的德国哲学家和理论家们把世界历史的进程归结为"头脑"中形成的理论抽象，他们的历史诠释方式中，观念、精神及哲学思维被奉为世界的主导，它们间的相互关系和内在联结共同构成了世界历史。由此，世界历史被还原为一部观念史、思想史与哲学史。马克思恩格斯批判了这种唯心主义的世界历史观，指出"历史向世界历史的转变，不是'自我意识'、宇宙精神或者某个形而上学怪影的某种抽象行为"①，而是生产力的发展带来产品交换市场的扩大，"随着生产力的这种普遍发展，人们的普遍交往才能建立起来"②。资本主义社会，以大工业为标志的生产力的发展首次开创了世界历史，"大工业创造了交通工具和现代的世界市场，控制了商业，把所有的资本都变为工业资本，从而使流通加速（货币制度得到发展）、资本集中"③，它跨越了地域之间的区隔，推动人们交往范围的不断扩展，逐步瓦解了过去国家和民族之间的孤立状态，促进了各国家和各民族之间更加紧密的联系。这一趋势使地区或民族的历史逐渐融入世界历史之中，个人也从地域性的个人转变为世界历史性的个人。

各个人作为世界历史性的存在使个人的社会关系和精神活动得到全面的发展。个人的精神丰富完全取决于他的现实关系的丰富，一个人的全部特性"怎样发展为多方面的或是地方性的，它们超越地方的局限性还是仍然受地方局限性的拘束，这并不决定于施蒂纳，而是决定于世界交往的发展，决定于他和他所生活的地区在这种交往中所处的地位"④。狭隘地域性的个人必然造成狭隘的地域生活方式、狭隘的活动空间和狭隘的思维空间，世界历史形成以前，人与人之间在血缘共同体中表现为相互之间的依赖关系，他们"依然处于地方的、笼罩着迷信气氛的'境地'"⑤。"而各个个人的世界历史性的存在就意味着他们的存在是与世界历史直接联系的。"⑥单个人把自己的活动扩大为世界历史性的活动，摆脱了种种民族局限和地域局限而同整个世界的生产发生实际的联系。

①《马克思恩格斯全集》第三卷，北京：人民出版社，1960年版，第52页。
②《马克思恩格斯文集》第一卷，北京：人民出版社，2009年版，第538页。
③《马克思恩格斯文集》第一卷，北京：人民出版社，2009年版，第566页。
④《马克思恩格斯全集》第三卷，北京：人民出版社，1960年版，第297页。
⑤《马克思恩格斯全集》第三卷，北京：人民出版社，1960年版，第39页。
⑥《马克思恩格斯全集》第三卷，北京：人民出版社，1960年版，第40页。

世界历史的发展使每个人走出了交往的狭窄范围和孤立地点,这不仅打破了个人的依附性状况使个人获得了独立性,也改变狭隘的思维方式和行为方式。一个人的思维是由他的个性和他在其中生活的关系决定的,现实关系的丰富性决定了其精神上的丰富性。思维在普遍交往条件下人的活动的全面展开和这种活动的完全交往的实现,使他的生活包括了一个广阔范围的多样性活动和对世界的实际关系,"因此是过着一个多方面的生活,这样一个人的思维也像他的生活的任何其他表现一样具有全面的性质。"①所以马克思指出,人的自由而全面的发展"正是取决于个人间的联系,而这种联系部分地表现在经济前提中,部分地表现在一切人自由发展的必要的团结一致中,最后表现在以当时的生产力为基础的个人多种多样的活动方式中。"②

个人作为世界历史性的存在使个人掌握全球生产力的能力得到发展。"某一个地方创造出来的生产力,特别是发明,在往后的发展中是否会失传,取决于交往扩展的情况。"③当交往只限于毗邻地区的时候,每一种发明在每一个地方都必须重新开始。"只有当交往成为世界交往并且以大工业为基础的时候,只有当一切民族都卷入竞争斗争的时候,保持已创造出来的生产力才有了保障"④。人与人之间的交往,从表面上看,是交往主体间的对话与联系,而实质上,它是处于生产力某一发展阶段上的个体之间,相互交换其活动成果与生产能力的过程。在狭隘的地域交往环境中,人们的交往也极其有限,个人的生产能力也只能在有限的范围内和孤立的地点上得到发展。然而,在全球性普遍交往关系已然形成的世界历史中,每个人广泛参与全球性的生产与消费活动之中,"单独的个人才能摆脱各种不同民族局限和地域局限,而同整个世界的生产(也同精神的生产)发生实际联系,并且可能有力量来利用全球的这种全面生产(人们所创造的一切)。"⑤因此生产力越是普遍发展,历史越成为世界历史,人也就越获得社会关系和能力的全面发展。

世界历史的发展也使得实现人的解放的力量即无产阶级走向联合。马克思恩格斯指出,"各代所遇到的这些生活条件还决定着这样的情况:历史上周期

---

① 《马克思恩格斯全集》第三卷,北京:人民出版社,1960年版,第296页。
② 《德意志意识形态》(节选本),北京:人民出版社,2018年版,第122页。
③ 《马克思恩格斯全集》第三卷,北京:人民出版社,1960年版,第61页。
④ 《马克思恩格斯文集》第一卷,北京:人民出版社,2009年版,第560页。
⑤ 《马克思恩格斯全集》第三卷,北京:人民出版社,1960年版,第42页。

性地重演的革命动荡是否强大到足以摧毁现存一切的基础；如果还没有具备这些实行全面变革的物质因素，就是说，一方面还没有一定的生产力，另一方面还没有形成不仅反抗旧社会的个别条件，而且反抗旧的'生活生产'本身、反抗旧社会所依据的'总和活动'的革命群众，那么，正如共产主义的历史所证明的，尽管这种变革的观念已经表述过千百次，但这对于实际发展没有任何意义。"[①]要想实现共产主义最终实现人的解放和发展，必须有实现这一目标的革命群众。这个能够引领革命的群众，只能是那个在所有民族间拥有共同利益的无产阶级，它是一个真正与旧世界决裂并与之对立的阶级。而这样的"无产阶级只有在世界历史意义上才能存在"[②]。在资本占主导地位的世界历史中，资本作为日益扩大的异己力量支配着在世界交往中的个人及其扩大的世界历史性活动。马克思恩格斯指出："生产力在其发展的过程中达到这样的阶段，在这个阶段上产生出来的生产力和交往手段在现存关系下只能造成灾难，这种生产力已经不是生产的力量，而是破坏的力量（机器和货币）。与此同时还产生了一个阶级，它必须承担社会的一切重负，而不能享受社会的福利，它被排斥于社会之外，因而不得不同其他一切阶级发生最激烈的对立"[③]。由于普遍交往的建立，各国被压迫的无产阶级更能够发现其他民族中同样也存在着相同处境的群众这一事实，认识到他们同时处于资本主义使人成为"非人"的社会关系之中，从而产生共产主义意识。基于相互交往中形成的这一共识，无产阶级越出民族与民族之间的界线，在世界范围内普遍联合起来成为消灭阶级的革命力量。历史进入"世界历史"以后，实现人的发展的共产主义革命也不会是一个国家的革命，而是世界各国的无产阶级同时进行并取得胜利的革命。伴随无产阶级联合力量的形成，当阶级矛盾极化，联合起来的无产阶级必然通过革命推翻资产阶级和资本主义的社会关系，建立起以人的发展为目的的共产主义社会，世界历史也真正成为人与人之间共同交流、共同发展的历史，最终在世界历史进程中发展起来的个人将获得一种更为丰富、多样且全面发展。

①《马克思恩格斯文集》第一卷，北京：人民出版社，2009年版，第545页。
②《马克思恩格斯文集》第一卷，北京：人民出版社，2009年版，第539页。
③《马克思恩格斯文集》第一卷，北京：人民出版社，2009年版，第542页。

二、共产主义革命是"个人自由发展的共同条件"

马克思恩格斯深刻地揭示了实现人的发展的现实道路,他们认为,进行共产主义革命"是个人自由发展的共同条件"①。一方面,只有通过革命才能够推翻统治阶级,消灭资本主义私有制和消灭旧式分工,为人的自由全面发展消除障碍。他们指出:"较早时期的利益,在与之相适应的交往形式已经为适应于较晚时期的利益的交往形式所排挤之后,仍然在长时间内拥有一种表现为与人隔离的虚幻共同体(国家、法)的传统权力,这种权力归根结底只有通过革命才能打倒。"②另一方面,要使人们普遍地发生变化,也只有在实际运动中,在革命实践过程中才有可能实现。因为个人"只有在革命中才能抛掉自己身上的一切陈旧的肮脏东西,才能胜任重建社会的工作。"③"在大工业和竞争中,各个人的一切生存条件、一切制约性、一切片面性都融合为两种最简单的形式——私有制和劳动。"④共产主义革命就是要消灭私有制和私有制导致的分工,以及私有制下维护统治阶级利益的"虚假的共同体"形式。

(一)消灭资本主义私有制实现人的"自主活动"

"现实的个人"作为社会实践活动的主体,通过社会实践活动改造世界,从而获得充分的、不受限制的"自主活动"是人的个性发展的重要内容。"现实的个人"总是处于一定的社会关系之中,"生产力与交往形式的关系就是交往形式与个人的行动或活动的关系。(这种活动的基本形式当然是物质活动)"⑤。在现代社会来临之前,生产力与交往形式的矛盾尚未充分展开,人们还过着自给自足的生活,"生存于一定关系中的一定的个人独力生产自己的物质生活以及与这种物质生活有关的东西,因而这些条件是个人的自主活动的条件,并且是由这种自主活动产生出来的。"⑥然而,资本主义大工业中的自由竞争机制在推动全球社会生产力与个人发展达到新高度的同时,却导致个人劳动呈现出一种非自主性的存在状态。原本应由个人掌控的自主活动,如今与物质生产生活相分

---

① 《马克思恩格斯全集》第三卷,北京:人民出版社,1960年版,第516页。
② 《马克思恩格斯全集》第三卷,北京:人民出版社,1960年版,第81页。
③ 《马克思恩格斯文集》第一卷,北京:人民出版社,2009年版,第543页。
④ 《马克思恩格斯文集》第一卷,北京:人民出版社,2009年版,第579页。
⑤ 《马克思恩格斯文集》第一卷,北京:人民出版社,2009年版,第575页。
⑥ 《马克思恩格斯文集》第一卷,北京:人民出版社,2009年版,第575页。

离，分别由不同社会阶层承担：一方面是无产阶级，他们投身于物质生产的劳动之中；另一方面是资产阶级，他们占有工人的劳动成果。由于这种生产关系的局限性，物质生产活动已不再是自主性的体现，而变成了一种对资本的从属关系，甚至发展到物质生活本身被视为目的，而劳动——个人自主活动的体现——则仅仅被视为达成目的的手段。"他们同生产力并同他们自身的存在还保持着的唯一联系，即劳动，在他们那里已经失去了任何自主活动的假象，而且只能用摧残生命的方式来维持他们的生命。"①在资本主义市民社会中，资源的控制权掌握在那些拥有物质财富与货币的人手中，他们因此具备了支配社会资源的合法权力；相反，缺乏这些资源的人则难以获取维持生计所需的生活资料。尽管个体在形式上表现为行动自由，但实际上他们往往自由得一无所有。私有制使人与人之间的交往关系表现为一个阶级对另一个阶级的占有关系，在资本主义现行的占有关系下，这种交往活动和社会关系转变为对被占有和被支配阶级的破坏力量，并伴随着与生产力相关联的劳动自主性的丧失。对此，马克思恩格斯提出铲除造成人的自主活动丧失的根源：资本主义私有制。"随着基础即随着私有制的消灭，随着对生产实行共产主义的调节以及这种调节所带来的人们对于自己产品的异己关系的消灭，供求关系的威力也将消失，人们将使交换、生产及他们发生相互关系的方式重新受自己的支配"②，最终实现自主活动和物质活动的一致，这正是共产主义社会自主活动的图景。

　　劳动向自主活动转变，首要条件是实行"无产者占有制"。无产阶级全面掌握物质生产资料和生产条件，是保证个性自由得以实现的基础和前提。自由个性的实现不是靠人们头脑里的一般观念来实现，必须建立在现实的生产条件的占有的基础之上。到目前为止，每一种私人占有制都有其固有的限制。个人的自主活动也相应受到了有限制的生产资料及交往范围的制约，各个人自始至终受限于某种特定的生产工具，"对生产工具一定总和的占有，也就是个人本身的才能的一定总和的发挥。"③由于无产阶级所持有的生产工具在数量与资源上的有限性，因此进一步限制了无产阶级自身的发展。马克思恩格斯认为，要想真正实现人的自主活动和自由个性的发展，必须实行无产者的占有制，实现生产

---

① 《马克思恩格斯文集》第一卷，北京：人民出版社，2009年版，第580页。
② 《马克思恩格斯文集》第一卷，北京：人民出版社，2009年版，第539页。
③ 《马克思恩格斯文集》第一卷，北京：人民出版社，2009年版，第581页。

方式的变革,使劳动者掌握全部生产资料。现代无产者是改造世界、真正实现个人自由发展的主力军。"只有完全失去了整个自主活动的现代无产者,才能够实现自己的充分的、不再受限制的自主活动"①,过去的"逃亡农奴只是想自由地发展他们已有的生存条件并让它们发挥作用,因而归根结底只达到了自由劳动"②,"始终没有触动活动的性质,始终不过是按另外的方式分配这种活动,不过是在另一些人中间重新分配劳动"③,"而无产者,为了实现自己的个性,就应当消灭他们迄今面临的生存条件,消灭这个同时也是整个迄今为止的社会的生存条件,即消灭劳动"④,并消灭任何阶级的统治以及这些阶级本身。这里的劳动就是私有制下被限制的非自由的劳动。无产者占有制下"许多生产工具必定归属于每一个个人,而财产则归属于全体个人"⑤,劳动也表现为自主活动本身。

青年黑格尔派分子施蒂纳作为小资产者利益的代表,混淆了私有者对特定物品的"占有"与普遍性"一般占有"的概念,倡导一种既不妨碍他人权益又坚持个人利益的"和谐利己主义",因而反对废除私有制。认为在私人占有的制度下,个体还能拥有私有财产、享有自由权利、追求个人愉悦与福祉。那么共产主义就是与之"消除了一切实在条件的最抽象的对立,那末结果就会得出拥有财产和没有财产之间的对立"⑥。他通过自己一系列逻辑证成自己的观点,即唯一的个人也相互依存,他们的生活依赖他人存活,这在当时说明个人只能作为工人依赖资本家而生存,施蒂纳在这一逻辑链条的末端,还将共产主义简单化为一个普遍劳动的王国,并将其等同于统一的工资制度。他错误地将包含平分和雇佣劳动在内的私有制形式引入共产主义社会,将自由主义者的观念与共产主义者的表述混为一谈,坚称共产主义社会不应废除私有财产,而应通过平均分配土地、将财产归还社会,实现人人平等。他还把共产主义社会中"社会升为最高所有者"是"为了人类利益而对个人进行的第二次掠夺"这种行为看作"丑恶的东西"。在马克思恩格斯的视角中,施蒂纳对共产主义逻辑的构想及历史描绘,是构筑于脱离实际生活的唯心主义之上。加之施蒂纳受限于利己主义的哲

---

① 《马克思恩格斯文集》第一卷,北京:人民出版社,2009年版,第581页。
② 《马克思恩格斯文集》第一卷,北京:人民出版社,2009年版,第573页。
③ 《马克思恩格斯文集》第一卷,北京:人民出版社,2009年版,第542-543页。
④ 《马克思恩格斯文集》第一卷,北京:人民出版社,2009年版,第573页。
⑤ 《马克思恩格斯文集》第一卷,北京:人民出版社,2009年版,第581页。
⑥ 《马克思恩格斯全集》第三卷,北京:人民出版社,1960年版,第553页。

学桎梏，难以洞悉私有财产与人的自由之间的深层关联。马克思恩格斯指出，共产主义所反对的，是对他人劳动及其劳动成果的"占有"，其加以"剥夺"的也正是这种"占有"。所以，马克思恩格斯对建立在私有制之上的政治权利、个人私权，乃至最一般的人权采取批判的立场。他们质疑在共产主义社会中仍会存在食利者的观念，以及某些人试图仅凭自己"正直的劳动所得"来消灭这些食利者以换取"幸福"的设想。同时，他们也反对这样一种看法：即认为当社会发动针对食利者斗争时，共产主义社会制度就能自动确立，从而实现"所有人的幸福"。马克思恩格斯认为，这种想法不过是柏林那些鞋匠、裁缝等小手工业师傅们的天真幻想，而施蒂纳无意中成为了他们的代言人。而只有消灭资本主义的私有制，才能真正实现人的幸福。

　　劳动向自主活动的转变取决于"联合起来的个人对全部生产力的占有"。"各个人必须占有现有的生产力总和，这不仅是为了实现他们的自主活动，而且从根本上说也是为了保证自己的生存"①，是个人发展的必然要求。然而，这种占有并非是无条件的，它受限于生产力的发展水平。现实的个人被先前世代所积累下来的社会交往形式所制约，劳动转换成自主活动必然建立在对高度发展的生产力的占有基础上。马克思在《手稿》中把共产主义看成人的本质的复归，他深入到私有制内部，指出整个共产主义运动，"必然在私有财产的运动中，即在经济的运动中，为自己既找到经验的基础，也找到理论的基础。"②但从人的本质来看，消灭私有制并非源于生产力的高度发展带来的生产关系的变革，而是根植于人类本质回归的理想要求。在《形态》中，马克思恩格斯明确指出："私有财产是生产力发展一定阶段上必然的交往形式，这种交往形式在私有财产成为新出现的生产力的桎梏以前是不会消灭的，并且是直接的物质生活的生产所必不可少的条件。"③只有当资本主义的交往形式成为生产力发展的桎梏时，无产阶级才能够通过革命建立共产主义社会，全面占有资本主义社会的全部生产力，用共产主义生产方式代替资本主义生产方式，为人的全面发展开辟道路。因为"共产主义和所有过去的运动不同的地方在于：它推翻一切旧的生产关系和交往关系的基础，并且第一次自觉地把一切自发形成的前提看做是前人的创

① 《马克思恩格斯文集》第一卷，北京：人民出版社，2009年版，第580-581页。
② 《马克思恩格斯文集》第一卷，北京：人民出版社，2009年版，第186页。
③ 《马克思恩格斯全集》第三卷，北京：人民出版社，1960年版，第410-411页。

造,消除这些前提的自发性,使这些前提受联合起来的个人的支配。"①施蒂纳忽视了"生产力总和"对构建共产主义社会的作用。在他看来,共产主义者只关注实现合乎他们心意的社会,只是在已有生产力的基础上消灭资本主义社会,这种做法是错误的,"正确的方式"应该是发现合乎心意的社会。马克思恩格斯对施蒂纳进行了批判,在他们看来,施蒂纳没有研究资产阶级统治的"情势"和资本主义生产关系,他"取消了共产主义的现实基础",取消了资本主义社会制度中的各种关系的"情势",将"悬在空中的共产主义变为他的神圣的共产主义"。实际上,"建立共产主义实质上具有经济的性质"②。所以马克思恩格斯指出,"个人的全面发展,只有到了外部世界对个人才能的实际发展所起的推动作用为个人本身所驾驭的时候,才不再是理想、职责,这也正是共产主义者所向往的。"③也"只有在这个阶段上,自主活动才同物质生活一致起来,而这又是同各个人向完全的个人的发展以及一切自发性的消除相适应的。同样,劳动向自主活动的转化,同过去受制约的交往向个人本身的交往的转化,也是相互适应的。随着联合起来的个人对全部生产力的占有,私有制也就终结了。"④在共产主义社会高度发达的生产力与交往形态中,人的自主活动的核心形式依然围绕着物质活动或物质生活展开,它决定其他诸如精神、政治、宗教等一切活动,这种自主活动是建立在个体能够凭借自身才能独立创造物质生活的基础之上,能够满足日益丰富的物质与精神需求。在共产主义者的观点中,这代表了"完整主体"全面才能得以自由发展并由此产生的创造性的表现。共产主义社会致力于将个人的自主活动深度融合并贯穿于全部社会关系的架构之中,让社会的发展进程真切地体现为个人自由、自主与自觉活动的显现与提升。

(二)消灭旧式分工解除"物的关系对个人的统治"

共产主义革命消灭的是资本主义制度下的旧式分工,"分工在人类历史发展的长河中划分为三个阶段:(1)人类初期以地理自然和生理自然为基础的自然分工;(2)从原始社会后期开始出现,存在于奴隶社会、封建社会、资本主义社

①《马克思恩格斯文集》第一卷,北京:人民出版社,2009年版,第574页。
②《马克思恩格斯文集》第一卷,北京:人民出版社,2009年版,第574页。
③《马克思恩格斯文集》第三卷,北京:人民出版社,1960年版,第330页。
④《马克思恩格斯文集》第一卷,北京:人民出版社,2009年版,第582页。

会的自发分工。(3)未来社会主义社会和共产主义社会的自觉分工。"①自发分工下,不同的生产部门和从事生产活动的个人均有着明确的界限。"在现代,物的关系对个人的统治、偶然性对个性的压抑,已具有最尖锐最普遍的形式。"②主要表现在两个方面:一方面,随着社会生产力的显著飞跃,个体愈发趋向于独立与自由,自由与平等的理念逐渐深入人心。另一方面,货币的广泛使用使个人之间的关系愈发转变为以货币为中介的物与物之间的关系。"货币使任何交往形式和交往本身成为对个人来说是偶然的东西"③。以获取货币为目的的商品生产催生了专门生产某一产品的固定分工,它把人终身限定在某种职业或部门,缺少自由转换的可能。劳动者只要为了生存,就得一直从事这种职业,使人的其他方面兴趣和能力得不到充分的发展,劳动活动的创造性和自主性也就会被限制住,人只能得到片面的发展。即劳动者为了获得生存必需的生活资料,就得固定在某一职业之中,导致劳动的创造活力与自主空间受到限制,人只能获得畸形片面的发展,无论他是一名猎人、渔夫、牧人,还是一位思想家,为了生存,他就必须自始至终扮演这些角色。而个人从属于资本的现实处境使得人仅存的这种片面发展也具有偶然性的特征。身处其中的每个人所遇到的生产力发展水平和社会交往形式以及个人本身所能展现出来的天赋和能力、兴趣爱好等都仿佛被命运随机安排,表现为偶然性的东西,劳动者各方面的发展,均在这种偶然性的支配下被资本所塑造。马克思恩格斯指出:"对于无产者来说,他们自身的生活条件,即劳动,以及当代社会的全部生存条件都已变成一种偶然性的东西,单个无产者是无法加以控制的,而且也没有任何社会组织能够使他们加以控制。"④前面已经叙述到,马克思恩格斯持这样一种观点:当分工并非源自个人的自由抉择,而是自然演变的结果时,人类的活动便转化为一种不受他们控制的、与之相对立的异己力量,在出于并非自主选择的自发分工所展开的共同活动中,也仍然形成一种人与人之间联合形成的社会力量,使生产力得以倍增。然而,又因这种集体行动并非基于个体的自觉意愿,而是自然而然地形成,这些个体并不将此种社会力量视为他们自身的联合力量,而是将其视作一种外

---

① 赵家祥:《〈资本论〉及其手稿中的分工理论——基于历史唯物主义的视域》,《学习与探索》2014年第7期,第4-15页。

② 《马克思恩格斯全集》第三卷,北京:人民出版社,1960年版,第515页。

③ 《马克思恩格斯文集》第一卷,北京:人民出版社,2009年版,第579页。

④ 《马克思恩格斯文集》第一卷,北京:人民出版社,2009年版,第572页。

在的、强加于身的强制力量,反而成为主宰他们意志与行动的主导因素,使得人的生存充满了外在的不确定性和偶然性,这种不受他们控制的力量压迫着人而使人成为"非人"。由于分工关系着私有制、异化和人的全面发展,所以马克思指出,"要消灭关系对个人的独立化、个性对偶然性的屈从、个人的私人关系对共同的阶级关系的屈从等等,归根到底都取决于分工的消灭。"①他们认为在以"物的关系统治个人"为特征的私有制社会,消灭分工是推翻资本主义生产关系的客观前提,也是共产主义与人的发展的重要标志之一。

破除"物的关系对个人的统治"需要消灭城乡对立导致的物质劳动和精神劳动的分工。第一次社会大分工出现在前农业文明时代,生产方式由以狩猎、捕鱼为主逐渐转变为以畜牧、耕作为主,出现了畜牧业和农业分离。从生产的角度来看,农业剩余产品产生了交换的需要;从生活的角度来看,生活方式逐渐由疏散游离到乡村集聚定居,最终以农业生产为主要生存方式的乡村得以形成。反过来,乡村的形成和人口的聚集又催生了交换剩余产品的场所,成为城市形成的基础。随着生产工具的变革和小商品经济的发展,农业所提供的剩余交换产品和闲散劳动力不断增加,出现了手工业和农业、畜牧业三者由不同劳动者来进行所产生的分离,并形成了不断扩大的商品交换空间与不具有生产功能的纯粹的消费中心,即城市。这两次社会大分工都处于农业文明时代,城乡呈现出相互依存的关系。随着生产力的不断发展,在工业文明时代,出现工商业劳动与农业劳动分离的第三次社会大分工。私有制的存在,引发了城市和乡村的分离与对立。城市的发展表明了人口、生产工具、资本、享受和需求的集中在某一地区和某一群体身上这个事实。而在乡村,情况则是完全相反,人与人之间隔绝和分散,生活资料也与城市大为不同。正如马克思恩格斯所说,"物质劳动和精神劳动的最大的一次分工,就是城市和乡村的分离"②。"这种对立鲜明地反映出个人屈从于分工、屈从于他被迫从事的某种活动,这种屈从现象把一部分人变为受局限的城市动物,把另一部分人变为受局限的乡村动物,并且每天都不断地产生他们利益之间的对立。"③这种对立也表明了"劳动仍然是最主要的,是凌驾于个人之上的力量;只要这种力量还存在,私有制也就必然会存在

①《德意志意识形态》(节选本),北京:人民出版社,2018年版,第121页。
②《马克思恩格斯文集》第一卷,北京:人民出版社,2009年版,第556页。
③《马克思恩格斯全集》第三卷,北京:人民出版社,1960年版,第57页。

下去。"①因此,为了切实促进人的全面发展的实现,他们寄望于消除城乡对立,将其视为构筑未来共产主义社会这一真正共同体的首要条件。然而,此目标的达成,并非仅凭主观意愿所能奏效,而是深植于诸多客观物质条件之中。唯有在生产力高度发达的基础上,方能实现资本与地产的分离,进而消除工农之间的鸿沟、城乡差异以及体力劳动与脑力劳动之间的差别。

在共产主义社会的自觉分工中,个人获得了"对偶然性和关系的统治"②。马克思恩格斯对于分工的彻底否定,并非基于一个无分工和无阶级的社会构想。实际上,他们对分工的理解蕴含了双重效应。从消极层面审视分工,分工导致每位劳动者被固定化,进而使其成为自身劳动的奴隶,对此,为了促进劳动者个人的自由全面发展,分工应当被消除。但从积极层面看,作为社会关系的分工,不同行业间的分离与交往正是推动生产力跃升和社会进步的关键要素。生产技术分工与社会分工,无论是在何种生产方式、何种社会形态下,都扮演着促进生产力发展的作用。它们不仅是过往与当前社会发展的基石,同样也是未来共产主义社会不可或缺的一部分。在共产主义社会中,分工依然存在,并且可能发展得更为细致和精确。但是,共产主义社会所倡导的自觉分工,建立在一种有计划、有调节的基础之上,转而实现人们的自觉自愿参与,意味着消除了分工中的自发性和强制性因素。人们将不再被束缚于特定的行业之中,而是能够根据自己的意愿进行自由选择,甚至可能超越自发分工中的界限,个人在这种分工体系中根据自身能力和兴趣自由转换。针对施蒂纳错误地将空想社会主义者为对抗资本主义制度下生产无政府状态所创建的劳动组织,与共产主义社会混为一谈,并指责这些劳动组织为共产主义社会的独裁形式,声称分工的真正消除将导致每个人不得不承担所有工作。马克思恩格斯认为,自觉分工正是解决生产中的异己性问题,旨在让生产回归至生产者自愿、自主的状态。这并非意味着放弃分工,而是对分工进行改造,以确保每个人的兴趣与能力都能获得自由发展的空间。以艺术创作为例,马克思恩格斯并不认为人的全面发展是指每一个人都必须是全能型的人才,每个人都应当能够完成拉斐尔的作品。马克思恩格斯承认个体兴趣和能力上的差异,他们只是认为,在消灭了自发性

---

① 《马克思恩格斯全集》第三卷,北京:人民出版社,1960年版,第57页。
② 《马克思恩格斯全集》第三卷,北京:人民出版社,1960年版,第515页。

分工的共产主义社会里,每个人的潜能都能得到激发和展现,而"每一个有拉斐尔的才能的人都应当有不受阻碍地发展的可能"①。过去由于自发性的分工,脑力活动和体力活动由完全不同的人承担,导致某一方面的艺术天才完全集中在个别人身上,因而广大群众的艺术天才受到压抑。在共产主义的社会关系里,即使"每一个人都能成为出色的画家,但是这决不排斥每一个人也成为独创的画家的可能性,因此,'人的'和'唯一者的'劳动的区别在这里也毫无意义了。在共产主义的社会组织中,因为个人对生产关系和交往关系中偶然性的控制,完全由分工造成的艺术家屈从于地方局限性和民族局限性的现象无论如何会消失掉,个人局限于某一艺术领域,仅仅当一个画家、雕刻家等等,因而只用他的活动的一种称呼就足以表明他的职业发展的局限性和他对分工的依赖这一现象,也会消失掉。在共产主义社会里,没有单纯的画家,只有把绘画作为自己多种活动中的一项活动的人们。"②各个人获得了利用偶然性实现全面发展的机会,而"各个人有可能利用偶然性。这种在一定条件下不受阻碍地利用偶然性的权利,迄今一直称为个人自由。"③

(三)摆脱"虚幻的共同体"获得"个人自由"

马克思指出:"发展正是取决于个人间的联系,而这种联系部分地表现在经济前提中,部分地表现在一切人自由发展的必要的团结一致中"④,"只有在共同体中,个人才能获得全面发展其才能的手段,也就是说,只有在共同体中才可能有个人自由。"⑤在马克思的理解中,人是作为"现实的个人",构成了社会共同体的基本细胞。个人的发展也深深仰赖于共同体中所有其他成员的共同发展,离开共同体个人的生存将面临挑战,发展更是无从谈起。一是个体在与他人的互动与交往中,作为感性对象的"人"为他人及自身的生产活动提供了不可或缺的"他者"角色,这是表征个人成为人的关键和基础。二是"现实的个人"在时间与空间上的活动范围极为有限。在孤立状态下,这样的个体难以开展真正意义上

①《马克思恩格斯全集》第三卷,北京:人民出版社,1960年版,第458-459页。
②《马克思恩格斯全集》第三卷,北京:人民出版社,1960年版,第460页。
③《马克思恩格斯文集》第一卷,北京:人民出版社,2009年版,第574页。
④《德意志意识形态》(节选本),北京:人民出版社,2018年版,第122页。
⑤《马克思恩格斯文集》第一卷,北京:人民出版社,2009年版,第571页。

的人类活动。为了超越这种局限性,个体必须融入共同体之中。通过与他人的联系与交往,个体能够更有效地利用自然资源也为个体的生产活动提供了更为丰富多样的物质资源。三是个人在共同体中生存,使个体能够学习并吸收他人在生产生活中积累的成功经验、技能及对世界的认知,也包括他者的体力、智力、经验、能力及活动等,个体能够直接借助他人的力量来弥补自身的不足,成为个体生命生产过程中不可或缺的对象与力量。然而,个体在不同"共同体"中的在场状态存在差异。基于此,马克思对"共同体"进行了区分,将其划分为"虚假的共同体"与"真正的共同体"。

"虚假的共同体"是一个阶级反对另一个阶级的联合,是人的自由发展的桎梏。人的实践活动中组成的一定社会关系的集合是共同体的存在形式,有生命的个体通过创造共同存在物,获得并体现了其类本质,这一过程中,人与人之间相互依赖、相互认同,这恰恰彰显了共同体的核心本质特征。在共同体内部,人们的共同本质或共在性在自然状态下得以展现,同时也映射出共同的财产关联与政治联合。且个人在社会中获得哪种程度的发展,直接受制于共同体的性质。回溯至资本主义社会之前,共同体的形态在于以自然联系为基础,构成了"自然共同体"。在这样的共同体中,个体自然而然地隶属于共同体,共同体作为实体存在,而个人则仅是实体的偶然组成部分,仅在有限的范围与孤立的地点上发展,展现出个人对共同体的依附性,从属于宏大的整体。到了资本主义社会,原来依附性的个体挣脱了"自然共同体"内人身依附的狭隘关系,成为能够独立生产、交换的孤立个体。个人与共同体的关系出现了明显变化,从表面上看,个人以"独立""自由"的形式在共同体中生产生活,在资产阶级的统治之下,各个人因为他们的生活资料和生活条件对他们来说是偶然的,便被认为是相较于以往拥有更多自由,事实上,与前资本主义社会相比,"他们当然更不自由"。因为个人"更加屈从于物的力量"[1],"实际上仅仅服从于一种抽象的金钱盘剥关系"[2]。个人处于阶级对立这一社会关系之中,因此,个人也是作为"阶级的成员"才成为共同体的一员,且只有从属于资本主义的生产体系当中才能成为共同体的成员,在这一看似自由的共同体的形式之下,个体实则难以实现自身的真正的自由。这也是阶级产生以后的共同体形式的共同点:"某一阶级的

---

① 《马克思恩格斯文集》第一卷,北京:人民出版社,2009年版,第572页。
② 《马克思恩格斯全集》第三卷,北京:人民出版社,1960年版,第479页。

各个人所结成的、受他们的与另一阶级相对立的那种共同利益所制约的共同关系,总是这样一种共同体,这些个人只是作为一般化的个人隶属于这种共同体,只是由于他们还处在本阶级的生存条件下才隶属于这种共同体;他们不是作为个人而是作为阶级的成员处于这种共同关系中的。"①而"个人自由只是对那些在统治阶级范围内发展的个人来说是存在的,他们之所以有个人自由,只是因为他们是这一阶级的个人。从前各个人联合而成的虚假的共同体,总是相对于各个人而独立的;由于这种共同体是一个阶级反对另一个阶级的联合,因此对于被统治的阶级来说,它不仅是完全虚幻的共同体,而且是新的桎梏。"②之所以造成"少数人"享有自由而"大多数人"被剥夺自由的状况,其根源深植于生产资料私有制所引发的阶级分化之中。在此社会结构下,不仅个体间的社会关系呈现出相互对立的态势,而且个人利益与集体利益之间也形成了相互排斥的矛盾关系。

构建"真正的共同体"要求无产阶级推翻作为阶级压迫工具的资产阶级国家。马克思恩格斯认为,国家是阶级利益、阶级矛盾不可调和的产物,其中一个阶级统治着其他一切阶级。而经济关系上占统治地位的统治阶级的共同利益,却自称是代表整个社会的"共同利益""普遍利益",实际上统治阶级的利益跟社会大多数人的利益是根本对立的。所以马克思恩格斯称国家出现之后的整个社会就是"虚假的共同体""虚幻的共同体"。在虚假的共同体中,无产阶级成员与其作为整体表现形式的国家之间存在着直接的对立关系,这里的国家是作为一种将个体自由联合起来的表象,但实际上却与无产阶级成员的利益相悖。因此,为了实现个人的全面发展,无产者必须致力于推翻现有的国家。追溯历史,自私有制诞生以来,便伴随着深刻的阶级对立与斗争。然而,以往的阶级斗争结果往往局限于个别阶级的局部解放,这些斗争中的参与者并未作为一个整体的阶级而获得自由,而是零散地、个别地挣脱束缚,未能超越等级制度的固有框架,反而仅仅是在新的生产关系中进行新的阶级划分,导致自身的发展始终受到新的阶级关系的限制与束缚。因为"个人隶属于一定阶级这一现象,在那个除了反对统治阶级以外不需要维护任何特殊的阶级利益的阶级形成之前,是不

---

① 《马克思恩格斯文集》第一卷,北京:人民出版社,2009年版,第573页。
② 《马克思恩格斯文集》第一卷,北京:人民出版社,2009年版,第571页。

可能消灭的。"①资本主义生产关系得以确立的同时,一个具有普遍性的无产阶级也随之形成。这个无产阶级除了反对作为其对立面的统治阶级之外无需捍卫任何其他的阶级利益。而且,无产阶级在推翻资产阶级统治的行动中,实际上预示着自身的消亡,最终消灭一切阶级对立与阶级统治。无产阶级革命也并不会构建新的阶级统治机构,而是实现社会关系的根本性变革,迈向一个无阶级差别、无剥削压迫的共产主义社会。"消灭分工的共产主义革命,最终会消除政治机构"②,建立起一个没有任何国家机构的新社会。在深入剖析施蒂纳于《唯一者及其所有物》一书中提出的观点——"建立机构,此乃革命的必然指令"时,马克思恩格斯表达了明确的反对。他们批判性地指出,施蒂纳基于法国革命的特定历史背景所得出的这一结论,缺乏跨时代与地域的普遍适用性。马克思恩格斯进一步阐述,在迈向共产主义社会的初级阶段,国家依然存在,但已经成为过渡性质的国家,成为多数人镇压少数人的工具。但当进入生产力高度发展的共产主义社会最高阶段,才不需要任何国家机构,阶级和阶级对立不复存在,政治意义上的国家自行消亡,一种新的共同体形式——"自由人的联合体"建立起来。这一阶段只有处理全社会的公共事务的管理机构。到那时,将不再出现个体与个体、阶级与阶级、个人利益与公共利益之间的对立,个人的真正自由将得到实现。

　　"在'真正的共同体'的条件下,各个人作为个体联合并通过这种联合获得自己的自由。"③马克思恩格斯并不反对自由,而是反对以牺牲一部分人为代价的所谓自由,他认为每个人的自由发展应该是一切人的自由发展的条件,倡导建立自由人联合的"真正的共同体"。它扬弃了以往共同体的虚假性、虚幻性,呈现出真实性、真正性的特征,是未来共产主义社会的共同体。在真正的共同体中,它是个人的这样一种联合(当然是以当时已经发达的生产力为基础的),这种联合把个人的自由发展和运动的条件置于他们的控制之下。在"控制了自己的生存条件和社会全体成员的生存条件的革命无产者的共同体中……各个人都是作为个人参加的。"④人不是作为阶级成员而是作为自由的个人融入共同

① 《马克思恩格斯文集》第一卷,北京:人民出版社,2009年版,第570页。
② 《马克思恩格斯全集》第三卷,北京:人民出版社,1960年版,第442页。
③ 《马克思恩格斯文集》第一卷,北京:人民出版社,2009年版,第571页。
④ 《马克思恩格斯文集》第一卷,北京:人民出版社,2009年版,第573页。

体之中,人与共同体之间的关系也不是隶属关系,而是自由发展的个人在自由的联合中充分发挥自己的才能并创造自己的生活条件,更大程度地保障真正的自由,也保证了个体成员都能在推动社会发展的过程中重塑自身。与此同时,一个人的发展取决于和他直接或间接进行交往的其他一切人的发展,在真正的共同体中,每个人要想得到自由发展,必须使一切人得到自由发展。正是在个人与共同体的统一关系中,保障了每一个个人的自由。

三、"全面发展的个人"推动共产主义社会的实现

马克思恩格斯在《形态》中重点强调了共产主义社会作为生产力高度发展的社会对人自由而全面发展的重要作用,而对于个人的发展对实现共产主义社会的反作用分析所占篇幅要少得多。这不是意味着马克思恩格斯对这一问题未能给予应有的重视,而是由这部经典著作在当时的写作目的决定的。《形态》的写作主要是为了对唯心主义在各方面的表现形式进行反驳和斗争,在观点的表达上会突出强调社会关系对个人意识和个人能动性的制约,因此二者在内容比例上会有所不一,而在已有的论述中,涉及人的发展与社会发展的关系。马克思恩格斯坚决支持了以个人的发展推动共产主义社会发展的反作用和必要性。马克思恩格斯在《形态》中论证了个人发展对社会发展的推动作用,认为个人实现自身的全面发展和彻底消灭私有制、建立共产主义社会是互为条件的。他们指出,"私有制只有在个人得到全面发展的条件下才能消灭"①,同时,"私有制和分工的消灭同时也就是个人在现代生产力和世界交往所建立的基础上的联合。"②马克思恩格斯深刻阐述了个人自由而全面发展的条件及其与共产主义社会实现之间的内在联系。他们指出,个人要实现自由而全面的发展,从根本上依赖于分工的消除与私有制的终结,以及共产主义社会的实现。同时,这一目标的实现,又反过来以个体获得全面发展为前提。这一论述揭示了个人发展与社会进步的辩证统一关系。

(一)革命活动使"改变自身同改变环境同步"

马克思恩格斯指明了人的发展与社会发展的一致性。社会是由众多个体

---

① 《马克思恩格斯全集》第三卷,北京:人民出版社,1960年版,第516页。
② 《马克思恩格斯全集》第三卷,北京:人民出版社,1960年版,第516页。

有机构成的共同体,而人类在这一共同体中所进行的各类实践活动,推动着社会不断向前发展。社会发展的核心本质就是人的发展。同样,唯有当每个个体都能实现全面而自由的发展时,我们才能共同构建出一个理想的社会。马克思恩格斯批驳施蒂纳将人的发展与社会发展割裂开来。马克思恩格斯指出,施蒂纳认为,"人们丝毫没有建立一个社会的意图,但他们的所作所为正是使社会发展起来,因为他们总是想作为孤独的人发展自身,因此他们也就只有在社会中并通过社会来获得他们自己的发展。不过,只有我们的桑乔这种类型的圣者才会想到把'人们'的发展与他们生活于其中的'社会'的发展分割开来,然后在这种幻想的基础上继续幻想下去。而且他忘记了他在圣布鲁诺启发下得出的命题,在这命题中他刚刚向人们提出了改变自身也就改变自己的社会这一道德要求,也就是说,他在这个命题中是把人们的发展和人们的社会的发展等同起来的。"①马克思恩格斯还指出了18世纪法国启蒙学派提出的"人是环境和教育的产物"这一命题的片面性,认为法国启蒙学派不懂得环境的改变和人的活动的一致性,不懂得正是在革命的实践中,人在改变环境的同时也改变了自己。"人创造环境,同样,环境也创造人"②,"环境的改变和人的活动或自我改变的一致,只能被看做是并合理地理解为革命的实践"③。马克思恩格斯指出,费尔巴哈同样陷入了误区,他将理论活动孤立地视为真正属于人的活动,而对实践予以轻视,未能领悟革命实践活动的深远意义。他忽视了这样一个核心事实:正是置身于特定社会关系中的个体,通过其能动性的实践行动,实现了个人发展与社会变革的统一。实际上,人的各方面能力越是全面发展,为社会创造和贡献的物质财富与精神财富也就越为愈发丰富多样,人们的物质生活和精神生活就越能得到改善,为共产主义社会提供坚实的物质基础。而物质财富和精神财富条件越充分,反过来也更能推进人的各方面能力和兴趣的发展。

马克思恩格斯强调人的改变与社会改变的一致性和同步性,并非将人的改变视为社会变革的决定因素,而是强调进行物质生产的个人,"在一定的物质

---

① 《马克思恩格斯全集》第三卷,北京:人民出版社,1960年版,第235页。
② 《马克思恩格斯文集》第一卷,北京:人民出版社,2009年版,第545页。
③ 《马克思恩格斯文集》第一卷,北京:人民出版社,2009年版,第500页。

的、不受他们任意支配的界限、前提和条件下能动地表现自己"①。如果把马克思恩格斯所描绘的历史发展的"整个发展过程看作是'人'的发展过程,而且他们用这个'人'来代替过去每一历史时代中所存在的个人,并把他描绘成历史的动力"②。这种本末倒置的做法,即由于公然舍弃实际条件,于是就可以把整个历史变成意识发展的过程了。这与马克思将人理解为处于一定社会关系中的"现实的个人"相悖,处于一定社会关系的个人改变自身和改变社会是在一定历史限制下完成的。马克思恩格斯在《形态》中指出,"历史的每一阶段都遇到一定的物质结果,一定的生产力总和,人对自然以及个人之间历史地形成的关系,都遇到前一代传给后一代的大量生产力、资金和环境,尽管一方面这些生产力、资金和环境为新的一代所改变,但另一方面,它们也预先规定新的一代本身的生活条件,使它得到一定的发展和具有特殊的性质"。③其中,人的能动性发挥与社会关系的制约二者并不矛盾,因为"每一代都利用以前各代遗留下来的材料、资金和生产力;由于这个缘故,每一代一方面在完全改变了的环境下继续从事所继承的活动,另一方面又通过完全改变了的活动来变更旧的环境。"④这也表明了只有在共产主义社会中,人才能真正确立自己的主体地位,成为历史的主导者,在物质生产力高度发展的一般基础上,认识和利用社会发展的客观规律的前提下,成为人类社会历史的真正创造者和主人。正是基于一定社会发展阶段上的生产力、生产关系、交往关系等社会实践状况而不是基于某种先验的抽象的原则和观念,才能对个人、社会及其关系问题给予科学的说明和解释。

无产阶级在共产主义革命实践活动中改造自己的同时推动新社会的实现。施蒂纳深刻地指出只要组成和构建一个社会的那些人依然是旧人,这个社会就不能更新。但他却错误地认为在未来的共产主义社会,人会作为"新人"而出现。相较于共产主义未来社会的"新人",那些持续为共产主义事业奋斗,致力于使社会革命化的无产者,被视作尚未发生改变的"旧人",马克思恩格斯对此予以了驳斥,他们认为无产阶级在改造自己的"存在"即他们赖以生存的社会物质生活条件的革命实践中实现自己作为"社会的新基础"的"新人"的"本质"。

①《马克思恩格斯全集》第三卷,北京:人民出版社,1960年版,第29页。
②《马克思恩格斯全集》第三卷,北京:人民出版社,1960年版,第77页。
③《马克思恩格斯文集》第一卷,北京:人民出版社,2009年版,第544-545页。
④《马克思恩格斯文集》第一卷,北京:人民出版社,2009年版,第540页。

"只有当他们和圣桑乔一起'在自身中寻找过错'的时候，他们才会依然是'旧人'"①。无产阶级致力于推动社会的革命性变革，他们积极宣扬新思想，相互间开展广泛的探讨，这一切充分表明他们内心对于摆脱"旧人"身份的深切渴望，也表达了他们不希望他人处于"旧人"状态的意愿。尤其是在他们将生产关系和交往形式建立在新的基础之上，即基于个人新的生活方式之上，进一步彰显了他们才是真正的共产主义的"新人"。马克思恩格斯指出，革命无产者非常清楚地知道："只有改变了环境，他们才会不再是'旧人'，因此他们一有机会就坚决地去改变这种环境。在革命活动中，在改造环境的同时也改变着自己"②，抛掉自己身上的一切陈旧的肮脏的东西，成为社会的新基础。而改变环境就是改变人们面临的生存条件，亦即改变现存的生产力和交往形式，从内容看这种实践与共产主义革命的实践是一致的。无产阶级通过革命不仅破坏旧的经济和政治制度，旧的思想体系（即对这些制度的辩护），而且创造新的经济关系和政治关系以及自身新的精神面貌。

（二）全面发展的个人掌握全面的交往和生产力

人的自由全面发展既是未来社会的理想目标，又是客观现实的历史进程，更是社会发展趋向理想形态的基础和前提。马克思恩格斯提出人的片面发展是私有制及其分工造成的，只有消灭私有制及其分工才能使个人得到真正的全面发展。但是反过来，只有个人得到全面发展了，私有制才能最终消灭。因为"私有制只有在个人得到全面发展的条件下才能消灭，因为现存的交往和现存的生产力是全面的，而只有全面发展的个人才可能掌握它们，即把它们变成这些个人生命的自由活动。"③马克思恩格斯深入、辩证地考察了个人的全面发展与实现共产主义的关系，指出从资本主义社会过渡到共产主义社会过程，也是生产力和交往形式取得不断发展的过程，大工业生产的技术不断变革，必然要求能够适应不断变动的全面发展的个人来代替只适应一种劳动的局部发展的个人。而在共产主义社会这一高度发达的现代生产力，是"只有在普遍交往的范围"里才存在的更为全面的生产力，必然要求更加全面发展的个人才能驾驭。

---

① 《马克思恩格斯全集》第三卷，北京：人民出版社，1960年版，第234页。
② 《马克思恩格斯全集》第三卷，北京：人民出版社，1960年版，第234页。
③ 《德意志意识形态》（节选本），北京：人民出版社，2018年版，第121-122页。

在资本主义私有制下,资本的内在逻辑驱使资本家去发展社会生产力,但作为统治阶级的资产阶级也难以真正实现个人的全面发展,资产阶级不能成为新的革命的生产力的占有者。因为社会的畸形发展"不仅在于一个阶级被排斥于发展之外,而且还在于把这个阶级排斥于发展之外的另一阶级在智力方面也有局限性"①。首先,资产阶级是生产资料的占有者,不用直接参与商品的生产和劳动过程就能够获得资本所带来的利润,所以不能掌握在生产过程中发展起来的社会生产力。其次,资本一旦生成,成为"死劳动",就成了支配人的力量。尽管占统治地位的资产阶级在生产力的发展过程中依靠不平等的支配与剥削关系随同自己的生存条件一起发展起来,并获得了自己的一定的自由。但资产阶级同样处于异化状态,他们的精神生活是由资本的拜物教所支配。只不过因为他们在社会关系中所处的地位和角色,没有感受到异化而已。最终,在利润的无尽追逐中,资产阶级非但未能解决人与人之间的对立,反而"将医生、律师、神职人员、诗人及学者转变为受其雇佣、领取酬劳的劳动力",从而使得社会关系主要体现为阶级间的对立。只要这种不合理且不公的关系持续存在,便无人能置身事外。现代社会发展过程中所产生的"非人的东西"依旧是统治阶级难以逃避的宿命。

而只有在世界性普遍交往中联合起来的全面发展的个人,即直接从事生产劳动的现代无产者才能占有全面的生产力,从而实现共产主义社会。无产阶级虽然不掌握生产资料,但他们通过直接生产劳动掌握先进生产力和文化,成为革命的主体,具有真正的革命性与实践性。无产阶级在资本雇佣下从事生产和交往,客观上使无产阶级发展了自身的社会关系和能力,进而成为具有世界历史性和普遍性的自觉的个人,这些个体超越了民族与地域的狭隘局限,构建起全球范围内的广泛社会联系,吸纳了世界历史进程中的积极成果,并以世界历史的视角来审视和处理个人与自然、个人与社会以及个人身心之间的关系。也唯有这样的个体,才能将生产力的占有转变为"自身充分且不受限制的自由活动"。马克思恩格斯指出,消除一切自发性的社会关系,实现自主活动与物质生活的协调一致,契合个人自由而全面的发展。同样,劳动向自主活动的转变,也与从事被迫交往的个人向自觉自愿交往的真正的个人转变相契合。但这一切只有通过发展并联合起来的无产阶级对全部生产力的共同占

①《马克思恩格斯全集》第三卷,北京:人民出版社,1960年版,第507页。

有,最终才能实现私有制的消亡。而这一过程,实际上也是个人全面发展的整体展现。

在现阶段,为了实现共产主义社会,"任何人的职责、使命、任务就是全面地发展自己的一切能力,其中也包括思维的能力"①。消灭资产阶级的革命活动是从"现实的个人"出发,而"这些革命所由出发的各个个人本身,根据他们的文化水平和历史发展的阶段面对自己的活动作出了种种幻想。"②在个人受生产力和生产关系制约的文化水平和各方面的能力没有得到充分发展的时候,他们对共产主义革命往往会陷入空想和片面的幻想之中。对此,"马克思恩格斯认为必须使作为全体社会成员的大多数的劳动者形成彻底的无产阶级的革命意识,即共产主义意识。共产主义意识就是作为无产者的劳动阶级意识到本阶级所处的作为异己力量的资本对他们的威慑与驾驭的状况,因而必须'创造'一个能够消除自身劳动异化的新的社会形态。"③这种意识当然也可以在其他阶级中形成,只要它们认识到这个阶级的状况。此外,"每个人所受教育程度不同,生活状况不同,当前的目的不同,因此每个人想在思维中获得的所谓'有意义的东西'都是不同的"④,社会应依据当前的生产力水平和交往形式,为个人的发展提供必要的思想资源和物质资源,并对个人特质的发展给予培育。这既涵盖了对人自然能力的培育,即借助社会能力及其物质化的工具,不断延伸并增强人的自然力,从而充分展现人的本质力量。同时也包括社会能力的提升,这意味着人的道德、智力、体力、审美等多方面能力的全面发展,使劳动者既能胜任直接的物质生产活动,也能从事文化科学工作,同时具备广泛的兴趣爱好和审美素养。以个人能力的全面而充分的发展推动社会生产力发展和社会进步,最终实现共产主义社会。

①《马克思恩格斯全集》第三卷,北京:人民出版社,1960年版,第330页。

②《马克思恩格斯全集》第三卷,北京:人民出版社,1960年版,第84页。

③ 霍玉敏:《〈德意志意识形态〉中的共产主义思想探赜》,《学校党建与思想教育》2023年第12期,第82-84页。

④《马克思恩格斯全集》第三卷,北京:人民出版社,1960年版,第328页。

第五章

《德意志意识形态》
中人的发展理论内
蕴的方法

马克思恩格斯在《德意志意识形态》中批判了以费尔巴哈、鲍威尔和施蒂纳为代表的青年黑格尔派哲学，第一次对"出发点""第一个历史活动"作了正面的系统的阐述，通过"现实的人"的物质活动揭示了社会发展规律，阐释了社会形态的演变和更替，论证了共产主义取代资本主义的历史必然性，为无产阶级提供了科学的世界观和方法论。本章主要讨论《形态》中人的发展理论内蕴的方法问题，马克思恩格斯不仅在其思想更是在其方法都对以往的哲学进行了批判和超越。这种批判和超越突出表现为三个方面：以实践为基础，批判"物的思维方式"，从"现存的实际关系"出发探究人的本质，最终实现了从"抽象的人"向"现实的人"的突破，开启了探讨人的本质生成演进的真实进程；以矛盾分析法为依据，批判"物的关系对个人的统治"，从"创造着解决这种对抗的物质条件"出发探究人的发展的境遇，最终实现了从"对立的力量"向"全面发展的条件"的突破，开启了探讨"资产阶级所有制"下社会发展与人的发展关系的真实进程；以历史分析法为依据，批判"人的发展的片面化"，从"人的劳动""尘世的粗糙的物质生产"出发探究人与社会的进程，最终实现了从"人的全面的异化"向"人的全面的发展"的突破，开启了探讨"个人解放的程度"与"社会发展的程度"内在一致的真实进程。这是有机结合而不可分割的三个方面，它们的革命性转变标志着马克思成功超越了黑格尔和费尔巴哈的人本学方法论的束缚，为人的发展和社会发展指明了一条光辉的道路。

一、以实践为基础探究人的本质的生成演进

"人"是哲学理论中的一个核心议题，各哲学流派均有所触及，只是其处理方式各异：部分哲学针对此问题进行了专门而深入的探讨，另一部分则将其作为含隐的前提而去讨论其他。马克思的杰出贡献之一就在于他不仅仅聚焦于"人"，更是将其置于人在实践活动过程中所形成的特定的社会关系框架内进行分析。这一视角的转换也标志着哲学理论从"抽象的人"的思辨迈向了对"现实的人"的探究，实现了人的发展理论上的重大飞跃。然而问题在于，传统哲学家们为什么会把现实的、活生生的人理解为抽象的人呢？要回答这一问题就需要回到传统哲学及其思维方式中进行透彻的反思，如此才能对这一问题进行系统性的梳理和整体性的回答。

(一)旧唯物主义者和唯心主义者探究人的本质的方法

德国古典哲学堪称近代哲学发展的巅峰之作,其中,黑格尔与费尔巴哈作为该领域的杰出代表分别将人本学从"理性主义"与"感性主义"推向了前所未有的高度。黑格尔深刻剖析了人的理性,甚至将其提升至宇宙万物本原的崇高地位,从而与现实的世界区别开来。在这一解释框架下,人被卷入了绝对精神的自我发展、自我否定的洪流之中。费尔巴哈敏锐地洞察到前者的哲学本质上不过是一种理性化的"宗教神学",于是他重新强调了感性原则的重要性,力图将抽象的"理性的人"拉回到具体的"感性的人"的视域之中。费尔巴哈的这一努力一方面确实让"人"回到了感性世界,但较为遗憾的是,他理论中人类的自由意志与主观能动性却未能得到充分的展现与阐释。

1."精神"是"人之所以为人的本质"

黑格尔将感性因素置于理性的统摄之下,进而将人的理性提升至一种至高无上的地位以致成为能够统摄并解释世界的绝对精神。然而这一过程中,人的理性精神逐渐失去了其原有的活力与温度,演变为一种冷漠且抽象的存在,即所谓的"无人身的理性"。这种理性使得在人的本质形成发展中发挥作用的劳动也最终沦为抽象的精神活动。黑格尔极其重视思想的客观性,他主张人类对世界的揭示从根本上即是对绝对精神的探求,而正是在绝对精神的"生命活动"中人类才得以诞生。基于这一解释,黑格尔断言:"精神——人之所以为人的本质——是自由的。"①尽管"动物也有冲动、情欲、倾向,但动物没有意志……惟有人……才是凌驾于冲动之上的,并且还能把它规定和设定为他自己的东西。"②秉持理性的视角,黑格尔认为自由是人类通过理性的思维与不懈的发展所能够达成的目标。人的自由本质具体展现为从主观精神层面出发,经客观精神的延展最终升华至绝对精神的演进轨迹,这三个环节紧密相连,共同构筑了一个结构严谨、内容完备的思想体系,为自然界的演化和人类社会生成与发展提供了逻辑依据。

黑格尔对劳动在人的自我形成过程中所起的作用给予了高度肯定。他明确指出,个体在人类的初始阶段处于生死相搏的情势状态,唯有通过战胜他人、夺得统治方能实现自我肯定。在此相搏过程中,胜利者因其尊严的获得而自视

---

① [德]黑格尔:《历史哲学》,王造时译,上海:上海书店出版社,2001年版,第18页。

② [德]黑格尔:《法哲学原理》,范扬、张企泰译,北京:商务印书馆,1961年版,第23页。

为"主人",处于"人"与"独立意识"的地位;相反,失败者则沦为实现主人目的的手段即"奴隶",降格为"物",展现为一种"依赖意识"。然而,随着主人将"劳动"的任务赋予奴隶后情况则发生了逆转:主人依赖于奴隶的劳动,而奴隶则在劳动的过程中逐渐觉醒,重新认识到自身作为人的力量、本质与尊严,意识到自己同样拥有独立自主的本性。也正如此,黑格尔说:"因此正是在劳动里……奴隶通过自己再重新发现自己……才意识到他自己固有的意向。"①但问题在于,黑格尔的核心论点是自由的精神与理性的思维被赋予了最根本的能动性与创造性。从这一论点出发,思维活动及精神层面的劳动才是创造一切的根本源泉与基础。相较之下,具体的、物质的以及感性的劳动仅是能动的理性与精神实现自我的一种显性出来的"精神的样式"②。

2."将自己的类、自己的本质性作为对象"

当黑格尔过度夸大人的理性的能动性并将其视为世界本原之时,费尔巴哈挺身而出,他一方面揭示黑格尔人本学中的抽象思辨性质,另一方面则是用直观的方法去推立实际生活中的人的崇高,进而把人的本质从理性中解放建立于"自然"之上。费尔巴哈认为:"人在世界上之最初的出现,只归功于感性的自然界",人和动植物一样是一个"自然本质"。作为一个自然的存在物,人通过自身的生命活动将自然的东西纳入自身,变成人的一部分,从而也就将自然的本质变成了人的本质,即"我所吃所喝的东西是我的'第二个自我',是我的另一半,我的本质"③。因此,人与自然是统一的。费尔巴哈对人的本质的理解是根植于自然界的,他认为"空气是感觉和生命的第一需要;我们靠空气生活,但不是单靠空气生活,还靠无数其他的物和物质"④。并且还强调"脑壳和脑髓是从哪里来的,精神也就是从哪里来的;因为,二者是不可分开的。倘若脑壳和脑髓是出于自然界,是自然界的一个产物,那么精神也就是这样。"⑤这说明,费尔巴哈把

① [德]黑格尔:《精神现象学》上卷.贺麟、王玖兴译,北京:商务印书馆,1979年版,第131页。
② 王晓红:《现实的人的发现——马克思对人性理论的变革》,北京:北京师范大学出版社,2011年版,第58页。
③ [德]费尔巴哈:《费尔巴哈哲学著作选集》上卷.荣震华、李金山等译,北京:商务印书馆,1984年版,第530页。
④ [德]费尔巴哈:《费尔巴哈哲学著作选集》上卷.荣震华、李金山等译,北京:商务印书馆,1984年版,第529页。
⑤ [德]费尔巴哈:《费尔巴哈哲学著作选集》下卷.荣震华、王太庆、刘磊译,北京:商务印书馆,1984年版,第656页。

人的理性、精神完全建立在自然的基础之上,强调人的精神是源于自然、依附于自然的产物,认为自然是更根本的东西,它对人的精神、理性起决定性的作用。

费尔巴哈诉诸自然主义立场,用动物学家"类"的方法来对待人的类,以此寻求人与动物的不同之处。费尔巴哈认为,在动物的类与人的类之间,的确有某种根本的区别,但究竟什么是人跟动物的本质区别呢?对这个问题的最简单、最一般、最通俗的回答是:意识。但是,"只有将自己的类、自己的本质性当做对象的那种生物,才具有最严格意义上的意识……才能够把别的事物或实体各按其本质特性作为对象。所以,动物只有单一的生活,而人却具有双重的生活。在动物,内在生活跟外在生活合而为一,而人,却既有内在生活,又有外在生活。人的内在生活,是对他的类、他的本质发生关系的生活……思维、讲话是真正的类的职能。人本身,既是'我',又是'你';他能够将自己假设成别人"①。一言概之,人与动物的根本区别在于人"将自己的类、自己的本质性当做对象"。他说:"人自己意识到人的本质究竟是什么呢? 或者,在人里面形成类,即形成本来的人性的东西究竟是什么呢? 就是理性、意志、心……这就是作为人的人底绝对本质,就是人生存的目的。"②

3."抽象的人"的思维方式根源

尽管对于人的本质存在着多样化的规定与描述,然而这些努力最终都总汇于将"具体的人"转化为"抽象的人"的洪流之中,这一现象的背后蕴含着深刻的根源。在有关人的理解中有必不可缺的两个环节,即以什么样的方式进行人的本质的规定,以及将人的本质规定为什么。前者属于理解方式,后者属于观点阐明,二者相关而又相异。传统哲学之所以最终汇入了"抽象"的洪流,核心在于其理解人的本质的思维方式具有抽象性。正是这种深层次的、一致性的理解方式和解释原则构成了传统哲学在探讨人的本质问题上的关键局限。实际上,传统哲学对于人的本质的理解方式和解释原则是将"人"视为一种预先规定好的、"现成"的存在者。③在这种理解方式中,人被视为一种客观存在的、可通过理性与概念进行静观的对象,应该用理性把握的方式去穿透、跨越多变的"现

---

① [德]费尔巴哈:《费尔巴哈哲学著作选集》下卷,荣震华、王太庆、刘磊译,北京:商务印书馆,1984年版,第26-27页。

② [德]费尔巴哈:《费尔巴哈哲学著作选集》下卷,荣震华、王太庆、刘磊译,北京:商务印书馆,1984年版,第27-28页。

③ 贺来:《马克思哲学与"人"的理解原则的根本变革》,《长白学刊》2002年第5期,第33-39页。

象"的迷雾,深入挖掘并揭示出那潜藏于表象之下、恒定不变的"本质",这种"前定不变"的解释方式正是抽象化理解的源头所在。

运用"前定不变"的方式认识人实质是一种"物的思维方式",它采取了一种关于物的认识的运思逻辑。"物的思维方式"在于使用求同求异法找到此物区别于他物但又为此物的各个体所具有的本质特性,如此也就实现对此物的真实把握。由此可见,这种认知事物的方式本质上是一种追求与其他事物相区分的举措,是对物种"界限"的探索,因此,从根本上讲它遵循的是形式逻辑的原则。在认知某一事物时,首要的是明确其所属物种的特殊规定性,随后以此为基运用"属加种差"的逻辑方法为该事物定义,从而实现对其本质的科学认知。①这种以物种为基础的思维方式,是由物种本身的存在方式所决定的,而任何事物的存在方式又均受其所属物种的严格限定,完全与物种所固有的活动模式相契合。然而正如马克思所指出:"一个种的整体特性、种的类特性就在于生命活动的性质,而自由的有意识的活动恰恰就是人的类特性。"②但是"动物和自己的生命活动是直接同一的……人则使自己的生命活动本身变成自己意志的和自己意识的对象。他具有有意识的生命活动。"③据此分析,该种方式所得的定义在某种维度上揭示了人的某些特性,但它并未切实地区分出人与动物的存在方式的差异,反而是将某些凸显出来的属性夸大为本质,进而一种抽象化、片面化理解人的方式就形成了。因此,要想全面且深刻地理解人的本质进而超越"抽象的人"的理论束缚,首要的便是摒弃那种僵化、固化的"前定不变"的"物的思维方式"。马克思敏锐地洞察到这一点,他通过引入"实践"这一核心范畴,对传统的前定解释进行了颠覆性的革新,从而实现了人的本质在认知上的全面的且根本性的转变。

(二)马克思恩格斯从实践出发揭示了人的本质的生成

在马克思看来,如何理解"人"这并不是一个纯理论的思辨问题,从根本上它是一个实践问题。传统哲学的立足点是把人理解为"本质前定"的存在物,认为人的本质是用理性思维静观的对象。如果仍是采用对象性的思维方式就永远跳不出传统哲学的束缚,现实的人必然被抽象化理解。因此马克思从人所从

---

① 韩喜平:《马克思主义基础理论研究》,北京:北京师范大学出版社,2021年版,第63-65页。
② 《马克思恩格斯文集》第一卷,北京:人民出版社,2009年版,第162页。
③ 《马克思恩格斯文集》第一卷,北京:人民出版社,2009年版,第162页。

事的实践、从人身处其中的社会关系出发去重新理解人,此时人的创造性才得以解蔽、人的历史性才得以阐明、人的多样性才得以呈现。

1.对人的抽象本质的批判

由于"动物和自己的生命活动是直接同一的"①,动物个体获得生命也就获得了它的种的性质,因此可以用形式逻辑的"属加种差"来定义某种物的本质。但是人则完全不同,因为"动物只是按照它所属的那个种的尺度和需要来构造,而人却懂得按照任何一个种的尺度来进行生产,并且懂得处处都把固有的尺度运用于对象;因此,人也按照美的规律来构造。"②并且,"一当人开始生产自己的生活资料,即迈出由他们的肉体组织所决定的这一步的时候,人本身就开始把自己和动物区别开来。人们生产自己的生活资料,同时间接地生产着自己的物质生活本身。"③由此可知,人在实践活动中不仅改变了对象也实现了对自身的创造,因此,人的本质并不是固定不变的,而是通过实践活动由自己创生、处于历史变化中的"自我规定"。

正是通过重新理解人、理解人的实践活动,马克思实现了对人本质抽象化理解的批判。马克思认为,在对人的理解上,不管是旧唯物主义还是唯心主义,从实质上来说都试图通过"概念"的方式捕捉人的本质,以此把人与其他存在物区别开来。不同在于,唯心主义哲学家捕捉到的是精神、理性等,而旧唯物主义哲学家捕捉到的是肉体性的存在。然而就现实性的人而言,人既是肉体性的存在又是精神性的存在,既是自然的存在又是超越自然的存在。而人的这种双重性存在是通过实践活动展现出来的,而不是通过某种"前定本质"规定的。恰如马克思所批判,费尔巴哈并不理解现实的人,他要寻求一般的人来替代现实的人,"因此,他只能把人的本质理解为'类',理解为一种内在的、无声的、把许多个人纯粹自然地联系起来的普遍性。"④这种所谓的普遍性,只能是通过抽象并夸大人身上所具有的宗教、意识等诸如此类的某一方面的属性来获得并以此区别于动物,但这些所谓的属性失去了人的创造性、忽视了人的历史性、遮蔽了人的丰富性,最终得出的人只能是"抽象的人"。

①《马克思恩格斯文集》第一卷,北京:人民出版社,2009年版,第162页。
②《马克思恩格斯文集》第一卷,北京:人民出版社,2009年版,第163页。
③《马克思恩格斯文集》第一卷,北京:人民出版社,2009年版,第519页。
④《马克思恩格斯文集》第一卷,北京:人民出版社,2009年版,第505页。

2.实践是人的基本的生存方式

正是通过对人抽象本质的批判,马克思立足实践这一人的基本的生存方式为重新理解人的本质提供一种崭新的解释原则和思维方式。其一,只有从实践出发,才能把人理解为自身创造者。按照实践的思维方式去理解人,人的本质就不是先定不变的和被给予的,而是在一定的社会条件下通过自身的实践活动不断创造生成的。就此而言,通过实践活动不仅创造了社会历史而且还创造了自身。人的生命活动是自由自觉的,"正是在改造对象世界的过程中,人才真正地证明自己是类存在物。这种生产是人的能动的类生活。通过这种生产,自然界才表现为他的作品和他的现实。因此,劳动的对象是人的类生活的对象化……在他所创造的世界中直观自身。"①也正因为把人理解为自身的创造者,那么,人们也就不会在那该去寻找真实的现实性的人的地方而去寻找"抽象的人"了。其二,只有从实践出发,才能把人理解为现实的人。任何实践活动都是在一定社会历史条件下的人所从事的,要深入理解人的本质,必须从人类生存方式的历史演变中探寻,即将人视为在实践中不断追求自我否定、自我超越的"自由自觉的存在"。②正如马克思所强调:"社会结构和国家总是从一定的个人的生活过程中产生的。但是,这里所说的个人不是他们自己或别人想象中的那种个人,而是现实中的个人,也就是说,这些个人是从事活动的,进行物质生产的,因而是在一定的物质的、不受他们任意支配的界限、前提和条件下活动着的。"③这里所说的"界限、前提和条件"不仅使实践得以具体化同时也使从事实践活动的人得以具体化和现实化。其三,只有从实践出发,才能把人理解为多重属性的人。实践是人特有的存在方式,在实践活动中集合了"存在和本质、对象化和自我确证、自由和必然、个体和类"④等种种矛盾。人正是在这种矛盾性的活动中不断实现二者的分离与统一,并逐渐生成为人的。通过这种方式生成的人必然是具有多重属性的,即这样的"人"既是一种自然存在又是超自然存在,既具有生命的本质又具有超生命的本质。可以说,正是在实践中人的这种否定性和超越性才得到了彰显和实现。

---

① 《马克思恩格斯文集》第一卷,北京:人民出版社,2009年版,第163页。
② 高清海:《高清海哲学文存》第2卷,长春:吉林人民出版社,1997年版,第7页。
③ 《马克思恩格斯文集》第一卷,北京:人民出版社,2009年版,第524页。
④ 《马克思恩格斯文集》第一卷,北京:人民出版社,2009年版,第185页。

马克思立足于人的基本生存方式——实践,把人放在社会关系中进行理解和阐释,突破了"物种的"思维限制、破除了"抽象的"理解难题,最终实现了从"抽象的人"到"现实的人"的飞跃。正如马克思所指出:"诚然,费尔巴哈与'纯粹的'唯物主义者相比有很大的优点:他承认人也是'感性对象'。但是,他把人只看做是'感性对象',而不是'感性活动',因为他在这里也仍然停留在理论领域,没有从人们现有的社会联系,从那些使人们成为现在这种样子的周围生活条件来观察人们——这一点且不说,他还从来没有看到现实存在着的、活动的人,而是停留于抽象的'人',并且仅仅限于在感情范围内承认'现实的、单个的、肉体的人',也就是说,除了爱与友情,而且是理想化了的爱与友情以外,他不知道'人与人之间'还有什么其他的'人的关系'。"①诚如马克思所言,不仅费尔巴哈,其实这也是传统哲学理解人的局限所在,传统哲学没有意识到对人的本质的寻求本身也是社会的产物,是人在一定社会关系中生成的,是现实的而非抽象的。

3.人的本质是在实践活动中生成的

旧哲学在确认人的本质为某一特定"什么"的立场上保持了一致,而差异在于对这一"什么"的具体解释上。旧哲学对于人的本质的理解尽管其表现形式纷繁多样,但在核心层面上这些理论均秉持着一种共通性即将"人"视为一种既定不变的"存在",只不过分歧则主要体现在界定人的本质到底是何种"存在"。具体而言,在深入探索人的本质之前,旧哲学体系已不自觉地"预设"了人的本质的存在,问题在于,这种"前定本质"并未真正触及人的本质的核心,实则为人的某种特性的呈现。较之于旧哲学,马克思提出,作为感性对象性活动主体的人通过实践活动展现出其独特的生命风貌,而这些实践活动有着社会历史的印记,这也意味着作为实践主体的人不可避免地融入了不断演进变化的历史进程中,而人的本质就是在这不断变动的实践过程中逐步塑造和形成的。

实践是人特有的生命活动,这种实践活动方式与性质决定与确证着他自身存在的形态与性质。正如马克思所指出:"个人怎样表现自己的生命,他们自己就是怎样。因此,他们是什么样的,这同他们的生产是一致的——既和他们生产什么一致,又和他们怎样生产一致。"②在其表现形式上,人类已不再是单纯的

---

① 《马克思恩格斯文集》第一卷,北京:人民出版社,2009年版,第530页。

② 《马克思恩格斯文集》第一卷,北京:人民出版社,2009年版,第520页。

抽象存在,而是一种持续演变与自我超越的实际存在。人类如何进行生产活动以及生产什么内容,这些构成了人的"自我描绘"的画卷,亦即是人的本质发展的具体显现。"人就是人的世界,就是国家,社会。"①"工业的历史和工业的已经生成的对象性的存在,是一本打开了的关于人的本质力量的书,是感性地摆在我们面前的人的心理学"②。换言之,人的存在不应仅仅被视为自然演化的产物。诚然,作为生物体,人类确实带有显著的自然的痕迹,但就从人作为人的角度重新审视时,其本质则更多地呈现在自身的生命活动的结果之中,所以人类是通过人的生命活动进行自我生成与发展的。人所面对的"对象、现实、感性"是一种属人的世界,因此,人创造了怎样的属人世界,以及人的世界发生了怎样的变化;人创造了怎样的"社会关系的总和",以及人的社会关系的总和发生了怎样的变化;人创造了怎样的"工业的历史和工业的已经产生的对象性的存在",以及工业的已经产生的对象性的存在发生了怎样的变化,那么,人的本质就发生什么样的变化并以此形成人的本质变化的轨迹和谱系,"它是人自己书写的书,要解读人唯有读懂这本书"③。

(三)马克思恩格斯基于实践发展探究人的本质的演进

在《手稿》阶段,马克思已然对黑格尔哲学采取了批判的态度而逐渐倾向于费尔巴哈,这一转变深刻影响了他的思想体系,使他明确认识到人的"类活动"与"类生活"即人的生命活动,而人的生命活动蕴含着自由自觉的独特性质。《手稿》之后,马克思以感性的生产劳动为基石,逐步构建了他的理论核心——实践,并以此为出发点,全面而深刻地揭示了人的本质不断演进的历史进程。

1.人的实践活动具有社会历史性

人的本质生成于人的实践活动中,而这种活动是在社会关系中进行的,因此实践具有社会性。马克思从实践的观点来观察人,他看到的不是孤立的个人而是"人类社会或社会的人类"④。生产劳动是最基本的实践形式,劳动的人们自然而然地结成不以他们意志为转移的关系,"即同他们的物质生产力的一定

---

① 《马克思恩格斯文集》第一卷,北京:人民出版社,2009年版,第3页。
② 《马克思恩格斯文集》第一卷,北京:人民出版社,2009年版,第192页。
③ 林剑:《论马克思实践唯物主义人学理论的深刻革命》,《哲学研究》2006年第9期,第18—22页。
④ 《马克思恩格斯文集》第一卷,北京:人民出版社,2009年版,第502页。

发展阶段相适合的生产关系。"①人类的生产活动唯有在一定的生产关系范围内才能展开,因此人的本质属性深深植根于"关系"之中。人与人之间不仅存在着必然且紧密的社会联系,而且随着社会的不断进步与发展,这种社会关系经由人类的生产实践活动得以不断生成、塑造乃至持续强化。正如马克思指出:"人不仅生产出他对作为异己的、敌对的力量的生产对象和生产行为的关系,而且还生产出他人对他的生产和他的产品的关系,以及他对这些他人的关系。"②生产的不断进步促使人们之间的相互联系日益紧密。然而,由于实践条件的种种限制而导致的产品和生产过程的支配程度不同,使得人们在生产过程中凸显出不同地位和作用。因此,马克思在批判资本主义生产方式时指出,工人在创造物质财富的同时,也在无形中塑造了资本主义的剥削关系,并因此给自己戴上了无形的锁链束缚于这种关系之中。

实践不仅具有社会性而且具有历史性。作为一种社会遗传过程,人类的发展模式显著区别于动物的进化过程。先辈们的实践能力及其所取得的成就仅为后辈从事实践活动提供借鉴与材料,后辈们并非机械式复制前辈的"建筑模式",而是遵循社会发展的内在规律,奠基于此并以创新的方式投身于实践之中去构建崭新的社会形式。由此便可发现,"社会遗传"与"生物遗传"的本质区别就在于,前者始终以累积的方式不断推进。诚然,人的发展可能就种种因素而暂时陷入停滞乃至倒退,但这些仅是历史长河中的短暂插曲。作为一个整体,人与社会的发展始终处于持续进步与发展的动态演进之中,持续推进是不可逆转的趋势。

2."现实的个人"是"感性活动"本身

"现实的个人"是"从事活动"、进行生产的个人,马克思将其所从事的生产概括为五个方面:第一个生产是生产物质生活本身,因为"人们为了能够'创造历史',必须能够生活。但是为了生活,首先就需要衣、食、住以及其他东西。"③第二个生产是生活资料和需要的不断再生产。"已经得到满足的第一个需要本身、满足需要的活动和已经获得的为满足需要用的工具又引起新的需要。这种

①《马克思恩格斯全集》第四十三卷,北京:人民出版社,2016年版,第5页。
②《马克思恩格斯文集》第一卷,北京:人民出版社,2009年版,第165页。
③《马克思恩格斯全集》第三卷,北京:人民出版社,1960年版,第31页。

新的需要的产生是第一个历史活动。"①第三个生产是生命的生产,即"每日都在重新生产自己生活的人们开始生产另外一些人,即增殖。这就是夫妻之间的关系,父母和子女之间的关系,也就是家庭。"②第四个生产是社会关系的生产,"生活的生产——无论是自己生活的生产(通过劳动)或他人生活的生产(通过生育)——立即表现为双重关系:一方面是自然关系,另一方面是社会关系;社会关系的含义是指许多个人的合作,至于这种合作是在什么条件下、用什么方式和为了什么目的进行的,则是无关紧要的。"③马克思把资料的生产、需要的生产、生命的生产和社会关系的生产视为"最初的历史的关系的四个因素、四个方面",并认为"只有现在,当我们已经考察了最初的历史的关系的四个因素、四个方面之后,我们才发现:人也具有'意识'。"④即第五个生产是意识的生产。这五个方面是"现实的个人"的现实性的具体展现。

马克思用五种生产来界定人的现实性,是因为他将人理解为感性活动本身,而非感性对象。从感性活动出发,人的存在及其本质的现实性只能来源于物质生产实践,而这也正是与费尔巴哈的重大差异所在:"费尔巴哈比'纯粹的'唯物主义者有巨大的优越性:他也承认人是'感性的对象'。但是,毋庸讳言,他把人只看作是'感性的对象',而不是'感性的活动',因为他在这里也仍然停留在理论的领域内,而没有从人们现有的社会联系,从那些使人们成为现在这种样子的周围生活条件来观察人们;因此毋庸讳言,费尔巴哈从来没有看到真实存在着的、活动的人,而是停留在抽象的'人'上,并且仅仅限于在感情范围内承认'现实的、单独的、肉体的人',也就是说,除了爱与友情,而且是理想化了的爱与友情以外,他不知道'人与人之间'还有什么其他的'人的关系'。"⑤把"现实的个人"理解为感性活动本身,并不再需要预设一个抽象的本质了。恰如马克思所说:"人们用以生产自己必需的生活资料的方式,首先取决于他们得到的现成的和需要再生产的生活资料本身的特性。这种生产方式不仅应当从它是个人肉体存在的再生产这方面来加以考察。它在更大程度上是这些个人的一定的活动方式、表现他们生活的一定形式、他们的一定的生活方式。个人怎样表现

①《马克思恩格斯全集》第三卷,北京:人民出版社,1960年版,第32页。
②《马克思恩格斯全集》第三卷,北京:人民出版社,1960年版,第32页。
③《马克思恩格斯全集》第三卷,北京:人民出版社,1960年版,第33页。
④《马克思恩格斯全集》第三卷,北京:人民出版社,1960年版,第34页。
⑤《马克思恩格斯全集》第三卷,北京:人民出版社,1960年版,第50页。

自己的生活,他们自己也就怎样。因此,他们是什么样的,这同他们的生产是一致的——既和他们生产什么一致,又和他们怎样生产一致。因而,个人是什么样的,这取决于他们进行生产的物质条件。"①

3.人的本质永远处在动态生成之中

黑格尔将劳动解释为人的本质,他深刻认识到人的本质在其活动中得以不断生成与演进。尽管黑格尔所论述的"劳动"概念主要聚焦于抽象的精神层面,但马克思对黑格尔关于人的产生是一个动态发展过程的观点给予了高度赞赏。并由此进一步指出,人的本质并非固定不变,而是随着劳动的深入进行和历史的不断演进持续更新与日益丰富。马克思多次强调:"五官感觉的形成是迄今为止全部世界历史的产物。"②工业的历史及其生成的对象性是"一本打开了的关于人的本质力量的书,是感性地摆在我们面前的人的心理学"③。人的本质是在生产劳动基础上形成的社会关系,生产劳动及其生产关系的生成性特征决定了人的本质在现实的社会实践中不断形成、丰富和发展,它必然不会是一个静态的、抽象的、僵固的既定性概念,而是蕴含动态的、历史的、具体的生成性概念。换言之,人的本质是一个在现实实践的广阔舞台上不断塑造与持续演进的生成过程,这一过程的变迁轨迹与生产劳动的进步以及社会关系的发展紧密相连。

人的存在本质上是一种通过实践对未知的不断探索与敞开,在持续的抉择与行动中,人逐渐构建并塑造了自身的本质特性,这是人类存在不可或缺的基础。正如马克思恩格斯在《形态》中指出:"在思辨终止的地方,在现实生活面前,正是描述人们实践活动和实际发展过程的真正的实证科学开始的地方。关于意识的空话将终止,它们一定会被真正的知识所代替。对现实的描述会使独立的哲学失去生存环境,能够取而代之的充其量不过是从对人类历史发展的考察中抽象出来的最一般的结果的概括。这些抽象本身离开了现实的历史就没有任何价值。"④作为社会历史性活动,实践并非理论家纯粹思辨所能把握的对象或产物,而是具有明确的现实性和具体性。作为实践活动中积极能动的主

①《马克思恩格斯全集》第三卷,北京:人民出版社,1960年版,第24页。
②《马克思恩格斯文集》第一卷,北京:人民出版社,2009年版,第191页。
③《马克思恩格斯文集》第一卷,北京:人民出版社,2009年版,第192页。
④《马克思恩格斯文集》第一卷,北京:人民出版社,2009年版,第526页。

体,人类始终与其所处的生活世界保持着紧密的互动关系,而正是在这种持续不断的互动中人的本质得以通过一系列的选择与变革过程逐渐展现。生活世界本身是一个不断变迁的场域,而人的选择与变革活动也从未停歇,由此而论,人的本质亦非一成不变,而是一个持续生成和发展的过程。尽管人作为人必然拥有某些普遍性的本质特征,这些特征在其生命存在的每一天都得以体现,从而界定其为人。然而,这些本质性的规定并非静止凝固,而是随着人类实践活动的不断深入以及人所面对的"对象、现实、感性"①等外部条件的不断变化而相应地演变。因此,人的本质又展现出了鲜明的具体性。

人的本质依据其生命活动即劳动与实践特性所界定,这些活动蕴含了自由自觉的内在属性,这种属性是人的"类"的标志性特征。人的自由自觉性必定伴随着人的劳动与实践在深度与广度上的持续拓展进程而得到不断强化与提升。因此,在马克思的这里,人的本质作为抽象与具体、一般与特殊、变与不变之间的辩证统一体而存在,只不过相较于其抽象的、一般的、不变的面向而言,马克思更为重视并强调人的本质的具体的、特殊的、动态变化的一面。②究其原因,正如马克思在论述生产一般时所指出,虽然"生产的一切时代有某些共同标志,共同规定。生产一般是一个抽象,但是只要它真正把共同点提出来,定下来,免得我们重复,它就是一个合理的抽象。"③然而,"对生产一般适用的种种规定所以要抽出来,也正是为了不致因为有了统一(主体是人,客体是自然,这总是一样的,这里已经出现了统一)而忘记本质的差别。"④生产是如此,人的本质亦是如此。

二、以矛盾分析法透析人的发展与资本主义社会发展的关系

马克思从来不为了研究而研究,而是为了解决现实问题,即为了实现人类的彻底解放和人的全面而自由的发展。出于这一动机,他执意寻找支配社会发

---

①《马克思恩格斯选集》第一卷,北京:人民出版社,2012年版,第133页。

② 王晓红:《现实的人的发现——马克思对人性理论的变革》,北京:北京师范大学出版社,2011年版,第137页。

③《马克思恩格斯文集》第八卷,北京:人民出版社,2009年版,第9页。

④《马克思恩格斯文集》第八卷,北京:人民出版社,2009年版,第9页。

展的内在规律和社会运动的内在轨迹；出于这一动机，他重点研究了阶级社会尤其是资本主义社会，力图找到解决该问题的现实途径。马克思既全面揭示和尖锐批判了资本主义社会中人的发展与社会发展的全面对立，又客观承认了资本主义社会作为阶级社会的最高形态为共产主义社会的到来准备着条件，得出资本主义终将被"自由人联合体"所取代的结论。

（一）资本主义社会发展对人的发展的促进

资本主义大机器大工业为标志的生产和科技获得了空前的发展，物质财富显著增长，"带着诗意的感性光辉对整个人发出微笑。"[①]极大地改善了人们的生活。马克思对资本主义社会进行了深刻的分析并对其作出了积极的评价。他指出，资本主义制度在促进社会生产力发展方面取得了空前的成就，这一成就显著超越了历史上任何时期。资本主义制度通过瓦解血缘关系和封建束缚，极大地推动了社会的进步与成长，资本主义制度突破了地理和民族的界限，使得全球联系更为紧密。此背景下，个人与世界之间的联系不断加强，人类在诸多领域实现了前所未有的自由与解放。

1.促进人的独立和自由的实现

在现代科技的强劲推动下，资本主义大工业实现了迅猛发展，显著促进了生产力的提升以及个性自由的塑造，实现了人的发展的重大飞跃。资本主义经济以商品交换为核心特征，相较于封建社会中劳动者对贵族地主的人身依附关系，商品经济下的人际关系通过货币商品关系得以展现，一定程度上削弱了先天不平等的现状。它变革了自然经济社会中人与人之间的直接交往模式，使得物的交换成为社会交往的基石，从而将人从血缘关系的束缚中解放出来。商品经济机制作为核心驱动力，持续激励着人们追求利益最大化，从而为人的主体意识的提升和主体地位的巩固奠定了坚实基础。这一过程不仅赋予了人更大的主动性和创造性，还促使人的自由、理性和创造力得到了全面展现，进一步实现了人格上的平等与独立。现代资本主义制度的确立，使起初完全被笼罩在家庭或家族阴影中的个人，这时也完全摆脱了人身依附关系，人的个体本性、个人之间的经济利益关系以纯粹的形态表现出来，以物的依赖性为基础，个人获得了形式上的独立性。作为商品交换的主体，人们彼此之间获得了人格上、形式

---

① 《马克思恩格斯文集》第三卷，北京：人民出版社，2009年版，第503页。

上的独立和平等,商品交换中以个人意志和行为自由为前提的契约关系得到发展并以法律形式确定下来。"在这个意义上,我们说人与人之间的关系采取物与物的表现形式的特征表明独立意义上的人开始形成。"①

2.拓展了人与人之间的普遍交往

资本主义生产方式使人获得了对物的依赖性基础上的独立性,这时候人与人的关系不再表现为血缘和地域等自然关系,而是表现为物与物之间的社会关系,资本成了所有人联系在一起的强制性的中介。在马克思看来,这种物与物的关系"比单个人之间没有联系要好,或者比只是以自然血缘关系和统治从属关系为基础的地方性联系要好。"②资本主义社会在这个历史过程中,表现出了要克服民族界限和民族偏见,"克服流传下来的、在一定界限内闭关自守地满足于现有需要和重复旧生活方式的状况"③的趋势,驱使资本家奔走于全球各地,如此使各民族都被卷入了世界普遍的社会联系中,世界各地的人们形成普遍的社会交往关系。尤其是"随着商业来往集中在特殊阶级的手里,随着商人所促成的同近郊以外地区的通商的扩大,于是在生产和商业之间也立即产生了相互作用。城市彼此发生了联系,新的劳动工具从一个城市运往另一个城市,生产和商业间的分工随即引起了各城市间在生产上的新的分工,在每一个城市中都有自己的特殊的工业部门占着优势。最初的地域局限性开始逐渐消失。"④随着人类实践活动水平的提高和生产力的发展,人类交往活动的范围和领域必然会随之不断扩大,大工业"创造了交通工具和现代化的世界市场……它首次开创了世界历史,因为它使每个文明国家以及这些国家中的每一个人的需要的满足都依赖于整个世界,因为它消灭了以往自然形成的各国的孤立状态……使分工丧失了自然性质的最后一点痕迹。它把自然形成的关系一概消灭掉……它把这些关系变成金钱的关系。"⑤随着交往范围的不断扩大,交往深度的不断拓展,交往已经迈向了全球化、世界化和普遍化的发展趋势。因此,交往的世界化是人类交往活动范围不断扩大的必然结果。

---

① 金建萍:《人的发展和社会发展的一致性研究》,北京:中国社会科学出版社,2013年版,第139页。
② 《马克思恩格斯文集》第八卷,北京:人民出版社,2009年版,第56页。
③ 《马克思恩格斯文集》第八卷,北京:人民出版社,2009年版,第91页。
④ 《马克思恩格斯全集》第三卷,北京:人民出版社,1960年版,第60页。
⑤ 《马克思恩格斯全集》第三卷,北京:人民出版社,1960年版,第68页。

资本主义生产是以劳动者和劳动资料的彻底分离为条件的,当交往只限于自然形成的、狭隘的社会共同体时,这种生产虽然保持着原初的统一,但由于其不适应社会生产力的发展致使共同体的经济社会发展难以超出原初水平。因此,只有在交往具有世界性质并以大工业为基础的时候,生产工具才变成了“文明创造的”机器体系。这种生产工具导致一种新的人对自然的活动方式,冲破了人际交往的狭隘性、封闭性,普遍使个人交往受限制的“人的依赖纽带、血统差别、教养差别等等事实上都被打破了,被粉碎了(一切人身纽带至少都表现为人的关系)”①,意味着“人第一次占有他自己的和自然的力量”②。这也由此得出资本主义社会中的这种以商品货币为媒介的社会联系是对自然形成的社会联系的否定和超越,并且正是在对自然超越的意义上,马克思充分肯定了资本的伟大的文明作用:“只有资本才创造出资产阶级社会,并创造出社会成员对自然界和社会联系本身的普遍占有……与这个社会阶段相比,一切以前的社会阶段都只表现为人类的地方性发展和对自然的崇拜。只有在资本主义制度下自然界才真正是人的对象,真正是有用物;它不再被认为是自为的力量;而对自然界的独立规律的理论认识本身不过表现为狡猾,其目的是使自然界(不管是作为消费品,还是作为生产资料)服从于人的需要。”③因此,与资本构建起一个广泛利用自然属性的体系相对应的,是资本也塑造了一个全面利用人的属性的体系。在资本逻辑的驱动下,社会成员对社会联系的普遍占有得以构建,这标志着以资本生产为核心的社会联系的形成,由此促成了现代市民社会的诞生。在这一过程中,人际间的依赖关系实现了全方位的拓展,个人关系和个人能力的普遍性与全面性得到了充分的展现。与之相对,传统的人际垂直关系也已演变为一种更为复杂的空间拓展关系。④

3.“每一个人的需要的满足都依赖于全世界”

资本主义社会以前的物质生产以手工劳动为主,这种生产形式将社会成员限定在家庭、部落或地区等固定的、狭小的范围内,人类历史因而只有家庭、部落和地区等地域性范围的历史。而资本主义机器大生产是社会化的大生产,这

---

① 《马克思恩格斯文集》第八卷,北京:人民出版社,2009年版,第58页。
② 《马克思恩格斯全集》第四十二卷,北京:人民出版社,1979年版,第257页。
③ 《马克思恩格斯文集》第八卷,北京:人民出版社,2009年版,第90—91页。
④ 金建萍:《人的发展和社会发展的一致性研究》,北京:中国社会科学出版社,2013年版,第142页。

种生产形式从一个地区扩展到一个国家,甚至越出国家的界限而在全球范围内进行,这一切使得原有的原始闭关自守状态日益消失,于是,人类历史就由地域性历史正式向世界历史转变。马克思指出,机器大工业"创造了交通工具和现代化的世界市场,控制了商业,把所有的资本都变为工业资本,从而使流通加速(发达的货币制度)、资本集中。大工业通过普遍的竞争迫使所有人的全部精力极度紧张起来。只要可能,它就消灭意识形态、宗教、道德等等,而当它不能做到这一点时,它就把它们变成赤裸裸的谎言。它首次开创了世界历史,因为它使每个文明国家以及这些国家中的每一个人的需要的满足都依赖于整个世界,因为它消灭了以往自然形成的各国的孤立状态。它使自然科学从属于资本,并使分工丧失了自然性质的最后一点痕迹。它把自然形成的关系一概消灭掉(只要这一点在劳动范围内可能做到的话);它把这些关系变成金钱的关系。它建立了现代化大工业城市(它们像闪电般迅速地成长起来)来代替从前自然成长起来的城市。凡是它所渗入的地方,它就破坏了手工业和工业的一切旧阶段。它使商业城市最终战胜了乡村。[它的第一个前提]是自动化体系。[它的发展]造成了大量的生产力"①。资本主义机器大生产的崛起无疑具有里程碑意义。它引领了交通工具和现代化世界市场的诞生,彻底打破了各国自然形成的孤立格局,颠覆了工业发展的旧有阶段,极大地推动了生产力的飞速发展。物质生产和交往的世界性对每一个民族、国家和个人都产生了深远的影响,使得每一个文明国家及其每一个人的需要的满足都高度依赖于整个世界。

(二)资本主义社会发展对人的发展的限制

马克思通过对资本主义社会的深入解剖,认为资本主义社会固有的内在基本矛盾导致社会发展与人的发展二者之间的对立,导致人的全面异化,造成人的发展更不自由、更不全面。

1."物的关系对个人的统治"

在商品经济中,商品生产者只有把商品这个"物"交换出去,得到相应补偿才能得以生存。作为"劳动所生产的对象,即劳动的产品,作为一种异己的存在物,作为不依赖于生产者的力量,同劳动相对立。劳动的产品是固定在某个对象中的、物化的劳动,这就是劳动的对象化。劳动的现实化就是劳动的对象化。

①《马克思恩格斯全集》第三卷,北京:人民出版社,1960年版,第68页。

在国民经济的实际状况中,劳动的这种现实化表现为工人的非现实化,对象化表现为对象的丧失和被对象奴役,占有表现为异化、外化。"①对象化是人的本质力量的显示,本应以对象化的产物即劳动产品来确证自己,然而,在资本主义现实的劳动活动中,"工人在他的产品中的外化,不仅意味着他的劳动成为对象,成为外部的存在,而且意味着他的劳动作为一种与他相异的东西不依赖于他而在他之外存在,并成为同他对立的独立力量;意味着他给予对象的生命是作为敌对的和相异的东西同他相对立。"②商品与商品这种物与物的关系成为支配、决定商品生产者命运的东西,虽然"各个人在资产阶级的统治下被设想得要比先前更自由些,因为他们的生活条件对他们来说是偶然的;事实上,他们当然更不自由,因为他们更加屈从于物的力量。"③于是商品这个"物"被商品生产者印上了一种虚幻的崇拜,这种物性的彰显与人性的遮蔽就是商品的拜物教观念。

资本主义的物的依赖关系,实质上是与独立个体相对立的、独立化了的社会关系,即生产者之间相互依存、相互制约的生产关系。这种关系的形成,根源于劳动者与其劳动成果的分离,劳动产品不再局限于直接劳动过程,而是扩展至满足人们多样化需求的广阔领域,成为独立于个人发展的外部对象。在此背景下,人们的多元化需求得到充分释放,物欲成为众多需求中的主导,物质财富的创造成为社会生产的主体目标。相较于自然经济下的"人的依赖",商品经济的"物的依赖"展现出双重性质:一方面,它使人们摆脱了人身依附和隶属关系,实现了一定程度的自主独立;另一方面,它又在强大的物质发展需求面前,将人推向了普遍物化的境地,使人在物质的束缚中失去了自由。这种物的依赖关系,既体现了人的价值在商品价值中的体现,也通过经济效益的方式进行衡量和表达。恰如马克思恩格斯所指出:"物的关系对个人的统治、偶然性对个性的压抑,已具有最尖锐最普遍的形式"④,随着物质财富的持续累积与增值,人的价值却呈现出逐渐降低的趋势,其结果是人的实践活动成果被物化,而物化产物转而成为限制、束缚甚至对抗人的力量。在这一过程中,"物"的增值与"人"的贬值呈现出截然相反的轨迹,人的发展逐渐被物化所取代,沦为物化的附庸。

---

① 《马克思恩格斯文集》第一卷,北京:人民出版社,2009年版,第156–157页。

② 《马克思恩格斯文集》第一卷,北京:人民出版社,2009年版,第157页。

③ 《马克思恩格斯文集》第一卷,北京:人民出版社,2009年版,第572页。

④ 《马克思恩格斯全集》第三卷,北京:人民出版社,1960年版,第515页。

2."人本身的活动"成为同他对立的力量

资本主义在其发展的历史过程中,必然会破坏社会个体发展的外在环境和其自身发展的完整性,因为"每个人都千方百计在别人身上唤起某种新的需要,以便迫使他作出新的牺牲,使他处于一种新的依赖地位,诱使他追求新的享受方式,从而陷入经济上的破产。每个人都力图创造出一种支配他人的、异己的本质力量,以便从这里面找到他自己的利己需要的满足。"①在以分工为基础的资本主义生产条件下,劳动者作为总体工人的一个器官,"个体本身也被分割开来,转化为某种局部劳动的自动的工具"②,终生从事单调操作的人,乏味且单调的生活破坏了他身体的活力、损害了他的进取精神。一句话,"只要分工还不是出于自愿,而是自然形成的,那么人本身的活动对人来说就成为一种异己的、同他对立的力量"③。

个人发展的局部性或片面化趋势是由人们所处的生活条件所决定的,正如马克思恩格斯所指出:"如果这个人的生活条件使他只能牺牲其他一切特性而单方面地发展某一种特性,如果生活条件只提供给他发展这一种特性的材料和时间,那末这个人就不能超出单方面的、畸形的发展。任何道德说教在这里都不能有所帮助。"④在资本主义机器大工业生产中,社会分工越来越细,越来越多样化、专业化,结果是在工厂中的工人每一个人都被牢牢地固定于某一特定的分工角色上,有的甚至终生束缚于特定的生产位置上,从事一种操作,重复同样的动作,成为机器化大工业生产体系中的一个"部件",工人被"人本身的活动"所奴役。当然不仅工人,资本家阶级也被自己所从事的活动所奴役:"精神空虚的资产者为他自己的资本和利润欲所奴役;法学家为他的僵化的法律观念所奴役,这种观念作为独立的力量支配着他;一切'有教养的等级'都为各式各样的地方局限性和片面性所奴役,为他们自己的肉体上和精神上的短视所奴役,为他们的由于接受专门教育和终身从事一个专业而造成的畸形发展所奴役,"⑤他们的异化甚至比工人阶级的异化更为严重。正如马克思所言:"在我们这个时代,每一种事物好像都包含有自己的反面。我们看到,机器具有减少人类劳动

①《马克思恩格斯全集》第四十二卷,北京:人民出版社,1979年版,第132页。
②《马克思恩格斯文集》第五卷,北京:人民出版社,2009年版,第417页。
③《马克思恩格斯文集》第一卷,北京:人民出版社,2009年版,第537页。
④《马克思恩格斯全集》第三卷,北京:人民出版社,1960年版,第295-296页。
⑤《马克思恩格斯文集》第九卷,北京:人民出版社,2009年版,第309页。

和使劳动更有成效的神奇力量,然而却引起了饥饿和过度的疲劳。财富的新源泉,由于某种奇怪的、不可思议的魔力而变成贫困的源泉。技术的胜利,似乎是以道德的败坏为代价换来的。随着人类愈益控制自然,个人却似乎愈益成为别人的奴隶或自身的卑劣行为的奴隶。甚至科学的纯洁光辉仿佛也只能在愚昧无知的黑暗背景上闪耀。"[1]

(三)资产阶级社会创造着解决对抗的条件

马克思通过对资本主义社会中存在的人的发展与社会发展的全面对立关系解析,说明了资本主义社会将是阶级社会的最后形态,人类史前时期的最后阶段。但他同时指出,资本"榨取这种剩余劳动的方式和条件,同以前的奴隶制、农奴制等形式相比,都更有利于生产力的发展,有利于社会关系的发展,有利于更高级的新形态的各种要素的创造"[2]。资本主义社会是人类社会由阶级社会迈进共产主义社会的最后却也是必经的阶段,人类社会将在资本主义社会所创造的一切文明成果基础上走向"自由人联合体"。

1.世界历史的开创

随着社会生产力的持续发展,构建全球范围内人类之间真正普遍的交流互动,已成为马克思所阐述的人的发展与社会进步相统一的关键要素。在科技革命和大工业发展的推动下,资本主义大工业催生了新型的交通方式和现代化的世界市场,实现了商业领域的全面控制,将各类资本转化为工业资本,进而极大地促进了流通效率的提升和资本的集中。商品流通的加速、工业资本的聚集和世界市场的开拓,使得各国的生产和消费活动呈现出世界化的特征。自此,人类社会的发展彻底摆脱了自然孤立的状态,实现了紧密的相互联系。世界历史作为人类历史整体发展的特定阶段和表现形式,为各民族从地域性存在向世界性存在的转变奠定了坚实的基础。"过去那种地方的和民族的自给自足和闭关自守状态,被各民族的各方面的互相往来和各方面的互相依赖所代替了。"[3]这样,"各个相互影响的活动范围在这个发展进程中越是扩大,各民族的原始封闭状态由于日益完善的生产方式、交往以及因交往而自然形成的不同民族之间的分工消灭得越是彻底,历史也

①《马克思恩格斯文集》第二卷,北京:人民出版社,2009年版,第580页。
②《马克思恩格斯文集》第七卷,北京:人民出版社,2009年版,第927-928页。
③《马克思恩格斯文集》第二卷,北京:人民出版社,2009年版,第35页。

就越是成为世界历史。"①正是由于"封闭状态"的国家和"自给自足"的民族被消灭,把各民族都推向了不可分割的联系和交往之中,任何民族的生产和交往都只能在相互依赖与制约中维系,世界结成一个"相互往来"和"相互依赖"的整体即"统一的政府、统一的法律、统一的民族阶级利益和统一的关税的统一的民族"②,最终"把一切民族甚至最野蛮的民族都卷到文明中来了。"③当然,社会交往的普遍发展以及最终的世界历史的形成,不仅会使既有的生产力的保存、普及和发展以及新生产力的创造成为可能,而且能使"地域性的个人为世界历史性的、经验上普遍的个人所代替。"④因为"每一个单个人的解放的程度是与历史完全转变为世界历史的程度一致的。"⑤也正如此,马克思恩格斯在《形态》中才较多地使用了"全球的""全面的""普遍的""全球的这种全面生产""全面的依存关系""世界历史性的"等概念,以同"氏族的""民族的""地方性的"等概念相区别。

2.旧式分工的消灭

旧式分工即"个人本身完全屈从于分工,因此他们完全被置于相互依赖的关系之中。"⑥关于此观点,马克思借亚当·斯密有过明确的论述,他指出:亚当·斯密"很清楚地看到:'个人之间天赋才能的差异,实际上远没有我们所设想的那么大;这些十分不同的、看来是使从事各种职业的成年人彼此有所区别的天赋,与其说是分工的原因,不如说是分工的结果。'"⑦在旧式分工下的"共同活动本身不是自愿地而是自然形成的,所以这种社会力量在这些个人看来就不是他们自身的联合力量,而是某种异己的、在他们之外的强制力量。"⑧这种分工"使精神活动和物质活动、享受和劳动、生产和消费由不同的个人来分担这种情况不仅成为可能,而且成为现实,而要使这三个因素彼此不发生矛盾,则只有再消灭分工。"⑨消灭分工的条件本身也是由分工所创造。随着生产规模

①《马克思恩格斯文集》第一卷,北京:人民出版社,2009年版,第540-541页。
②《马克思恩格斯文集》第二卷,北京:人民出版社,2009年版,第36页。
③《马克思恩格斯文集》第二卷,北京:人民出版社,2009年版,第35页。
④《马克思恩格斯文集》第一卷,北京:人民出版社,2009年版,第538页。
⑤《马克思恩格斯文集》第一卷,北京:人民出版社,2009年版,第541页。
⑥《马克思恩格斯文集》第一卷,北京:人民出版社,2009年版,第579页。
⑦《马克思恩格斯文集》第一卷,北京:人民出版社,2009年版,第619页。
⑧《马克思恩格斯文集》第一卷,北京:人民出版社,2009年版,第538页。
⑨《马克思恩格斯文集》第一卷,北京:人民出版社,2009年版,第535页。

的扩大和社会分工的发展,"分工、由分工而产生的个人之间的交换,以及把这两者结合起来的商品生产,得到了充分的发展,完全改变了先前的整个社会"①。如此,原本零散的、规模有限的地区市场开始逐步整合,形成了一个统一且庞大的国内市场。这一进程并未止步,而是继续向全球范围扩展,促进了全球市场的形成与深化,消灭分工的条件也逐渐产生和具备。马克思认为,随着旧式社会分工的最终消逝,人们终将摆脱分工的束缚,使劳动成为真正自由的活动。在此情境下,个人将有能力根据社会的实际需求,结合自身的体力智力、个性特征和兴趣爱好自由地投身于自己热爱的职业,实现全面而自由的发展。

3.私有制的消亡

在马克思的发展理路中,没有对私有制的积极扬弃人就不可能获得自由发展的活动方式,从而也就不可能有人的自由而全面发展的实现。马克思指出:"从资本主义生产方式产生的资本主义占有方式,从而资本主义的私有制,是对个人的、以自己劳动为基础的私有制的第一个否定。但资本主义生产由于自然过程的必然性,造成了对自身的否定。这是否定的否定。这种否定不是重新建立私有制,而是在资本主义时代的成就的基础上,也就是说,在协作和对土地及靠劳动本身生产的生产资料的共同占有的基础上,重新建立个人所有制。"②可见,马克思探讨的不是要废除一般的所有制,而是要废除资产阶级的所有制,"现代的资产阶级私有制是建立在阶级对立上面、建立在一些人对另一些人的剥削上面的产品生产和占有的最后而又最完备的表现"③。资本主义必然灭亡的原因是"生产资料的集中和劳动的社会化,达到了同它们的资本主义外壳不能相容的地步。"④为此,马克思指出这一矛盾的解决只能是"以社会生产为基础的资本主义所有制转化为公有制"⑤,因而"随着联合起来的个人对全部生产力的占有,私有制也就终结了。"⑥只有随着私有制的消灭,使社会自觉地调节生产,消除不合理的经济关系对人的束缚,才能消灭异己关系,人们才能重新支配

————————
①《马克思恩格斯文集》第四卷,北京:人民出版社,2009年版,第193页。

②《马克思恩格斯文集》第五卷,北京:人民出版社,2009年版,第874页。

③《马克思恩格斯文集》第二卷,北京:人民出版社,2009年版,第45页。

④《马克思恩格斯文集》第五卷,北京:人民出版社,2009年版,第874页。

⑤《马克思恩格斯全集》第二十三卷,北京:人民出版社,1972年版,第832页。

⑥《马克思恩格斯文集》第一卷,北京:人民出版社,2009年版,第582页。

自己所创造的一切。这时,人们也才能真正按照社会发展的客观规律,自觉地创造自己的历史,历史的结果和预定的目的就愈加符合一致,使人从整个社会关系中得到自由解放,而"整个革命运动必然在私有财产的运动中,即在经济的运动中,为自己既找到经验的基础,也找到理论的基础"①。

马克思始终坚持未来人类发展的规划不应是脱离现实的理想化构想,而应奠基于社会物质生活条件的现实,深入探究社会生产领域中工人与资本家之间的全面矛盾。他明确指出,生产资料的私人占有制及其具体表现形式——私有财产,构成了导致人类片面和畸形发展的社会根源。进一步地,马克思揭示了人的全面发展与资本主义社会发展的内在不协调性,为实现人的全面发展与社会发展的和谐统一创造着条件,"如果我们在现在这样的社会中没有发现隐蔽地存在着无阶级社会所必需的物质生产条件和与之相适应的交往关系,那么一切炸毁的尝试都是唐·吉诃德的荒唐行为"②。在马克思看来,"人的贬值"和"物的增值"是历史过程中相伴随的一对矛盾,"异化"和"异化的扬弃"走的是同一条道路,在物的依赖基础上的"人"的贬值恰恰为人本身的自由全面发展创造了物质基础。所以,马克思在寻求个人发展和社会发展相统一的规律时得出了这样的结论:"私有制只有在个人得到全面发展的条件下才能消灭。"③

马克思将人类历史视为一个充满辩证的否定性进程,他深刻揭示,在资本主义社会的孕育中,生产力的发展既催生了对抗的力量又为解决这一矛盾创造了物质基础。以大工业机器生产为基础的革命性变革,为消除旧式分工的桎梏、实现工人职业与工种的自由转换提供了条件。"现代工业通过机器、化学过程和其他方法,使工人的职能和劳动过程"④不断融合,进而引发社会分工的根本性革命,持续将资本和劳动力"从一个生产部门投到另一个生产部门。"⑤因此,"要消灭关系对个人的独立化、个性对偶然性的屈从、个人的私人关系对共同的阶级关系的屈从等等,归根到底都要取决于分工的消灭。我们也曾指出,只有交往和生产力已经发展到这样普遍的程度,以致私有制和分工变成了它们的桎梏的时候,分工才会消灭。我们还曾指出,私有制只有在个人得到全面发

①《马克思恩格斯文集》第一卷,北京:人民出版社,2009年版,第186页。
②《马克思恩格斯文集》第八卷,北京:人民出版社,2009年版,第54页。
③《马克思恩格斯全集》第三卷,北京:人民出版社,1960年版,第516页。
④《马克思恩格斯文集》第五卷,北京:人民出版社,2009年版,第560页。
⑤《马克思恩格斯文集》第五卷,北京:人民出版社,2009年版,第560页。

展的条件下才能消灭,因为现存的交往形式和生产力是全面的,所以只有全面发展的个人才可能占有它们,即才可能使它们变成自己的自由的生活活动。我们也曾指出,现代的个人必须去消灭私有制,因为生产力和交往形式已经发展到这样的程度,以致它们在私有制的统治下竟成了破坏力量,同时还因为阶级对立达到了极点。最后,我们曾指出,私有制和分工的消灭同时也就是个人在现代生产力和世界交往所建立的基础上的联合。"①马克思深刻剖析了以"物的依赖性"为基础的文明进程,它创造性地构筑了新的经济制度,为社会劳动生产力和全体生产者的全面发展注入了强大的推动力。但马克思也明确指出,消除人的异化状态、实现个人自由而全面发展的宏伟实践,是旨在终结既有状况、推动社会向前的实际运动。这一运动的内在动因,深深根植于当前社会基础的深刻变革之中。在社会矛盾的作用下,人的发展不断焕发出新的生机与活力,这正是社会历史发展的必然趋势。

4.无产阶级的革命

为了深刻揭示人的发展与社会发展的内在关系及解决途径,马克思对共产主义革命进行了详细的阐明。一是揭示革命的深刻根源。资本主义制度体系的核心矛盾,在其深层结构中体现为资本主义私有制与社会化生产力之间的根本冲突,而在阶级结构的维度上,该矛盾具体表现为无产阶级与资产阶级之间的对立与斗争。在此制度之下,"生产力在其发展的过程中达到这样的阶段,在这个阶段上产生出来的生产力和交往手段在现存关系下只能带来灾难,这种生产力已经不是生产的力量,而是破坏的力量(机器和货币)。与此同时还产生了一个阶级,它必须承担社会的一切重负,而不能享受社会的福利,由于它被排斥于社会之外,因而必然与其余一切阶级发生最激烈的对立;这个阶级是社会成员中的大多数,从这个阶级中产生出必须实行根本革命的意识,即共产主义的意识"②。二是阐明革命的任务。过去的一切革命都是剥削阶级领导的,都是在维护私有制、维护剥削阶级的统治的前提下进行的,"过去的一切革命始终没有触动活动的性质,始终不过是按另外的方式分配这种活动,不过是在另一些人中间重新分配劳动,而共产主义革命则反对活动的旧有性质,消灭劳动,并消灭任何阶级的统治以及这些阶级本身,因为完成这个革命的是这样一个阶级,它

---

① 《马克思恩格斯全集》第三卷,北京:人民出版社,1960年版,第516页。
② 《马克思恩格斯全集》第三卷,北京:人民出版社,1960年版,第77—78页。

在社会上已经不算是一个阶级,它已经不被承认是一个阶级,它已经成为现今社会的一切阶级、民族等等的解体的表现"①,共产主义革命要彻底抛弃旧的社会地位遗留给无产阶级的一切陈旧的、肮脏的东西,因为"无论为了使这种共产主义意识普遍地产生还是为了达到目的本身,都必须使人们普遍地发生变化,这种变化只有在实际运动中,在革命中才有可能实现;因此革命之所以必需,不仅是因为没有任何其他的办法能推翻统治阶级,而且还因为推翻统治阶级的那个阶级,只有在革命中才能抛掉自己身上的一切陈旧的肮脏东西,才能建立社会的新基础。"②三是指明革命的目的。共产主义革命就是要彻底消除旧的物质生产和旧的交往的自发性。"共产主义和所有过去的运动不同的地方在于:它推翻了一切旧的生产和交往的关系的基础,并且破天荒第一次自觉地把一切自发产生的前提看作是先前世世代代的创造,消除这些前提的自发性,使它们受联合起来的个人的支配。因此,建立共产主义实质上具有经济的性质,这就是为这种联合创造各种物质条件,把现存的条件变成联合的条件。共产主义所建立的制度,正是这样的一种现实基础,它排除一切不依赖于个人而存在的东西,因为现存制度只不过是个人之间迄今所存在的交往的产物。这样,共产主义者实际上把过去的生产和交往所产生的条件看作无机的条件。然而他们并不以为,给他们提供资料是过去世世代代的意向和使命,也不认为这些条件对于创造它们的个人来说是无机的。有个性的个人与偶然的个人之间的差别,不仅是逻辑的差别,而且是历史的事实。"③在共产主义社会,人们将把个人的自由发展和运动的条件置于他们的控制之下,每个人的才能、天赋都得到充分和全面的发展,人们自觉地利用生产力的全部发展成果、自主地支配人与人之间的交往,人的发展与社会发展真正实现了统一。

三、以历史分析法把握人的发展的历史进程

社会进步是社会持续不断从低级向高级迈进与发展的过程,它构成了人类历史演进的基本脉络。这个演进过程不仅涵盖了物质生产力的飞跃、社会形态的变迁以及精神文明水平的提升,还深刻体现在人民物质财富、精神生活品质

①《马克思恩格斯全集》第三卷,北京:人民出版社,1960年版,第78页。

②《马克思恩格斯全集》第三卷,北京:人民出版社,1960年版,第78页。

③《马克思恩格斯全集》第三卷,北京:人民出版社,1960年版,第79—80页。

乃至人的自由全面发展的日益实现。社会进步与人的发展二者实为同一历史进程中的两个紧密相连的面向。社会的进步根植于人的发展之中,不仅蕴含了人的成长与进步,更为其进一步的提升开辟了广阔的可能性。反之,人的发展亦不断对社会进步提出新的期许与要求,凭借日益增强的主体能力与实践活动推动社会不断实现新的跨越。正是基于二者关系的深刻洞察,马克思恩格斯将人的解放与社会革命、人的全面发展与社会的全面进步紧密地联系在一起。

(一)基于社会历史进步回顾人的发展历史

马克思对社会进步与人类命运的关注是紧密联系在一起的,他致力于探讨社会发展的规律和人的发展的规律以寻求人类解放的途径。分工是随着社会历史的推进和人类文明的更替一同发展起来的,分工是文明过往历史的"结果"也是未来进步的"原因"。正是通过对分工的历史考察,马克思洞悉了分工与所有制关系之间、分工与人的发展之间的演变规律,最终得以在社会历史的嬗变中把握人的全面发展的变迁历程和探寻人类解放的现实路径。

1.自然分工基础上原始全面的人

人的依赖关系占统治地位是人的发展的第一种历史形态。人的发展的这种历史形态是同社会发展中的自然经济形态相联系的,正如马克思所指出:"我们越往前追溯历史,个人,从而也是进行生产的个人,就越表现为不独立,从属于一个较大的整体:最初还是十分自然地在家庭和扩大成为氏族的家庭中;后来是在由氏族间的冲突和融合而产生的各种形式的公社中。"[1]在人类历史的早期阶段,个体深植于以血缘关系为基础的原始共同体之中。在这一时期,人们的社会联系严格囿于共同体内部,地方性联系仅限于孤立的地点或狭窄的领域之内,并且所有的活动均紧密围绕满足基本生存需求展开。鉴于当时社会生产力水平的局限性,尚未形成明确的社会分工体系,这导致了人们各种活动的自然交织,需要全体社会成员的协同合作才能完成。因此,除了具备动物式的本能外,每个社会成员还展现出一种"原始的丰富性"。[2]随着分工和交换的发展,到了这一形态的中后期出现了各种地域共同体,但共同体内劳动者的生存主要还是靠自己所生产的生活资料以实现自给自足,因此劳动者必须熟悉生产的全

---

① 《马克思恩格斯文集》第八卷,北京:人民出版社,2009年版,第6页。
② 李秀林、王于、李淮春主编;杨耕修订、编著:《辩证唯物主义和历史唯物主义原理》第六版,北京:中国人民大学出版社,2022年版,第315页。

过程并通晓多种劳动技能。"每一个想当师傅的人都必须全盘掌握本行手艺。正因为如此,中世纪的手工业者对于本行专业劳动和熟练技巧还是有兴趣的,这种兴趣可以升华为某种有限的艺术感。"①

在自然经济条件下,由于生产力水平极为低下,人类对自然界的依赖关系被深刻地塑造为一种狭隘且严重的状态。在这种情境下,自然界主要被视为满足人类基本生存需求的客体,而非具有更广泛价值的源泉。由于未能深入挖掘自然界这一客体的多元属性,人类难以充分发展和确证自身内在的丰富特质。进一步地,人类对自然界的这种狭隘且严重的依赖关系,也对人与人之间的社会关系产生了直接影响,使之呈现出同样狭隘且严重的相互依赖特征。面对自然界的无力感,人们不得不通过构建各种形式的共同体来寻求生存与发展的保障。②这种共同体的构建,既是对自然力量的一种应对策略,也是人类社会关系的一种必然体现。正是基于以上种种考察,马克思才做出了精辟的结论:在这种共同体内部"人都是互相依赖的:农奴和领主,陪臣和诸侯,俗人和牧师。物质生产的社会关系以及建立在这种生产的基础上的生活领域,都是以人身依附为特征的。"③

2.旧式分工支配下片面发展的人

以物的依赖性为基础的人的独立性是人类社会发展的第二种基本形态。社会生产力的提高促进了人与自然、人与人以及人自身的分化与整合。人脱离了自然主导而形成了人自身主导的具有真正普遍的社会意义的分工,即体力劳动与脑力劳动的分工。这种分工使一部分人专门从事体力劳动为人类文明的发展创造物质基础,一部分自由自主地从事精神生产,物质财富和精神财富的增加极大地提高了人类的整体能力体系和社会生产力,人类文明发展也由此到了一个历史性的高度。资本主义生产方式的兴起,标志着人类社会首次实现了从"人的依赖"向物的经济联系、商品交换或货币关系的根本性转变。这一变革在客观上为人类的生存和发展奠定了坚实的基础,创造了丰富的社会物质生活条件。随着生产工具的持续更新和商品货币关系的不断深化,人们对土地和他

---

① 《马克思恩格斯文集》第一卷,北京:人民出版社,2009年版,第559页。

② 李秀林、王于、李淮春主编;杨耕修订、编著:《辩证唯物主义和历史唯物主义原理》第六版,北京:中国人民大学出版社,2022年版,第316页。

③ 《马克思恩格斯文集》第五卷,北京:人民出版社,2009年版,第94-95页。

人的依附关系被彻底瓦解,个人在主观层面获得了前所未有的人格独立,并深刻唤醒了自我意识。这一系列变化,为人的全面发展提供了重要的历史前提和坚实的物质基础。

但是值得注意的是,这种生产方式其目的本身并不在于人而在于物,"在自由竞争情况下,自由的并不是个人,而是资本。"①"资本的限制就在于:这一切发展都是对立地进行的,生产力,一般财富等等,知识等等的创造,表现为从事劳动的个人本身的外化。"②因此自发分工的局限性也逐渐暴露,人的发展的片面性就展现出来了。从人的能力发展方面来说,在资本主义细密化的分工下,工人被束缚在狭小的领域之中,仅仅需要适应局部的工作,成为局部职能的"器官"和机器的附属品,成为畸形化的人。从人的社会关系方面来说,多数劳动者被少数占有生产资料的人所雇佣,生产与消费、劳动与享受分别由不同的人来分担,人与人之间的社会关系呈现出了剥削性、对抗性。在资本逻辑下,人被置于"物"的支配下,人不是表现为全面的发展而是表现为全面的异化。

3.自觉分工引导下全面发展的人

自由个性的实现是人类社会发展的第三个形态。这种形态是建立在生产力高度发达和个人能力全面发展的基础上的,这实质上就是马克思所设想的"自由人的联合体"。马克思认为旧式分工使人变成受剥削的人、片面发展的人,随着社会条件的成熟,人们必然会消灭束缚人的全面发展的旧式分工,代之以新式分工,如此逐步实现人的全面发展。社会发展的演进遵循从原始公有制向私有制转变,最终趋向于共产主义公有制的历史轨迹。在这一过程中,劳动分工的形态亦将经历从自然分工向旧式分工(自发分工)进而向新式分工(自觉分工)的演变。与之相适应,人的发展亦呈现出从"原始的丰富性和全面性"逐步至片面和畸形,最终实现全面而自由发展的阶段性特征。③值得注意的是,一是这里的"全面发展",绝不是回到"原始的丰富性"中去;二是人的"片面发展"是人的"全面发展"必经的和关键的阶梯。由此便可知,在新式分工引导下达到全面发展的人是人的发展状态的一种新的"螺旋"和"波浪",是人的发展的否定之否定的进阶过程。

①《马克思恩格斯全集》第四十六卷下册,北京:人民出版社,1980年版,第159页。

②《马克思恩格斯文集》第八卷,北京:人民出版社,2009年版,第171页。

③ 张艳玲、张平:《解析马克思社会发展"以人为本"之"本"》,《河北学刊》2007年第2期,第14-17页。

在新式分工的引导下人的能力得到了充分的发展,工作时间的缩短和自由时间的增加使得所有人都有充裕的时间,发挥自己的一切爱好、个性天赋和兴趣,每个社会成员都能够自由地不受限制地发展自身的能力和素质,并将其付诸实践,按照自己的意愿选择从事何种劳动。社会财富的丰裕、按需分配的实行,使得人们不再为了维持生计而奔波,劳动成为人自由自觉的活动,劳动者成为懂得按照所有尺度进行生产的积极主体,而在平等基础上建立起来的社会关系驱使人们将彼此作为互相发展的前提和对象,建立起真正的联合体。这种联合体真正实现了将人从"物"的依赖关系中解放出来,消灭了资本和雇佣劳动对立的经济关系,实现了劳动者和生产资料的真正的完全的和全面的结合与统一,正如马克思恩格斯所指出:"代替那存在着阶级和阶级对立的资产阶级旧社会的,将是这样一个联合体,在那里,每个人的自由发展是一切人的自由发展的条件。"①

(二)基于资本主义发展分析人的发展现状

马克思明确提出:"资产阶级的生产关系是社会生产过程的最后一个对抗形式,这里所说的对抗,不是指个人的对抗,而是指从个人的社会生活条件中生长出来的对抗;但是,在资产阶级社会的胎胞里发展的生产力,同时又创造着解决这种对抗的物质条件。因此,人类社会的史前时期就以这种社会形态而告终。"②在这里,马克思一方面相信"胎胞里发展的生产力"会解决人的发展与社会发展的矛盾,并且将在"创造"出来的"物质条件"的基础上迈向发展的更高阶段。另一方面,他又承认资产阶级的生产关系的历史作用,尤其是作为"最后一个""告终"的资本主义社会,在其内部一直生长着、创造着社会崩溃状态向社会理想状态、人的全面异化向人的全面发展的物质条件和现实路径。相信人类一定能够借助资本主义社会这最后一块"跳板"的"弹力"跃进人的发展与社会发展和谐统一的"自由人的联合体"。③也正如此,马克思将资本主义社会作为首先进行解析的对象。

1."全面的异化"成为普遍的对象化过程

和《手稿》中"人同人的本质相异化"的费尔巴哈式思维方式不同,《形态》中的马克思恩格斯不再抽象地、逻辑推演地谈论异化问题,不再仅仅从工人在自

---

① 《马克思恩格斯文集》第二卷,北京:人民出版社,2009年版,第53页。
② 《马克思恩格斯文集》第二卷,北京:人民出版社,2009年版,第592页。
③ 何玲玲:《马克思人的发展与社会发展关系理论研究》,北京:人民出版社,2014年版,第110页。

己的劳动中是"否定自己"、是"感到不幸"、是"使自己的肉体受折磨、精神遭摧残"这样一些发展状况的表现来说明劳动过程的异化,而是植根资本主义的异化现实,深入劳动过程的本质,以此揭示资本主义的全面异化。在《形态》中,马克思恩格斯承认"自然异化"的作用,认为"自然界起初是作为一种完全异己的、有无限威力的和不可制服的力量与人们对立的,人们同它的关系完全像动物同它的关系一样,"①但值得注意的是,这种"自然异化"并不是他们强调的异化。马克思恩格斯所要极力论证与阐释的异化植根于资本主义现实之中,"私人利益和公共利益之间还有分裂,也就是说,只要分工还不是出于自愿,而是自发的,那末人本身的活动对人说来就成为一种异己的、与他对立的力量,这种力量驱使着人,而不是人驾驭着这种力量。"②这种异化并非自然之力而是一种现实的力量,是"人的现实"的异化,并且这种异化力量"特定的"存在于资本主义社会当中,只要有这种物质资料的生产方式、这种社会形态的存在,就相应地有一种人们不可抗拒的力量存在。

资本主义机器大工业开创了世界历史,使孤立、封闭的地域性历史向联合、开放的世界性历史转变,这是人类历史的重大进步,为人类社会向更高的阶段发展迈出了重要的步伐,但资本主义私有制所引起的各种异化影响了物质生产及生产力的迅速发展,影响了人与人之间的普遍交往,从而使历史向世界历史的转变具有自发性、盲目性的特征,使人们"丧失了一切现实生活内容"③。一是生产力变成一种异己的力量。在资本主义条件下,"生产力表现为一种完全不依赖于各个个人并与他们分离的东西,它是与各个个人同时存在的特殊世界,其原因是,个人(他们的力量就是生产力)是分散的和彼此对立的,而这些力量从自己方面来说只有在这些个人的交往和相互联系中才能成为真正的力量。因此,一方面是生产力的总和,这种生产力好像具有一种物的形式,并且对个人本身说来它们已经不是个人的力量,而是私有制的力量,因此,生产力只有在个人成为私有者的情况下才是个人的力量;在过去任何一个时期生产力都没有采取过这种对于作为个人的个人的交往漠不关心的形式,因为他们的交往本身还是很狭隘的。另一方面是和这些生产力相对立的大多数个人,这些生产力是和

---

①《马克思恩格斯全集》第三卷,北京:人民出版社,1960年版,第35页。
②《马克思恩格斯全集》第三卷,北京:人民出版社,1960年版,第37页。
③《马克思恩格斯全集》第三卷,北京:人民出版社,1960年版,第75页。

他们分离的,因此这些个人丧失了一切现实生活内容,成了抽象的个人"①。二是共同活动成为一种异己的力量。在资本主义私有制条件下,"受分工制约的不同个人的共同活动产生了一种社会力量,即扩大了的生产力。由于共同活动本身不是自愿地而是自发地形成的,因此这种社会力量在这些个人看来就不是他们自身的联合力量,而是某种异己的、在他们之外的权力。关于这种权力的起源和发展趋向,他们一点也不了解;因而他们就不再能驾驭这种力量,相反地,这种力量现在却经历着一系列独特的、不仅不以人们的意志和行为为转移的,反而支配着人们的意志和行为的发展阶段。"②三是本身的活动成为一种异己的力量。资本主义的"分工还给我们提供了第一个例证,说明只要人们还处在自发地形成的社会中,也就是说,只要私人利益和公共利益之间还有分裂,也就是说,只要分工还不是出于自愿,而是自发的,那末人本身的活动对人说来就成为一种异己的、与他对立的力量,这种力量驱使着人,而不是人驾驭着这种力量。原来,当分工一出现之后,每个人就有了自己一定的特殊的活动范围,这个范围是强加于他的,他不能超出这个范围:他是一个猎人、渔夫或牧人,或者是一个批判的批判者,只要他不想失去生活资料,他就始终应该是这样的人……社会活动的这种固定化,我们本身的产物聚合为一种统治我们的、不受我们控制的、与我们愿望背道而驰的并抹煞我们的打算的物质力量,这是过去历史发展的主要因素之一。"③正是基于此,所有异化现象及其表现形式最终汇聚成了一幅特定的图景:在资产阶级经济及其相应的生产中,人的内在本质的极致展现实际上呈现为彻底的空洞化,普遍的对象化则是表现为全面的异化过程,而所有既定的片面目的的废弃则突显为为了某种纯粹外在的目的而牺牲自身的目的,即人的全面异化成为社会的普遍现象而笼罩着生活在资本主义社会中的所有人。④

2.“对个性的压抑”具有最尖锐最普遍的形式

资本主义生产方式是历史的进步,但就其实质而言,它所实现的更替仍是在私有制的范围内,只不过是用一种新的私有制形式取代了旧的。正如马克思

---

① 《马克思恩格斯全集》第三卷,北京:人民出版社,1960年版,第75页。
② 《马克思恩格斯全集》第三卷,北京:人民出版社,1960年版,第38-39页。
③ 《马克思恩格斯全集》第三卷,北京:人民出版社,1960年版,第37页。
④ 何玲玲:《马克思人的发展与社会发展关系理论研究》,北京:人民出版社,2014年版,第115-116页。

所言:"从封建社会的灭亡中产生出来的现代资产阶级社会并没有消灭阶级对立。它只是用新的阶级、新的压迫条件、新的斗争形式代替了旧的。"①"个人关系向它的对立面即向纯粹的物的关系的转变,个人自己对个性和偶然性的区分,这正如我们已经指出的,是一个历史过程,它在发展的不同阶段上具有不同的、日益尖锐的和普遍的形式。在现代,物的关系对个人的统治、偶然性对个性的压抑,已具有最尖锐最普遍的形式。"②然而不可否认的是,资本主义生产方式下人的发展具有自己独有的特征。马克思指出,社会化大生产不断突破自然的界限为人的发展提供条件,但私有制的社会关系却使其成为与人相对立、成为人的发展的桎梏。

在资本主义机器大工业时期的细密分工中,每个人终身只需重复同样的动作,劳动者成为结构严密的生产机体上的"一个器官",被固定化的专业分工束缚,成为固定化专业分工的奴隶,成为机器的奴隶。这样,"资本在具有无限度地提高生产力趋势的同时,又在怎样程度上使……人本身片面化,受到限制等等"③。资本主义条件下的劳动者是极不自由的,但资本家阶级更是如此。马克思指出:"各个人在资产阶级的统治下被设想得要比先前更自由些,因为他们的生活条件对他们来说是偶然的;事实上,他们当然更不自由,因为他们更加屈从于物的力量。"④作为资本人格化的资本家阶级,他们在破除中世纪神学束缚的同时又套上资本的枷锁,资产者"也都因分工而被自己用来从事活动的工具所奴役""为他自己的资本和利润欲所奴役""他的僵化的法律观念所奴役""为各式各样的地方局限性和片面性所奴役""为他们自己的肉体上和精神上的短视所奴役""为他们的由于接受专门教育和终身从事一个专业而造成的畸形发展所奴役"⑤。也就是说,在资本主义社会,资本作为物,人是被统治、束缚的对象,丧失了自由和独立,而资本获得了独立和个性。

3."全部生存条件都是一种偶然的东西"

在资本主义私有制条件下,资本家控制着生产资料,支配着物质生产,他们的生产不是从社会整体利益出发,其结果是相互冲突,从而使得物质生产受到

①《马克思恩格斯文集》第二卷,北京:人民出版社,2009年版,第32页。
②《马克思恩格斯全集》第三卷,北京:人民出版社,1960年版,第515页。
③《马克思恩格斯全集》第三十卷,北京:人民出版社,1995年版,第406页。
④《马克思恩格斯文集》第一卷,北京:人民出版社,2009年版,第572页。
⑤《马克思恩格斯文集》第九卷,北京:人民出版社,2009年版,第309页。

极大的破坏,甚至劳动者的全部生存条件都变成一种偶然的东西。正如马克思恩格斯指出:"在私有制的统治下,这些生产力只获得了片面的发展,对大多数人来说成了破坏的力量,而许多这样的生产力在私有制下根本得不到利用。"①一方面,一切交往形式和交往本身成为偶然的东西。资本主义条件下,"在大工业和竞争中,各个个人的一切生存条件、一切制约性、一切片面性都融合为两种最简单的形式——私有制和劳动。货币使任何交往形式和交往本身成为对个人来说是某种偶然的东西。因此,货币就是产生下述现象的根源:迄今为止的一切交往都只是一定条件下的个人的交往,而不是单纯的个人的交往。这些条件可以归结为两点:积累起来的劳动,或者说私有制,以及现实的劳动。如果二者缺一,交往就会停止……分工从最初起就包含着劳动条件、劳动工具和材料的分配,因而也包含着积累起来的资本在各个私有者之间的劈分,从而也包含着资本和劳动之间的分裂以及所有制本身的各种不同的形式。分工愈发达,积累愈增加,这种分裂也就愈剧烈。劳动本身只有在这种分裂的条件下才能存在。"②另一方面,劳动本为不自主的活动。在资本主义社会里,"对于无产者说来,他们自身的生存条件、劳动,以及当代社会的全部生存条件都是一种偶然的东西,它是单个的无产者无法加以控制的,而且也没有任何社会组织能使他们加以控制的。单个无产者的个性和强加于他的生存条件即劳动之间的矛盾,现在无产者自己已经意识到了,"③无产阶级"同生产力和自身存在还保持着的唯一联系,即劳动,在他们那里已经失去了任何自主活动的假象,它只是用摧残生命的东西来维持他们的生命。而在过去,自主活动和物质生活的生产是分开的,这是因为它们是不同人的命运,同时物质生活的生产,由于个人本身的局限性,还被认为是自主活动的次要形式,——现在它们互相分离竟达到这般地步,以致物质生活一般都表现为目的,而这种物质生活的生产即劳动(它现在是自主活动的唯一可能的形式,然而正如我们所看见的,也是自主活动的否定的形式)则表现为手段。"④

①《马克思恩格斯全集》第三卷,北京:人民出版社,1960年版,第68页。
②《马克思恩格斯全集》第三卷,北京:人民出版社,1960年版,第74-75页。
③《马克思恩格斯全集》第三卷,北京:人民出版社,1960年版,第87页。
④《马克思恩格斯全集》第三卷,北京:人民出版社,1960年版,第75-76页。

(三)基于世界历史发展预见人的发展前景

相对于社会发展而言,人的全面发展既包括广泛性,即每一社会成员各方面能力的协调发展,又包括自主性,即每个人自觉地施展、使用自己的能力。人的全面发展只有以物质财富极大丰富和交往的普遍联系为前提,逐步克服以往虚假共同体的弊端,在"自由人的联合体中"才能实现。正如马克思恩格斯指出:"只有在共同体中,个人才能获得全面发展其才能的手段,也就是说,只有在共同体中才可能有个人自由。在过去的种种冒充的共同体中,如在国家等等中,个人自由只是对那些在统治阶级范围内发展的个人来说是存在的,他们之所以有个人自由,只是因为他们是这一阶级的个人。从前各个人联合而成的虚假的共同体,总是相对于各个人而独立的;由于这种共同体是一个阶级反对另一个阶级的联合,因此对于被统治的阶级来说,它不仅是完全虚幻的共同体,而且是新的桎梏。在真正的共同体的条件下,各个人在自己的联合中并通过这种联合获得自己的自由。"①

1.物质财富的极大丰富

个人受限制、不自由的生活在根本上是由人类赖以存在的生活条件所决定。人类的生活离不开物质世界,人类的解放必须以物质条件为基础和前提。在阶级社会的架构体系中,生产资料为统治阶级所严密控制,生产条件亦受到其严格规范,劳动者在此框架内进行生产活动,其行动被严格限定于既定范围之内。这种物质条件的束缚以及生产与生活的异化现象,构成了阻碍个人自由发展、束缚人类社会进步的根本原因。此外,由于个体间物质生产条件的差异性,人们始终被归属于特定的阶级范畴。为消除阶级差异、消除生产生活的异化现象,必须打破物质条件的限制。正如马克思所指出,物质力量唯有通过物质力量方能战胜。因此,只有彻底消除束缚个人发展的物质条件,才能真正实现人的全面解放。而要取消那些束缚个人发展的物质条件,关键在于掌握生产资料,进而掌握社会生产力。

在实现共产主义之前,在社会生产力充分发展以前,解放社会的力量没能占有生产力总和,因而争取人类解放的条件就不成熟。受生产力发展水平的制约,受分工发达程度的制约,人们彼此之间不总是联系着的,而是彼此孤立、分

---

① 《马克思恩格斯文集》第一卷,北京:人民出版社,2009年版,第571页。

散,加上现代工业分工下的职业化、专业化特征,社会生产并不表现为每个人的力量总和。而只有当个人是私有者的时候,生产力才表现为受个人控制的现实力量。既然鉴于生产力的总量是以私有制的形式体现,且仅当个体作为私有者时方能彰显其个人力量。因此,我们必须致力于实现对生产资料的集体占有。但这种占有方式与传统私有制截然不同,它强调全体社会成员共同拥有生产资料。唯有如此,个体方能更有效地掌控其生存条件,进而获取实现自我解放与自由所需的物质基础。当每位社会成员的劳动与全体社会成员的劳动相互依赖,即每个人都能运用并受益于他人的生产力时,我们便能实现对生产力总体的共同占有。

随着生产力的发展,必将实现社会成员对生产力总和的占有。资本主义大工业"首次开创了世界历史,因为它使每个文明国家以及这些国家中的每一个人的需要的满足都依赖于整个世界,因为它消灭了各国以往自然形成的闭关自守的状态。"①大工业生产把世界连成一个整体,使生产力的发展达到前所未有的高度,生产越发展,联系越普遍,私有制下的地域限制、剥削压迫越没有存在的空间。生产力的发展必将使越来越多的劳动者包含在共同的生产条件下,便于联合起来的个人掌握共同的生产条件,进而掌握生产力总和。每个人直接是世界生产的某一环节,每个人将会对世界性的生产直接产生作用。当个人的存在变成世界历史性的存在,变成相互联系着的命运共同体的成员之一,这样联合起来的力量才是最彻底、最革命的力量。就像共产主义不能作为某种地域性的东西而存在,一旦生产和交往突破地域限制,个人必将实现对社会生产力总和的占有。

2.社会交往的普遍形成

社会生产力的发展和普遍交往是紧密联系的,占有生产力总和的过程也是实现普遍交往的过程。"只有当交往成为世界交往并且以大工业为基础的时候,只有当一切民族都卷入竞争斗争的时候,保持已创造出来的生产力才有了保障。"②交往同生产一样重要。生产活动一经开始,交往就产生。相互之间的互动交往不仅构成推动生产力发展的合力,也成为进一步变革生产关系的决定性力量。在生产的不发达阶段,受交通工具和贸易范围的限制,发生在有限范围

①《马克思恩格斯文集》第一卷,北京:人民出版社,2009年版,第566页。
②《马克思恩格斯文集》第一卷,北京:人民出版社,2009年版,第560页。

内的生产,只能形成区域内部狭隘的民族交往。随着生产活动的地域性扩展及跨区域贸易的建立,交往活动便突破了民族界限,实现了全球范围的联结。这种交往形式从民族内部的有限交往演进至跨民族的广泛交往,最终在全球范围形成了普遍的交往格局。

当交往活动从局限于民族内部的狭隘范围拓展至普遍交往,历史进程亦由单一民族的历史演变为全球性的世界历史。而在这一过程中,世界市场逐渐形成,各民族都被纳入到了现代社会化大生产的体系之中。经济全球化以及贸易的国际化推动各个国家、民族参与到现代工业生产中,成为世界性生产某一环节。即使部分国家、民族暂时避免参与世界生产,也必然受到工业浪潮的影响,引起思想观念的更新。另一方面,生产力高度发展消灭了绝对贫困,却又形成了世界范围内的相对贫困,形成了同资产阶级相对应的无产者群体。普遍交往将各个民族中无产者群体联系起来,当压迫、剥削不再是一个民族内部的偶然而成为世界各民族中普遍现象时,要求推翻阶级压迫和阶级统治的斗争将会在世界范围内普遍建立起来。对他们来说,争取本民族的解放斗争也是争取各个民族解放的共同斗争,它已经发展成为各个民族共同的事情。正如马克思所说:"无产阶级只有在世界历史意义上才能存在,就像共产主义——它的事业——只有作为'世界历史性的'存在才有可能实现一样。"①共产主义同人类解放都不能作为某种地域性存在、局部性地进行,而只能在世界历史的条件下进行。通过世界市场形成普遍交往,把无产阶级贫困的生活条件变成大多数人的共同境遇,把相互之间可以依靠的力量变成必须进行革命变革的物质力量,解放的条件一将成熟,人类不仅需要而且必然要最大限度地联合起一切能够联合的力量朝着"自由人的联合体"迈进。

3.建立自由人的联合体

个体联合方能实现对共同生产条件的掌控。在私有制框架下,社会生产条件成为个体异化的渊薮。为了消除这种异化现象,必须将物质生产条件置于人类的直接管理之下,从而实现对物质生产的全面控制。当个体在生产过程中处于分散与孤立状态时,对社会物质生产条件的掌控难以实现。唯有当越来越多的个体联合起来汇聚成强大的集体力量,以集体之力与既定的生产秩序及统治秩序进行抗争,方有可能推翻并重塑当前的秩序框架。没有联合、没有共同体,

———————————
①《马克思恩格斯文集》第一卷,北京:人民出版社,2009年版,第539页。

就不能实现人类解放。过去时代中的种种联合体不过是虚幻的共同体，所谓自由也只是统治阶级范围内的自由，超出这个范围，自由就丧失了。就联合起来的统治阶级来说也不过是利益共同体，而不是每个人自由全面发展的真正共同体。在虚幻的共同体中每个人生产发展的条件是统治阶级进行统治的基础，个人只是作为一般化的个人隶属于这个共同体，受到统治阶级的控制，每个人不能获得自由发展的前提和机会。这种虚幻的共同体中所实现的联合是他们作为阶级成员的联合而不是每个人作为自己的联合，只是因为他们受到阶级生存条件的制约而不得不走向的联合。因此在社会发展进程中，随着无产阶级控制了自己的生存条件和社会成员的普遍生存条件，联合起来的共同体才是通向人类解放的真正共同体。在无产阶级的共同体中，每个人是作为自由的个体参加的，"它是各个人的这样一种联合（自然是以当时发达的生产力为前提的），这种联合把个人的自由发展和运动的条件置于他们的控制之下。"①随着个体联合对生产条件的共同控制，个体自由发展需求与生活条件之间的矛盾得到有效化解。个体通过自我劳动实现生活资料的生产，进而成为自我发展实践的体现，劳动的异化特性得以根除，个体得以实现其本质力量的全面展现。在此情境下，个人能够依据自身兴趣自主选择从事的活动，其行为展现出更高的自主性和自由度，从而摆脱了以往局限于特定活动范围或职业固化所带来的异化生活状态。在这样一个自由联合的共同体中，个体的生存条件与本阶级的生存条件相统一，个体的解放成为推动他人解放的先决条件，个体的自由发展亦成为全体成员自由发展的重要基石。

---

① 《马克思恩格斯文集》第一卷，北京：人民出版社，2009年版，第573页。

第六章

《德意志意识形态》
中人的发展理论的
当代启示

习近平总书记在党的二十届三中全会上指出："当前和今后一个时期是以中国式现代化全面推进强国建设、民族复兴伟业的关键时期。"①在实现这一目标的过程中，"教育、科技、人才是中国式现代化的基础性、战略性支撑。"②人的现代化是中国式现代化的实质，推进中国式现代化必须推进人的现代化。《德意志意识形态》中人的发展理论是马克思恩格斯立足19世纪资本主义现代化进程，考察无产阶级甚至包括资产阶级的发展状况而形成的成果，他们对资本逻辑操控下人的片面、畸形发展进行深刻批判，进而展望了共产主义社会中人的自由而全面发展前景，为中国式现代化和人的现代化的推进提供重要启示。

一、推动"两种生产"的协调发展

恩格斯在《家庭、私有制和国家的起源》中对"两种生产"理论作了完整的阐发，但马克思恩格斯在《德意志意识形态》一书中论述"原初的历史的关系"时，就明确提出了"物质生活资料的生产"和"人自身的生产"两种生产的思想。他们认为这两种生产都不仅包含着"自然关系"，同时也包含着"社会关系"，而且物质生活资料的生产和人自身的生产并非互不相干的两种独立的生产形式，它们彼此之间相互支持、互相掣肘。物质生活资料的生产决定人自身的生产，人自身的生产制约着物质生活资料的生产。习近平总书记在党的二十大报告中明确指出："高质量发展是全面建设社会主义现代化国家的首要任务。"③这一重要的工作指向为踏上新征程的"两种生产"明确了发展的方向，就是通过经济的高质量发展和人口的高质量发展支撑中国特色社会主义现代化建设全局。

（一）物质生活资料生产与人自身生命生产相互掣肘

马克思恩格斯在《德意志意识形态》"费尔巴哈"章中提出并阐述了两种生产理论。就物质资料的生产而言，"人们为了能够'创造历史'，必须能够生活。但是为了生活，首先就需要吃喝住穿以及其他一些东西。因此第一个历史活动

---

① 习近平：《中共中央关于进一步全面深化改革　推进中国式现代化的决定》，北京：人民出版社，2024年版，第2页。

② 习近平：《中共中央关于进一步全面深化改革　推进中国式现代化的决定》，北京：人民出版社，2024年版，第13页。

③ 习近平：《高举中国特色社会主义伟大旗帜　为全面建设社会主义现代化国家而团结奋斗——在中国共产党第二十次全国代表大会上的报告》，北京：人民出版社，2022年版，第28页。

就是生产满足这些需要的资料,即生产物质生活本身"①,就人自身的生产而言,"每日都在重新生产自己生命的人们开始生产另外一些人,即繁殖。这就是夫妻之间的关系,父母和子女之间的关系,也就是家庭。"②在此基础之上,马克思恩格斯进一步指出:"生命的生产,无论是通过劳动而生产自己的生命,还是通过生育而生产他人的生命,就立即表现为双重关系:一方面是自然关系,另一方面是社会关系"③即无论物质生活资料的生产还是人自身生产都同时是自然关系和社会关系的双重生产,且二者相互影响相互制约。

1.物质生活资料的生产对人自身生产的掣肘

人是物质生活资料生产的主体,也是物质生活资料消费的主体。由于人自身的生产是"自然关系"和"社会关系"生产的统一,因而一定社会历史条件下的物质生活资料的生产水平就必然地成为人自身生产的基础。物质生活资料的生产决定人口生产的数量和质量。

第一,物质生活资料的生产决定人口生产的数量。人作为消费者,物质生活资料的丰盈程度决定人口生产的数量。正如马克思恩格斯在《形态》中所言,人类在从事创造历史的活动之前必须能够满足最基本的吃喝住穿以及其他一些需要。物质生活资料越是丰盈,就越是能够支撑更大规模的人口体量,反之,物质生活资料越是匮乏,则能承载的人口体量就越小。英国史学家霍布斯鲍姆在《革命的年代:1789—1848》一书中就曾分析过18世纪农业发展和物质生活资料增长带来的人口增长现象:"18世纪当然不是一个农业停滞不前的世纪,相反,这是一个人口膨胀、都市化蓬勃发展、贸易和制造业长期增长的时代,这一切都促进了农业的改进,而且也确实需要农业的进步。这个世纪的下半叶,人口开始惊人增长,并且从此以后经历了持续不断的增长过程。"④当然,社会范围内消费资料的丰盈,并不一定必然导致人口规模增大,人口规模还与物质生活资料的分配密切相关。例如,当今一些西方发达国家的物质生活资料已经颇为丰富,但人口却出现了低增长甚至负增长态势,"少子化"成为一个突出问题制约着经济社会的发展。究其原因,一方面是随着社会进步,人们的生育观念发

---

① 《马克思恩格斯选集》第一卷,北京:人民出版社,2012年版,第158页。
② 《马克思恩格斯选集》第一卷,北京:人民出版社,2012年版,第159页。
③ 《马克思恩格斯选集》第一卷,北京:人民出版社,2012年版,第160页。
④ [英]艾瑞克·霍布斯鲍姆:《革命的年代:1789—1848》,王章辉译,北京:中信出版社,2017年版,第21页。

生了变化,人们不再只追求人口生产的数量,而把关注点放在人口养育的质量上;不仅关注未来孩子的成长,而且关注自身的生活品质。另一方面则是因"家庭的收入调节该家庭的人口生产。"①现代社会育儿成本的上升使得一个家庭不得不减少生育数量而把有限的资源集中在少数孩子身上,从而实现优生优育目标,这就客观上促成了人口数量随物质生产效率提高反而降低的现象。人作为劳动者,物质生活资料的生产决定劳动人口的数量。正如马克思恩格斯所言:"工业,即由于必须给不断增长的城市人口提供就业机会而不可或缺的、大部分是从国外引进的工业"②,物质资料生产决定劳动者是否能够得到利用而成为资本主义体系中的一环,即是否成为工人。劳动者能否成为"工人"就像商品能否出售一样是"惊险的一跃",决定了个人是否会沦为"过剩人口"。在资本主义社会,生产力的发展导致机器对人的排挤,进而出现大量过剩人口。在批驳马尔萨斯的人口论时,马克思恩格斯曾说明正是因为生产力增长给人口带来压迫,需要通过饥饿或移民来消除过剩人口。

第二,物质生活资料的生产决定人口生产的质量。一方面,作为消费者,物质生活资料的生产决定人自身生产是否能够实现优生优育。从物质生活资料的生产整体来看,消费资料的高质量发展形塑人自身发展。消费资料的丰盈使得人有条件享受丰富的消费产品,如高质量生育产品和教育产品,从而使人自身生产质量得到保证。如果消费资料像马克思恩格斯所批判的那样:"按照通常的德国方式,生意都因搞批量的和虚假的生产,因质量降低、原料掺假、伪造商标、买空卖空、票据投机以及没有任何现实基础的信用制度而搞糟了。"③那么这种情况也必然对进行消费的人自身的质量提升产生影响。从物质生活资料的分配来看,在私有制社会中存在不平等分配的现象。那些拥有更多财富的人有更多机会获取高质量的生育产品和教育产品,从而保证新生儿获得更高的先天素质。正如马克思恩格斯所说,在资本主义社会中,"与这种分工同时出现的还有分配,而且是劳动及其产品的不平等的分配(无论在数量上或质量上),"④资本主义社会人口生产的质量也出现两极分化,出现人口先天素质的代际传

① 何建宁:《马克思主义两种生产理论对现实人口问题的几点启示》,《当代经济研究》2011年第4期,第14-16页。

② 《马克思恩格斯选集》第一卷,北京:人民出版社,2012年版,第191页。

③ 《马克思恩格斯选集》第一卷,北京:人民出版社,2012年版,第142页。

④ 《马克思恩格斯选集》第一卷,北京:人民出版社,2012年版,第163页。

递,优生优育是资产阶级的特权,无产阶级却往往无法实现。另一方面,作为生产者,物质资料的生产决定人口生产的质量。"现实的个人"是生活在"包括他们已有的和由他们自己的活动创造出来的物质生活条件"①下的个人,现实的个人在既有的社会历史阶段中,在一定的分工体系中从事生产活动,他们当下的物质生活资料的生产水平塑造着现实的他们。人们从事的"感性劳动"同时也是"创造","个人是什么样的,这取决于他们进行生产的物质条件。"②人自身生产能否实现优生优育关键在于社会能够为其提供怎样的条件。社会物质资料的生产决定了一个人是"猎人""渔夫""牧人"或者是"批判的批判者",不同的人在物质生活资料的生产与分配中地位不同,也就意味着他们占有的人口生产的条件也不同。马克思恩格斯深刻地指出,在资本主义条件下个人"隶属于阶级",个人的发展(从出生到成长)"是由阶级决定的",对于工人而言根本谈不上什么发展,威伦霍尔的钳工助手的发展只能是"大腿脱臼",纺织女工的发展只能是"两膝麻木不仁"。

2.人自身的生产对物质生活资料生产的掣肘

马克思在《资本论》中指出:"劳动生产力以及机器的应用,同人口成比例,而人口的增长本身既是有待再生产因而也有待消费的使用价值增长的前提,也是这些使用价值增长的结果。"③人口的数量和质量影响物质生活资料的生产。人口数量过多或者过少都对物质生活资料的生产不利;人口质量的高低对物质生活资料的生产影响更深远。这就要求保证一定数量和质量的劳动力以推动物质生活资料的生产。此外,人自身的生产影响物质生活资料生产的方式,要注重人口增长的速度同物质生活资料的生产相协调,从而推动社会的健康发展。

第一,人口的数量制约物质生活资料的生产。一方面,作为消费者,人口数量过多,则消耗大,造成资源、环境、经济、社会压力,引发各种社会矛盾,影响社会财富的积累和扩大再生产;人口数量过少,则劳动力不足,市场需求减少,直接制约物质生活资料的扩大再生产。此外,人口的增长不仅造就新的需要,而且推动需要从低层次到高层次、从简单到复杂的嬗变,从简单的温饱需要向交往的需要、精神需要等层次发展。人口增长带来的多样化需要能够促进产业结

---

① 《马克思恩格斯选集》第一卷,北京:人民出版社,2012年版,第146页。
② 《马克思恩格斯选集》第一卷,北京:人民出版社,2012年版,第147页。
③ 《马克思恩格斯全集》第三十一卷,北京:人民出版社,1998年版,第150页。

构的优化升级,推动经济的多元化发展。因此,人自身的生产不仅推动生活必需品的生产,而且推动健康、教育等多个相关产业的迅速发展。另一方面,作为劳动者,劳动力的数量即劳动力的供给影响物质生活资料的生产。当社会发展态势良好,对劳动力的需求就会增大,只有保障充足的劳动力供给才能满足大规模生产的需要,才能增加物质生活资料的产出;如果劳动力供给不足,就会限制生产规模的扩大和产品的产量。当社会发展速度放缓甚至停滞倒退,对劳动力的需求变小,此时如果人口增长速度过快,就会出现劳动力供过于求、失业率上升,社会不稳定因素增多,进而影响物质生活资料的生产。

第二,人口的质量影响物质生活资料生产的量与质。一方面,人口的质量影响物质生活资料生产的产量。物质生活资料的生产是一个需要持续投入劳动力的过程,健康的体魄和健全的心理是劳动者从事物质生活资料生产的先决条件,劳动者的知识水平和技能水平更是决定着物质生活资料的生产效率。随着科学技术的不断进步以及科技同生产的深度结合,物质生活资料的生产对劳动者综合素质提出越来越高的要求。高素质的劳动者能够熟练地操作机器设备,因而生产效率更高,产品质量更好。人工智能时代的到来,生产力的增长不再是人口数量的简单叠加,人口的质量提升越来越成为更加重要的因素。当年马克思恩格斯描述了机器大生产替代工厂手工业的景象:"现在一个八岁的儿童在机器的帮助下,比以前20个成年男子生产得还要多。"[1]人工智能的发展将使这一景象再次发生翻天覆地的变化。此外,人工智能等高科技的研发也依赖于高素质的科研工作者,科技的进步对科研工作者的素质也提出了越来越高的要求。总之,几乎所有的现象都表明,人口质量对于提高物质生活资料的生产效率具有关键意义。另一方面,人口的质量影响物质生活资料生产的质量。新时代,我国社会主要矛盾发生转变,人们对美好生活的需求更加强烈,对产品的质量提出更高的要求。要满足这些要求,依赖科研工作者进一步推动科技进步,进而与物质生活资料的生产深度融合,提高产品的质量;依赖于物质生活资料的直接生产者熟练操作科技含量更高的生产工具,生产出高质量的产品。

第三,人口的生产影响物质生活资料生产的形式。马克思恩格斯考察了人口的增多使家庭为单位的生产形式从主导地位转变为从属地位。马克思恩格斯说:"这种家庭起初是唯一的社会关系,后来,当需要的增长产生了新的社会

---

①《马克思恩格斯文集》第一卷,北京:人民出版社,2009年版,第101页。

关系而人口的增多又产生了新的需要的时候,这种家庭便成为从属的关系了(德国除外)。"①人口的增长带来的需要的增加,以家庭为单位的生产形式效率低下,已经不能满足快速增加的需要,因而要求生产形式的变化。马克思恩格斯以工场手工业突破行会制度为例,分析人口的增长和需求的增加如何推动生产形式的变化:"随着人口增长而增长的对衣料的需求,由于流通加速而开始的自然形成的资本的积累和运用,以及由此引起的并由于交往逐渐扩大而日益增长的对奢侈品的需求,——所有这一切都推动了织布业在数量上和质量上的发展,使它脱离了旧有的生产形式。"②因此,需要作为推动物质生产资料进行生产的内生动力,也是推动物质生活资料的生产形式发生变化的重要动力,而需要的变化同人口的生产密切相关,这就要求把握人口的生产同物质生活资料生产形式的内在关联,实现二者的良性互动。

(二)丰富物质生活资料生产以保障人自身生命生产

物质生活资料的生产不仅决定人自身生产的数量,而且决定人自身生产的质量,因此,要持续推进物质生活资料的生产以保障人自身生命生产。历史唯物主义要求把人自身的生产放在具体的社会关系中加以考察,把握人口生产的内在规律,认识到物质生活资料生产对人自身生产的决定性作用。这为中国式现代化进程中,不断丰富物质生活资料生产以保障和优化人自身生命生产提供启发。

1.推进物质生活资料生产以支撑人自身生命生产的数量

如前所述,人自身生命生产的积极性同物质生活资料的丰盈程度密切相关,只有为人自身生命生产提供充足的物质保障以及相关条件的支持,才能解除人自身生命生产的后顾之忧,调动人自身生命生产的积极性。

第一,保障物质资料供给以满足人自身生命生产的物质需要。作为消费者,人自身的生产离不开物质生活资料的支持,物质生活资料的增加是保障人自身的生产的关键。物质生活资料的增多为人口增多创造条件,反之,如果物质生活资料减少会导致人口的减少。正如马克思恩格斯说:"趋于衰落的罗马帝国的最后几个世纪和蛮族对它的征服本身,使得生产力遭到了极大的破坏;农业衰落了,工业由于缺乏销路而一蹶不振,商业停滞或被迫中断,城乡居民减

---

① 《马克思恩格斯选集》第一卷,北京:人民出版社,2012年版,第159页。
② 《马克思恩格斯选集》第一卷,北京:人民出版社,2012年版,第188-189页。

少了。"①保障物质生活资料重点在于不断推进技术进步、提高生产效率,推进农业、工业和商业的繁荣,满足人自身生命生产的物质需要。

第二,调整物质生活资料分配以增进人自身生命生产的积极性。现如今,影响社会发展的"少子化"问题的出现尽管同人们生育观念的变化相关,但最为根本的还是物质条件的掣肘。"人对生育问题的观点、意识是在生产力和生产关系形成、变化的过程中形成的,既然生产力的发展无法解释为何经济发达地区生育率偏低的现象,那么社会关系就是这种生育观形成的主要原因。"②如何解决"少子化"问题,需要从降低生育、教育成本上下功夫。在人民群众美好生活需要日益增长的背景下,如果人自身生命的生产极大地降低生活质量,增加生活压力,将直接抑制人们的生育意愿,"少子化"问题就难以避免。长此以往,人口的增长不能满足经济社会发展的需要,影响物质财富的生产和积累,又会反过来影响人自身生命生产的物质保障,形成恶性循环。因此,有必要前瞻性地进行相关政策的调整和保障生育条件的完善,重点是调整物质生活资料分配以增加家庭收入,考虑逐步实施人口生育补贴等政策,减小因为生育而导致家庭经济收入和生活品质下滑的可能性,解除其后顾之忧。

第三,建立健全社会保障体系以保障人自身生命生产。"人口生产的投入产出和物质生产的投入产出有极大不同。从投入角度看,人口生产函数不仅以物质资源为决定变量,更重要的决定变量在于高质量的教育、文化、社会、环境资源。"③对于一个家庭来说,一个新生命诞生一方面是情感上的寄托,另一方面也是生活成本上的增加。新生命从诞生到成长是一个需要长期投入精力、金钱和时间的过程,人口生产情感寄托需要的满足同精力、金钱和时间投入要保持相对平衡,如果二者严重失衡,即情感寄托需要的满足造成难以承受的成本压力,影响个人生活质量,那么家庭或者个人就可能采取替代方案,比如,选择低成本的"撸猫""电子宠物"或者虚拟子女等等。此外,还须密切关注包括人口年龄、性别在内的人口结构。人口的结构如果发生失衡,也可能引发严重的社会问题。例如,人口增长速度如果过快,则可能造成某一年龄段人口过多,给教育、

---

① 《马克思恩格斯选集》第一卷,北京:人民出版社,2012年版,第149页。

② 龚晓莺、甘梅霞、乔文暄:《两种生产理论的扩展及其对我国人口新政实施的启示——马克思主义两种生产理论的再阐释》,《毛泽东邓小平理论研究》2015年第5期,第35—40页。

③ 甘梅霞、杨小勇:《"两种生产"理论的扩展及对我国人口新政的启示》,《海派经济学》2015年第2期,第94—101页。

医疗、住房等各个方面带来压力;人口增长速度过慢,则可能出现劳动力不足,老龄化问题,从而制约经济社会的发展。因此,为了促进人口的生产,就要完善社会保障体系,一方面要保障人口生产的基本生活需求,如食物、衣物、住房等物质资料供给;另一方面还要保障和满足文化、教育、医疗等方面的需要,形成覆盖人自身生命的生产、成长全程的社会保障体系。

第四,积极促进就业防范生产力压迫人口。经济社会发展尤其是机器的使用挤占劳动力,使得人口出生受挤压。因此,"两种生产"必须相互协调,以达到均衡的状态,二者不相协调将会以矛盾、危机、痉挛表现出来,并以破坏性后果强制地促使"两种生产"比例趋于协调。就业是最基本的民生,关系劳动者及其家庭的生存和发展,进而影响人口出生率。党的十八大以来,以习近平同志为核心的党中央把就业作为民生头等大事,作出一系列决策部署,千方百计促进就业创业。但同时我们也要看到,当前和今后一个时期,国际环境复杂多变,不稳定不确定因素增多,在全球经济低迷背景下国内经济正处于恢复发展中,充分就业的任务较为艰巨。因此需要发展新质生产力推动高质量发展,尤其推动新一轮科技革命和产业变革深入发展,让生产力为促进人口增长服务,防范生产力压迫人口。

2.推进物质生活资料生产以提升人自身生命生产的质量

推进物质生活资料生产,为人自身生命生产质量的提升奠定更加坚实的物质基础。马克思恩格斯在《形态》中强调,物质生活资料生产主要是为了满足人们衣食住行等方面的基本需要,这既是人类生存的前提条件,又是人类繁衍的前提条件。当物质生活资料生产较为发达时,能够为人们提供更为保暖的衣物、更加营养的食品、更加舒适的住宅、更加便捷的交通工具,从而提升人自身生命生产的质量。

第一,为医疗事业和教育事业发展提供物质支撑,进而有力提升人自身生命生产的质量。物质生活资料生产能够为医疗事业和教育事业的发展提供必需的物质资源,而高质量的医疗资源、教育资源不仅能够通过提升父母的素质进而保障新生儿的素质,而且能够通过提供胎教等专业服务和优质教育资源,保障新生儿的先天素质,双管齐下提升人自身生命生产的质量,进而为孩子未来的成长成才奠定良好基础。

第二，提高物质生活资料的生产效率，保障父母有更充足的时间和精力养育孩子。推动物质生活资料的生产效率不断提高，不仅可以生产出更加丰富的产品以保障人自身生命生产的需要，而且能够降低社会必要劳动时间，释放出更多的自由时间，用以提升自身素质和养育孩子。例如，在有条件的地方率先试行带薪产假和育儿假，提供社区育儿咨询服务等，让父母有更多的时间和精力投入到孩子的优生优育中，时机成熟后，在全社会范围内推广，进而提升整个社会的人口素质。

第三，为困难家庭优生优育提供多方支持，保障人自身生命生产的质量。物质生活资料生产是人自身生存与发展的基础，也是社会进步的基础。只有不断推进物质生活资料的生产，才能保证全体社会成员不断发展着的物质需要得到满足，进而推动人类的整体进步。但是，由于疾病、先天缺陷等多种因素的影响，社会上总是存在弱势群体和困难家庭，如何引导和帮助他们优生优育，事关人口素质的整体提升。这就需要从国家层面建立帮扶救助体制，对困难家庭给予特别关注，通过提供生育补贴、医疗检查服务等支持，保障人口生育的质量。

（三）引导人自身生命生产助推物质生活资料生产

人既是生产者又是消费者，其数量和质量变化都会影响物质生活资料的生产，这就要求对人自身生命生产的数量、速度与质量加强引导，进而对物质生活资料的生产起到积极推动作用。

1.引导人自身生命生产的数量与物质生活资料生产相协调

当前，我国人口的增长正在发生深刻变化，从数量上看，中国经济发展的潜力不断随着劳动年龄人口减少而面临下降的压力。较长时期以来，我国经济曾经的高速增长同丰富的劳动力形成的"人口红利"关系密切。但是，随着人口生育速度的下滑、劳动力占比下降、劳动力成本上升，人口红利正在逐渐消失，因此需要及时调整我国人口生育政策，引导人自身生命的生产同物质生活资料的生产协调推进。

第一，作为劳动的主体，物质资料的生产需要一定的人口数量。正如毛泽东所言："世间一切事物中，人是第一个可宝贵的。在共产党领导下，只要有了人，什么人间奇迹也可以造出来。我们是艾奇逊反革命理论的驳斥者，我们相信革命能改变一切,一个人口众多、物产丰盛、生活优裕、文化昌盛的新中国,不要很久就可以到来,一切悲观论调是完全没有根据的。[①]新中国成立以来,中国共产党领导群众在一穷二白的基地上进行生产,创造和累积了举世瞩目的生产奇迹,实现了从站起来、富起来到强起来的历史性飞跃。改革开放以来,我国长期保持经济的高速增长,同我国劳动力资源丰富有着不可分割的关系,它背后的人口红利对外资形成极大吸引力,外资企业进入中国,加快开放的步伐,也推动了经济的快速发展。

第二,作为消费的主体,人自己生命生产所产生的需求是推动物质生活资料的生产的动力之一。没有人的消费和人的需要,生产就没有了动力。作为消费者的人,其数量限制着消费资料的总量,因此,人口增长越快、人口基数越大,则消费资料的需求越大,越是能为消费资料的生产注入动力。当然,人口也不是越多越好,人口数量必须同物质生活资料保持一定的比例关系。对人口的调节不仅要使劳动力的数量与生产资料的数量与规模适应,从而使劳动力得到充分利用,避免出现劳动力过剩现象;而且要使作为消费者的人口总量同社会所能生产的消费资料总量相适应,不影响物质财富的积累和扩大再生产。回顾中国人口发展历史,我们可以看到,人口与物质生活资料的生产保持一定比例的必要性。新中国成立后,生产力得到恢复和发展,但人口增长速度超过生产力发展速度,导致新增的社会财富被大量消耗,出现"人口压迫生产力"的现象。这一问题暴露出来后,20世纪80年代,党中央迅速做出应对,实施计划生育政策节制生育,控制人口过快增长,逐步实现人口增长与经济社会发展相协调,进而解决了近代以来长期困扰群众的温饱问题。进入新世纪后,人口增长速度逐渐趋缓,低生育率问题突出,人口增长过慢、规模过小甚至萎缩,进而导致消费群体相对缩小,不利于经济社会的可持续发展,人口增长与经济社会发展的协调问题再次凸显。为此,国家调整了人口生育政策,鼓励人口生育,既为物质生活资料的生产提供充足的劳动力,又为物质生活资料创建消费者群体。

2.提高人自身生命生产的质量以促进物质生活资料的生产发展

从人口质量上看,人本身就是生产力,劳动者的知识水平、劳动技能和熟练程度都能影响物质生产水平。当前我国正处在从高速发展向高质量发展转换的关键阶段,但人的发展却相对落后于经济社会发展的要求,人自身的生产对

---

① 《毛泽东选集》第四卷,北京:人民出版社,1991年版,第1512页。

物质生产的制约作用显现。这就要求提高人自身生命生产的质量,加快实现从人口资源大国向人才资源大国转变,通过技术创新驱动增长方式转型,实现经济的高水平建设和高质量发展。

人是劳动实践活动的主体,在劳动中发明各种生产工具,并开展创造历史的活动。人口质量则决定着创造历史的能力。作为社会生活的主体,人的劳动能力是体力和智力的总和,它决定着科学技术的进步,决定着物质生活资料的生产效率和产品质量,进而影响整个社会的发展。新时代以来,随着社会主要矛盾的转变,经济的高质量发展成为重要课题,但这一课题的解决还面临着诸多困难,其中,人口素质还不够高是瓶颈问题。尽管我国目前具有大学本科及以上学历者数量庞大,具有巨大的人力资本存量和较高的人均人力资本水平,这为经济社会持续健康发展提供了重要支撑。但是,随着我国经济增长由数量型向质量型转变,人力资本和技术进步成为我国经济增长的主要制约因素,与之相反,劳动力数量对经济增长的影响则逐渐减弱。这说明,人口的高质量发展迫在眉睫,亟待统筹落实文化强国、教育强国、人才强国、体育强国战略,聚焦国家重大战略需要,培养高素质人才队伍,提高国民综合素质。从2023年习近平总书记考察四川、黑龙江时提出"新质生产力",再到2024年全国两会将发展新质生产力作为下一步发展重点纳入《政府工作报告》,可以清晰地看出国家对人口的质量问题高度关注,并正在为进一步推进物质生活资料的生产进行人力资源和人才资源开发的战略部署。就其实质而言,经济高质量发展与人的高质量发展是同一个问题的两个方面,二者相互影响相互作用,同步推进则两利,反之则两败。

从人口质量变化对经济发展的影响来看,人力资本投资和人力资源开发是推动经济高质量发展、推进中国式现代化的基础性动力。在二十届中央财经委员会第一次会议上,习近平总书记提出了以人口高质量发展支撑中国式现代化的工作要求,这一要求是在我国踏上全面建设社会主义现代化国家的新征程后,根据人口发展进入"少子化"、老龄化、区域人口增减分化的新情况而提出的。中国式现代化的本质是人的现代化,人是生产力中最活跃的因素,作为推动社会生产发展的主体,人的发展状况必然对生产发展发挥直接影响。实现人口的高质量发展是个内涵丰富的目标,生命健康是其中最基本的问题。通过深入实施健康中国战略,全面保障人民生命质量、提高人民健康水平,为人口高质量发展提供基础保障。建设教育强国是人口高质量发展的重要工程,通过建设具有中国特色的高质量教育体系,培养德智体美劳全面发展的社会主义建设者和接班人,培养担当民族复兴重任的时代新人,提高人口总体素质,将成为实现人口高质量发展的有力抓手。生育是人口持续发展的关键因素,从前期的优生优育到后期的培养教化,实现全程关注、整体推进,建设生育友好型社会。同时,加快提高劳动力素质、推动人口红利向人才红利转变,从而有效应对新时代我国人口状况的新变化,是提高人自身生命生产的质量、推进人的自由而全面发展的必经之路。

二、扬弃旧式分工剪除人的发展的束缚

在《德意志意识形态》中马克思恩格斯论述了旧式分工束缚人的发展:"社会活动的这种固定化,我们本身的产物聚合为一种统治我们、不受我们控制、使我们的愿望不能实现并使我们的打算落空的物质力量,这是迄今为止历史发展中的主要因素之一。"[①]因此,他们主张"消灭私有制"和"消灭劳动本身"使得个人"重新驾驭这些物的力量"。现如今,我们还不具备消除旧式分工的条件,但是共产主义是"消灭现存状况的现实的运动","现有的前提"为这一运动提供条件。当前,我们正处于以中国式现代化全面推进中华民族伟大复兴的过程中,要发挥历史主动性,利用条件、创造条件不断推动自觉分工替代旧式分工。

(一)消灭旧式分工的条件尚未成熟

旧式分工是生产力和生产关系发展到一定阶段的产物,要消灭旧式分工,需要具备相应的客观条件。就当下而言,消灭旧式分工的条件尚未成熟,但正因如此,就更有必要对社会现实进行分析,从而找准发挥历史主动的方向。

1.生产力尚未达到"巨大增长"和"高度发展"

马克思恩格斯指出,由于"分工的消灭取决于交往和生产力的发展达到这样普遍的程度,以致私有制和分工变成了阻碍它们发展的桎梏。"[②]因此,生产力的发展是消除旧式分工的前提。只有社会生产力高度发达,创造出丰富的物质

[①]《马克思恩格斯选集》第一卷,北京:人民出版社,2012年版,第165页。
[②]《马克思恩格斯全集》第三卷,北京:人民出版社,1960年版,第516页。

产品和精神产品，才能避免陷入"争取必需品的斗争"；只有社会生产力高度发达，冲破资本的统治，才能把人们从"固定化"的社会活动中解放出来；只有社会生产力高度发达，才能避免"他们的关系""他们自己生命的力量"异化为"压倒他们的力量"。由于历史和现实原因，当前我国的生产力尚未达到消灭分工的水平，故不具备立即消灭旧式分工的可能。从历史的原因来看，我国曾是一个半殖民地半封建的国家，小农经济占绝对优势，传统的小生产经营方式根深蒂固，人们习惯于以家庭为单位进行自给自足的生产，这种生产与经营方式导致生产的社会化程度低，资源配置不均衡，生产效率低下。从现实的原因来看，我国仍处于社会主义初级阶段，作为一个发展中的大国，科技创新能力、教育事业发展以及高素质人才培养等方面还面临不少问题和困难，生产力要达到马克思恩格斯所说的"巨大增长"和"高度发展"，还需较长时期的努力。

　　具体而言，依照我国目前的生产力发展水平，还不能达到"使我有可能随我自己的心愿今天干这事，明天干那事"[①]的状态。物质劳动和精神劳动这种真正的分工依然存在，物质劳动与精神劳动还难以实现真正的统一：物质劳动者的劳动一定程度上缺乏精神劳动的因素，精神劳动者的劳动一定程度上缺乏物质劳动的因素。对于物质生产者而言，他们所从事的繁重的物质劳动制约包括其精神能力在内的其他能力的发展。对于精神劳动者而言，他们从事的精神活动，在一定程度上失去自我意识、能动性和创造性。在物质劳动内部也存在低技术水平和高技术水平的行业分工。在低技术水平行业，由于生产力发展水平无法彻底解放工人，工人困于单一的、重复的、繁重的工作之中的情况还存在。在高技术行业中，生产需要具有特定知识和技能的工人，这些人的岗位不易被取代，进而造成他们可能终其一生被固定在同一岗位上，活动范围被明显固定化。由于生产力发展对于消除分工的这一重要意义，发展生产力就成为迫切要求。"一方面还没有一定的生产力，另一方面还没有形成不仅反抗旧社会的个别条件，而且反抗旧的'生活生产'本身、反抗旧社会所依据的'总和活动'的革命群众，那么，正如共产主义的历史所证明的，尽管这种变革的观念已经表述过千百次，但这对于实际发展没有任何意义。"[②]除此之外，"一个民族的生产力发展

---

①《马克思恩格斯全集》第三卷，北京：人民出版社，1960年版，第37页。
②《马克思恩格斯选集》第一卷，北京：人民出版社，2012年版，第173页。

的水平,最明显地表现于该民族分工的发展程度。"①我们现在不但不能消灭分工,反而在某种程度上苦于分工的不够发达。就我国目前分工现状来看,还存在着国内分工体系不够完善,在国际分工体系中处于产业链和价值链中低端位置等短板。因此,需要推动经济的高质量发展,培育新质生产力,力争在国际分工中具有有利地位,进而为消灭旧式分工创造必要条件。

2.尚不具备彻底消灭资本以消灭旧式分工的条件

在马克思恩格斯的理论视域内消灭私有制是消灭分工的前提:"分工和私有制是相等的表达方式,对同一件事情,一个是就活动而言,另一个是就活动的产品而言。"②当前,"一球两制"的时代背景决定了社会主义同资本主义的长期共存竞争,我国在建设社会主义现代化强国的进程中,还需要利用资本发展社会主义经济,满足人民日益增长的美好生活需要,故不具备彻底消灭资本进而消灭旧式分工的历史条件。正如马克思恩格斯所言:"在过去任何时代,消灭单个分开的经济——这是与消灭私有制分不开的——是不可能的,因为还没有具备这样做的物质条件。"③既然不具备消灭资本的现实条件,那就需要提高掌控资本的智慧与能力,利用资本发展生产力,推进消灭旧式分工的进程。

具体而言,当前我国还未进入物质财富"充分涌流"的生产力高度发达阶段,因此,还需要利用资本搞活经济,促进生产力的发展以解决社会问题。一方面,中国正处于中华民族伟大复兴的关键时期,现代化进程已经开启,工业化、城市化、信息化的发展等都离不开资本的投入,在当前消灭资本就是削弱推进现代化的动力,就会迟滞现代化的步伐。另一方面,资本在解决社会问题和推动人的发展方面也起着一定的积极作用。例如,资本可以提高生产效率、创造就业机会,优化人的发展的物质环境和社会环境,强行终结资本则很可能适得其反。因此,我们应当实事求是,尊重历史发展规律,在利用资本过程中不断总结经验教训,以更好地规制资本,充分发挥资本在推动生产力进步和人的发展中的积极作用。

从世界历史的角度来看,"各民族的原始封闭状态由于日益完善的生产方式、交往以及因交往而自然形成的不同民族之间的分工消灭得越是彻底,历史

①《马克思恩格斯选集》第一卷,北京:人民出版社,2012年版,第147页。
②《马克思恩格斯选集》第一卷,北京:人民出版社,2012年版,第163页。
③《马克思恩格斯选集》第一卷,北京:人民出版社,2012年版,第197页。

也就越是成为世界历史。"①工业化和城市化作为推动世界历史进程的重要力量,既促进了全球文明的广泛交流与融合,也揭示了不同地区和民族在发展道路上的独特性与显著的不平衡性。在这一过程中,许多原本以农业为主的民族被纳入了资本主义的全球经济体系之中,它们往往被迫成为低成本原材料的供应地和商品销售地,从而在全球范围内形成了一种以工业发达国家为主导、发展中国家处于从属地位的世界性城乡分工格局。这是世界历史发展到现阶段的局限性的基本表现。因此,利用资本改变世界性的城乡分工格局成为历史的和现实的选择。资本是推动生产力发展的重要推动力,正如马克思恩格斯所言:"资产阶级在它的不到一百年的阶级统治中所创造的生产力,比过去一切世代创造的全部生产力还要多,还要大。"②只有合理利用资本,不断推动经济的健康发展,增强综合国力,才能在激烈的国际竞争中立于不败之地,进而为彻底消灭资本,为"消灭分工"准备必要条件。

(二)旧式分工制约着人的全面发展

马克思恩格斯分析了由于生产力发展水平不够使得社会无法摆脱旧式分工的情况,他们探讨了分工对人的发展的制约:"当分工一出现之后,任何人都有自己一定的特殊的活动范围,这个范围是强加于他的,他不能超出这个范围。"③接着,他们具体考察了城乡分工、物质劳动与精神劳动的分工以及区域分工等几种不同的分工形式对人的发展的制约。需要指出的是,在社会主义国家这几种分工的性质同资本主义国家有着本质区别,社会主义经济体制从根本上确立了社会分工的非冲突性质,在这一体制下,所有社会成员均被认定为劳动者,他们彼此间的关系已然超越了私有制时代所遗留的阶级剥削、阶级压迫及阶级对立的桎梏。但是,由于现代化趋势的不可逆性和世界性交往的发展使得城乡分工、物质劳动与精神劳动的分工和区域分工仍然难以避免,而正是这些分工形式的存在客观上限制了人的发展。

1.城乡分工限制着人的发展

关于城乡分工,马克思恩格斯说:"一个民族内部的分工,首先引起工商业

---

① 《马克思恩格斯选集》第一卷,北京:人民出版社,2012年版,第168页。
② 《马克思恩格斯选集》第一卷,北京:人民出版社,2012年版,第405页。
③ 《马克思恩格斯选集》第一卷,北京:人民出版社,2012年版,第165页。

劳动同农业劳动的分离,从而也引起城乡的分离和城乡利益的对立。"①"城乡之间的对立是个人屈从于分工、屈从于他被迫从事的某种活动的最鲜明的反映,这种屈从把一部分人变为受局限的城市动物,把另一部分人变为受局限的乡村动物,并且每天都重新产生二者利益之间的对立。"②城乡分工是农业国家向工业国家转型并迈向现代化进程中一个不可避免的现象,然而,这一现象在每个国家中又呈现出其独有的特征。以英国为例,在其城市化进程中,该国采取了强制手段,通过暴力方式将劳动者与其劳动资料强行割裂开来,以对落后民族和地区进行殖民掠夺的方式完成资本积累,这种方式的城市化使得农民和乡村付出沉重代价。我国在推进现代化的过程中,不仅接力完成全面建成小康社会的伟业,整体消除绝对贫困,而且继续实施乡村振兴战略,推动农业现代化与工业现代化同步推进,彰显了中国式现代化的独特优势。

当然,我国的城乡分工也存在一些棘手的问题。从"活动"方面来看,乡村虽然不同于马克思恩格斯那个时代"小规模的粗陋的土地耕作",但是,其当前亟待解决的关键问题依然是生产力发展水平相对滞后以及农业生产组织化程度偏低。与此同时,城市作为人口、资源、资本、消费及需求的汇聚中心,其工业化与信息化的进程正以前所未有的速度推进,这种情况造成城乡二元结构,也造成了"先进"与"落后"的对立。与生产方式一致,乡村和城市在分工方面也存在较大差别,在乡村,虽然"仅限于家庭中现有的自然形成的分工的进一步扩大"③的情况有所改变,但是从整体上看乡村分工仍然不发达,分工的局限性束缚了人的全面发展,而城市的兴起则成为打破这一束缚的关键。城市作为分工细化与贸易扩展的摇篮,为超越地域限制和思维狭隘性提供了客观基础,孕育了不再受限于传统生产方式的"现代文明"个体。

从"物质生活条件"方面来看,城乡之间不管是收入分配还是基础设施、公共服务等"物质生活条件"都存在差距。从收入分配上看,虽然随着我国精准扶贫战略的实施城乡收入差距逐年下降,但是我国城乡收入差距仍然比较显著。

---

① 《马克思恩格斯选集》第一卷,北京:人民出版社,2012年版,第147-148页。
② 《马克思恩格斯选集》第一卷,北京:人民出版社,2012年版,第184-185页。
③ 《马克思恩格斯选集》第一卷,北京:人民出版社,2012年版,第148页。

除此之外,农村在基础设施、公共服务、社会保障体系等多方面都滞后于城市。举例来说,在基础设施层面,某些农田的灌溉系统尚不完善,农业技术的提升空间依然显著。此外,部分乡村地区的公共卫生环境欠佳,居住条件有待改善,污水及垃圾处理设施相对滞后,农村的人居环境质量亟待提升。在公共服务领域,农村地区的基本公共服务以及普惠性非基本公共服务体系构建尚不充分,其包容性有待增强。相较于城市完善的公共服务体系,农村存在明显的差距,同时,进城务工的农民群体也难以享受到与城市居民同等的服务待遇。最后,农村在医疗、养老保障方面的需求也并未获得很好的满足,同城市相比还存在较大差距。因此,城乡分工是当前限制人的发展的重要因素。

2.物质劳动与精神劳动分工限制着人的发展

马克思恩格斯指出,在私有制条件下,分工使精神活动、享受、消费为一部分人所特有,而物质活动、劳动和生产为另一部分人承担。由于生产资料的私有使得一部分人凭借资本权力控制另一部分人,拥有生产资料的人成为从事精神生产的规定者,没有生产资料的人成为从事物质生产的被规定者。在社会主义条件下,生产资料公有制和按劳分配制度占据主体地位,劳动者之间没有规定者和被规定者、剥削者和被剥削者的分化与差别,劳动没有高低贵贱之别,只有因分工而出现的劳动方式和劳动性质不同。但同时,由于生产力发展水平限制,我们还处于物质生产的"此岸",工人还无法摆脱必要生活资料生产而完全不从事物质生产。劳动还无法完全由劳动者凭借兴趣爱好、天赋等因素自由选择,劳动的目的也不仅仅是为了个人自由而全面地发展,同时也是为了生存。由于劳动还是谋生的手段,劳动就不可能是自觉的而是自发的,这种自发分工造成的物质劳动与精神劳动的差别仍然存在着,仍然作为人的发展的制约性因素。

马克思恩格斯认为:"思想、观念、意识的生产最初是直接与人们的物质活动,与人们的物质交往,与现实生活的语言交织在一起的。人们的想象、思维、精神交往在这里还是人们物质行动的直接产物。"①由此可见,物质劳动和精神劳动具有原始统一性,人们在进行直接的物质劳动的同时也进行精神劳动。但是自物质劳动和精神劳动分离之后,物质劳动者同时作为物质劳动者和精神劳动者的内在统一性遭到破坏。从事物质劳动的人从事精神劳动的机会和权利在一定

①《马克思恩格斯选集》第一卷,北京:人民出版社,2012年版,第151页。

程度上被剥夺,劳动者往往只能发展自己的体力而难以开发自己精神劳动的潜力。例如,手机装配生产线的工人,从事着重复性、单一性物质劳动,精神劳动的机会则较为匮乏。实际上,不仅物质劳动者的发展受到限制,精神劳动者的劳动也受到限制。在社会主义市场经济条件下,精神劳动者进行精神生产受到利润最大化目标的驱使,精神生产的过度商品化使得生产活动本身以及精神产品的精神性在一定程度上遭到破坏。例如,在精神生产领域出现了媚俗、迎合低级趣味的精神产品。从社会关系方面来看,物质劳动者和精神劳动者之间在收入以及社会地位上也存在着差别。由于精神劳动很难计算,"达到某种结果所需要的某种劳动量多大,和结果本身一样,要靠猜测"①,所以精神劳动往往存在更大的获利空间,精神劳动者在收入和社会地位上往往高于物质劳动者。

3.区域分工限制着人的发展

马克思恩格斯分析了区域分工的形成过程:"随着商人所促成的同城市近郊以外地区的通商的扩大,在生产和交往之间也立即发生了相互作用。城市彼此建立了联系,新的劳动工具从一个城市运往另一个城市,生产和交往之间的分工随即引起了各城市之间在生产上的新的分工,不久每一个城市都设立一个占优势的工业部门。"②事实上,区域之间条件的差异是必然的,由此形成区域分工也是无可厚非的。在我国,由于气候、水文、地貌等自然条件差异和改革开放初期优先发展东部沿海地区战略等原因,区域之间也存在分工,并且由此对人的自由而全面发展造成某些限制。东部地区和城市以工业和服务业为主,生产工具的现代化程度更高,中西部地区以农业、畜牧业等为主,生产工具的现代化程度较低。东部地区优先发展工业,人的现代化程度较高,中西部地区工业相对不发达,人的现代化水平较低。中西部地区以农业、畜牧业等为主,劳动的方式相对落后;不同的劳动工具和劳动方式,使得东部地区相对于中西部地区而言,人的道德素质、文化素质、审美素质、劳动素质等相对更高,进而造成人的发展水平的地域差异;而人的发展的相对滞后,又制约着中西部地区经济社会的发展速度和发展水平,因此,如果不能打破地域分工,就难以改变东中西部地区经济社会发展差距以及人的发展差距。

---

① 《马克思恩格斯全集》第三十三卷,北京:人民出版社,2004年版,第326页。
② 《马克思恩格斯选集》第一卷,北京:人民出版社,2012年版,第187页。

（三）积极推动自觉分工替代旧式分工

由于旧式分工造成人的体力、智力、社会交往发展的现实障碍，就要求主动创造条件扬弃旧式分工，代之以自觉分工，加快人的自由而全面发展进程和社会发展进程。

1.自觉推动城乡从"二元对立"到融合发展

城乡实现融合发展的关键在于解决历史性、制度性因素所造成的城乡生产力发展差距和城乡资源配置不公问题。自觉推动城乡从二元对立到融合发展需要在经济、制度和文化等层面统筹发力。

第一，要积极推动以城带乡、城市反哺农村战略，加快提升农村生产力水平。正如马克思恩格斯所言："这里出现了自然形成的生产工具和由文明创造的生产工具之间的差异。"[1]要推动农村生产力的发展，关键是要改进生产工具，用"文明创造"的生产工具代替还不同程度存在的"自然形成"的生产工具，提高生产效率。此外，农村生产力的发展关键在人，要培养和输送农村经济发展所需的各类人才，培养带头人和领军人，持续推进乡村振兴进程。

第二，加强制度设计，着力解决城乡资源配置不公问题。城乡资源配置不公，由来已久，在当前，完善收入分配制度、推动公共服务和基础设施建设、推进共同富裕是解决该问题的关键。尽管城乡居民收入差距的相对缩小趋势明显，由于农民增收长效机制不完善，城乡收入还存在不小差距。因此，为了有效缩小城乡差距，必须着手完善城乡收入分配体系，并着力构建农民增收的长效保障。此外，还需进一步强化基础设施建设，积极推动基本公共服务的均衡化发展，确保农村也能享受到与城市相当的高质量公共服务，从而推动城乡之间形成互促共进的发展格局。

第三，推动城乡公共文化服务均等化建设，提升农村居民的整体素质。在推进乡村振兴的过程中，要重视农村居民的精神文化需求，保障农村居民的精神生产的权利，丰富农村居民的精神生活，构建以保障文化权益为核心的农村文化服务体系。构建以保障文化权益为核心的农村文化服务体系需要从物和人两个维度入手，在物的方面，完善公共文化服务载体布局，提高公共服务基础设施的质量，让农村居民也能够有充分的条件进行精神产品的创造。在人的方

---

[1]《马克思恩格斯选集》第一卷，北京：人民出版社，2012年版，第183页。

面,除了鼓励农村居民自觉创造精神产品之外,还需要利用线上线下等方式引进其他先进文化和精神,着力改变乡村陈旧、落后的思想面貌。

2.自觉扬弃物质劳动与精神劳动分工以促进人的发展

在社会主义条件下,物质劳动与精神劳动的分工已经不具有阶级分化的意义,自觉扬弃物质劳动与精神劳动分工,摆脱这一分工给人的发展带来的不利影响,必须从观念引导、政策调节、科技进步等三个方面着手。

第一,引导全社会树立正确的劳动观念。在社会主义社会,无论是物质劳动者还是精神劳动者都是社会主义事业的建设者,其劳动都值得尊重。不同于黑格尔只承认"精神劳动",也不同于费尔巴哈"只是从它的卑污的犹太人的表现形式去理解和确定。"[1]物质劳动,更不同于鲍威尔把物质劳动仅仅看作是"一根棍子",马克思恩格斯对物质劳动和物质劳动者充满赞扬,他们认为物质劳动"创造历史",精神劳动也只是由于物质劳动的发展导致的分工才产生。中国共产党人继承和发扬了这一观念,强调要"发动群众的创造力和积极性"[2],"崇尚劳动,倚靠劳动人民"[3]。但是,社会主义市场经济条件对资本的利用,使得现实中仍然存在精神劳动与物质劳动的分工,由于精神产品参与交换且往往获得更多利润,人们的劳动观念逐渐发生变化,物质劳动往往被看作是缺乏"精神性"的简单劳动,物质劳动者往往被轻视。针对这种状况,应当加强观念引导,让人们认识到物质劳动的重要意义,以及物质劳动相较于精神劳动的"决定性地位",进而尊重物质劳动者。要避免未来的工人阶级或无产阶级变成"无用阶级"或"垮掉的一代",需要积极宣传"崇尚劳动、热爱劳动、辛勤劳动、诚实劳动的劳动精神"[4]。当然,随着知识经济时代的来临,人类社会的生产方式正从生产→技术→科学向科学→技术→生产转变跃迁,精神劳动的重要性也日益突出,精神劳动也不应当被轻视甚至忽视。总之,不管是物质劳动还是精神劳动,只要对人的发展和社会进步起到推动作用,都应当被尊重和肯定。

第二,加强政策引导和调节,限制精神产品的不合理市场溢价,缩小物质劳动者和精神劳动者的收入差别,弱化精神生产的"生产主义"特征,强化精神生

①《马克思恩格斯选集》第一卷,北京:人民出版社,2012年版,第133页。

②《建党以来重要文献选编(1921—1949)》第二十册,北京:中央文献出版社,2011年版,第642页。

③《建国以来周恩来文稿》第三册,北京:中央文献出版社,2008年版,第190页。

④《习近平关于社会主义精神文明建设论述摘编》,北京:中央文献出版社,2022年版,第160页。

产的"精神性"特征。一是要提高市场准入标准,从根本上杜绝低质量、高溢价精神产品进入市场收割。二是要以政策引导、调节和缩小物质劳动者和精神劳动者的收入差别,加强政府对精神产品市场的监管,增加产品定价的透明度,防止垄断和不正当市场行为恶意提高精神产品价格,防止精神产品溢价和虚高。三是要弱化精神生产的"生产主义",充分发挥精神生产的"精神性"因素。"精神生产"是人类特有的实践活动,它最终指向"自由自觉活动",因此,要加强精神生产的政策引导,避免精神生产因利益导向而失去精神性特质。尤其是在意识形态生产方面,一定要避免其利益导向,始终把握意识形态生产的社会主义方向,不能让"精神性"成为"生产主义"的牺牲品。

第三,依靠科技进步提高生产效率,缩短必要劳动时间以增加自由时间。我国作为社会主义国家,始终坚持劳动者的主体地位,保护劳动者的生存权和发展权,不断推进其发展水平。但是,由于生产力水平发展的限制,还不能保障所有劳动者都能自主劳动,因此,还存在一部分人"摆脱世界而去构造'纯粹的'理论、神学、哲学、道德等等。"[1]而从事精神劳动,另一部分人则专门从事物质劳动的情况。要弥合这一分工的关键是大力发展生产力。一方面,发展生产力可以促使物质劳动者和精神劳动者的职业互相流动:"现代工业通过机器、化学过程和其他方法,使工人的职能和劳动过程的社会结合不断地随着生产的技术基础发生变化。这样,它也同样不断地使社会内部的分工发生革命。大工业的本性决定了劳动的变换、职能的变动和工人的全面流动性。"[2]即现代生产的发展会增加劳动、职业变换的可能性,增强工人的流动性,这一过程会增加个人参加各种实践活动的机会,从而全面激发个人潜能,实现每个人的自由而全面发展。另一方面,科技创新的成果与生产不断融合,可以提高劳动生产率,缩短必要劳动时间,从而将劳动者从烦琐体力劳动或脑力劳动中解放出来,获得更多的自由时间发展自由个性,可以根据兴趣和特长从事丰富的物质劳动和精神劳动,突破旧式分工造成的活动范围固定化。

3.自觉协调区域发展以促进人的发展

协调区域发展并非要求各个区域同等化、同质化发展,而是尊重区域独特性,充分发掘其潜能,形成独特的发展优势,并在统筹协调过程中保持相对均衡

①《马克思恩格斯选集》第一卷,北京:人民出版社,2012年版,第162页。
②《马克思恩格斯选集》第二卷,北京:人民出版社,2012年版,第231页。

发展,避免人的发展的两极分化。

第一,制定科学的区域发展规划。明确各地区在全国经济体系中的功能定位,促进区域间的合理分工和互补发展。中国各个地区在自然资源、社会历史发展条件等方面存在显著差异,合理的规划可以使各地区之间的资源互通有无,实现资源的最优配置。需要根据各地区的实际情况,因地制宜促发展。在东部沿海地区,由于其经济发展基础雄厚,高新技术产业和现代服务业发展良好,因此,要在继续保持发展的基础上借力给中西部地区,实现区域合作。中西部地区虽然在高新技术产业和现代服务业方面发展较弱,但是却拥有很多资源,如自然资源和劳动力资源,因此可以充分利用其资源优势,为东部地区提供资源。

第二,优化区域资源配置。首先,完善交通、通信、物流等基础设施建设是实现区域协调发展的应有之义。正如马克思恩格斯所言:"这样就产生了同邻近地区以外的地区建立贸易联系的可能性,这种可能性之变为现实,取决于现有的交通工具的情况。"①加快建设高效便捷的综合交通运输网络,可以缩短区域间来往时间,缩小区域间的空间。特别是对于中西部地区,更应加大交通基础设施投资,改善其对外交通条件,增强其吸引力和竞争力。除了交通以外,在信息化社会,提高信息化建设水平,缩小数字鸿沟意义越来越突出。其次,推动公共服务均等化。公共服务均等化不是平等化,不是降低发达地区的公共服务水平以提高欠发达地区的公共服务水平,而是着力于补全短板,加强对欠发达地区投入。最后,优化区域教育资源配置。比如,优化教师资源配置、提高区域教育数字化水平、减小区域数字化教育鸿沟等等。

第三,促进区域间的合作交流。区域间的合作交流实质上就是在人才资源方面互通有无、互相提升。促进区域间的合作交流要鼓励人才在区域间自由流动,提升人才素质水平。东部地区经济发展水平高,人的发展水平包括道德素质、文化素质、审美素质、劳动素质等相对发展较高。因此应该通过建立人才交流平台、优化人才引进政策、提供优质的生活和工作环境等措施,吸引和留住高素质人才,以带动西北地区人才发展。而在西部边远地区,人的发展水平,包括道德素质、文化素质、审美素质、劳动素质则相对较低。因此,应该主动走出去,依靠东部地区经济发展实现自我素质提升。

---

① 《马克思恩格斯选集》第一卷,北京:人民出版社,2012年版,第187页。

三、立足中国式现代化推进人的现代化

在中国式现代化进程中促进人的全面发展与实现人的现代化本质上是一致的,中国式现代化始终以人的发展为价值目标,推进中国式现代化的过程就是推进人的现代化的过程。促进人的全面发展是在中国式现代化总体进程中逐渐实现的,在该进程的不同阶段,必须澄清各种错误认知,始终坚持人的全面发展的价值目标,自觉创造主客观条件以推进人的现代化进程。

(一)澄清关于人的发展的两种典型错误认知

观念变革是实践变革的先导。在当前,社会上出现两种关于人的发展的典型错误认知,或者目光短浅,将人的自由而全面发展的实现交给未来的共产主义社会,或者急于求成,要求在社会主义阶段就实现人的自由而全面发展。这两种错误认识的根源在于未能正确认识社会发展与人的发展的内在统一性,对推进人的发展的现实进程极为不利。

1.澄清"实现人的自由而全面发展是共产主义社会的使命"的认知

马克思恩格斯在《形态》中指出,只有在共产主义这一真实的共同体中,"个人才能获得全面发展其才能的手段,也就是说,只有在共同体中才可能有个人自由"[①]。人的自由而全面发展是共产主义社会的基本特征之一,到那时,"每个人的自由发展是一切人的自由发展的条件。"[②]有人因此错误地认为,既然人的自由而全面发展是共产主义社会的基本特征,那么在共产主义社会之前就不必超前追求人的自由而全面发展。尤其对于正处于社会主义社会中的人们而言,还需几代人甚至几十代人的努力才能实现共产主义,那么就将人的自由而全面发展的任务留给后人去实现。这种观点的存在可能造成社会发展偏离人的发展的最高价值目标,出现以牺牲人的发展为代价追求经济增长速度和经济效益的现象,因此,有必要从理论上揭示这种认知的错误所在。

第一,虽然马克思恩格斯认为只有共产主义的实现才能终结"人类社会的史前时期",开启真正人类史,但需要经历一个从量变到质变的长期发展过程。马克思分析道:"资产阶级的生产关系是社会生产过程的最后一个对抗形式,这里所说的对抗,不是指个人的对抗,而是指从个人的社会生活条件中生长出来

---

① 《马克思恩格斯选集》第一卷,北京:人民出版社,2012年版,第199页。
② 《马克思恩格斯选集》第一卷,北京:人民出版社,2012年版,第422页。

的对抗;但是,在资产阶级社会的胎胞里发展的生产力,同时又创造着解决这种对抗的物质条件。因此,人类社会的史前时期就以这种社会形态而告终。"①资本主义作为阶级社会的最后形态,被马克思称作人类社会"史前时期"的最后一个阶段,它的终结象征着真正进入人类社会。但是,要立足社会现实积累终结人类社会史前时期的物质条件,这一个长期蓄力的过程。马克思恩格斯指出:"我们所称为共产主义的是那种消灭现存状况的现实的运动。这个运动的条件是由现有的前提产生的。"②因此,共产主义和人的全面发展的实现需要"现实的个人"通过几代人、十几代人甚至几十代人的接力奋斗,不断推动人的全面发展的现实进程,不能寄希望于未来共产主义社会实现人的发展的突变。

第二,社会主义作为共产主义的前阶,要坚持人的全面发展的价值目标,并有计划有步骤地为实现这一目标而奋斗。列宁在《国家与革命》中将共产主义的第一阶段称为社会主义,将共产主义的高级阶段称为共产主义,并强调社会主义是为共产主义的实现做准备的前阶。共产主义作为自由人的联合体,"每个人的自由发展是一切人的自由发展的条件"③。故社会主义要确立人的全面发展的价值目标,为最终实现这一目标准备成熟条件。"人的发展在实现过程中会呈现出阶段性,在不同的阶段面临不同的问题。解决制约人的发展面临的现实问题,排除人的发展的现实障碍,就是推进人的发展的过程。"④我国正处于并将长期处于社会主义初级阶段的基本国情,决定了目前尚不具备实现人的全面发展的成熟条件,但是否坚持人的全面发展的价值目标,事关社会主义性质的彰显。正如学者陈曙光所说:"中国向西方开放,向西方讨教治世方剂,全面深化改革,但中国并没有丢失自我,中国特色社会主义不是什么别的主义,它首先是社会主义,科学社会主义的基本原则没有丢,共产主义的思想旗帜没有丢。"⑤因此,我们把实现人的全面发展写入党的报告,通过推进社会的全面进步不断创造着人的全面发展所需的条件。中国共产党数代人接力奋斗,带领中国人民全面建成小康社会,为推进人的全面发展创造了新条件新契机;以中国式现代

---

① 《马克思恩格斯选集》第二卷,北京:人民出版社,2012年版,第3页。

② 《马克思恩格斯选集》第一卷,北京:人民出版社,2012年版,第166页。

③ 《马克思恩格斯选集》第一卷,北京:人民出版社,2012年版,第422页。

④ 陈新夏:《人的发展的阶段性和当代含义》,《吉首大学学报》(社会科学版)2015年第6期,第1—7页。

⑤ 陈曙光:《关于共产主义思想的几个问题》,《西北工业大学学报》(社会科学版)2020年第1期,第1—9页。

化全面推进中华民族伟大复兴,将为人的全面发展创造更为充分、更为成熟的条件,我们具有比任何时候都有利的条件推进人的全面发展进程。

第三,中国特色社会主义建设事业的发展推动着人的发展取得显著成绩是不争的事实。中国特色社会主义建设事业的发展,为人的全面发展创造了前所未有的条件,推动了人口素质的提升。在经济方面,我国已经跃升为世界第二大经济体,为人的发展提供了丰裕的物质基础;在政治方面,发展全过程人民民主,尊重人民主体地位,保障人民群众当家作主的地位和权利;在文化方面,大力发展社会主义精神文明,坚持五育并举,着力培养德智体美劳全面发展的社会主义建设者和接班人。这些举措使得人的发展环境与条件得到进一步的优化,人的体力和智力普遍得到更好的发展,社会关系更加丰富,精神更加丰盈,从而推动了人口素质的整体提升。事实证明,在党的领导下,我国在推进中国特色社会主义建设事业发展的过程中,在每一阶段制定了合理的人的发展的目标,不断改善和创造人的发展的条件,推动人的发展朝着自由而全面的境界不断迈进。综上,要准确把握社会发展与人的发展的内在统一性,尤其是社会主义与共产主义之间的联系与区别,积极主动作为,一代又一代接力奋斗,统筹推进社会进步与人的发展。

2.澄清关于"社会主义社会应实现人的自由而全面发展"的认知

社会主义与共产主义在性质上有着内在一致性,这使有些人忽视二者之间的差别,甚至把二者直接等同,进而认为社会主义就应该立即消除贫富差距,实现人的自由而全面发展,否则就背离了社会主义的发展方向。这种错误认知导致以未来人的自由而全面发展为标尺评判现实社会,进而不满于社会主义初级阶段存在的种种问题。这种认知仅看到社会主义与共产主义的共性,而忽视了二者各自的个性,忽视了二者的差别,急于求成造成适得其反的后果,因而需要破除这一错误认知,明晰符合社会主义社会实际的人的发展目标。

第一,要明晰社会主义和共产主义在发展程度和成熟程度上的差别。无论是马克思的《哥达纲领批判》还是列宁的《国家与革命》,都阐述了共产主义第一阶段和共产主义高级阶段、社会主义与共产主义的内在关系,既指出二者的前后相承,又强调二者各自的阶段性特征,不曾将二者简单等同起来。尤其是当代中国正处于社会主义初级阶段,经济、政治、文化等各个领域的发展面临不少挑战、存在不少问题,如"区域发展不平衡、消极腐败、贫富悬殊、环境污染、践踏公平正义等问题还存在,有的还很严重,这些都与共产主义理想相距甚远。"①这就决定了社会主义中国同马克思恩格斯设想的共产主义还存在较大差距。就物质生活资料的生产角度而言,即便已经解决人民群众的温饱问题,但人们对衣食住行等物质生活资料的品质提出了更高要求,劳动仍是谋生的手段,劳动成为"生活的第一需要"的条件远未成熟。就社会关系的发展而言,虽然人对人的依赖关系、人对物的依赖关系未成为主导,并在社会生活中时有表现,消灭"三大差别"、人的自由个性发展的条件远未成熟。如果无视这些实际状况,仅凭一腔热情追求在社会主义阶段实现人的自由而全面发展,可能碰得头破血流。

第二,基于社会主义社会的实际发展水平确定合理的人的发展目标。正如罗马不是一天建成的,人的全面发展、共产主义的实现需要经历一个长期的历史过程,一步一步趋近。由于历史与现实因素的影响,任何国家与民族在建设社会主义和推进人的全面发展方面都具有自己的独特性,必须立足自身实际制定合理的、切实可行的目标。就社会主义中国而言,一方面,我国正处于并将长期处于社会主义初级阶段的基本国情未变,这就要求我们不能操之过急,确定脱离实际的人的发展目标,否则有可能陷入主观主义、空想主义和冒险主义的陷阱,即便投入满腔热情和人力、物力、财力,却落得竹篮打水一场空。另一方面,我国正踏上中国式现代化的新征程,在出发之时就必须明确实现人的现代化的目标和进程,不仅不能以牺牲人的现代化为代价去推进物质财富的积累,而且要确保社会的现代化始终以人的现代化为价值目标,积极落实教育强国战略和人才强国战略,带动十四亿人的现代化,探索出一条人的现代化与社会现代化良性互动的道路,彰显中国式现代化的鲜明特征。

(二)坚持以人的发展为社会发展的价值目标

马克思恩格斯在批判旧世界中发现新世界,为了克服资本主义社会人的发展与社会发展的价值错位的怪诞现象,为了避免把社会同人分裂与对立,他们始终坚持从实践出发认识问题和解决问题,致力于构建自由人的联合体、实现人的自由而全面发展。当代中国正处于中华民族伟大复兴的关键时期,在推进

---

① 陈曙光:《关于共产主义思想的几个问题》,《西北工业大学学报》(社会科学版)2020年第1期,第1-9页。

中国式现代化进程中必须确立推进人的全面发展的最高价值目标,直面现实中人的发展的种种挑战与困难,在有效应对中推进人的全面发展。

1.中国特色社会主义始终以人的发展为社会发展的价值范导

马克思恩格斯始终以人的发展为社会发展的价值范导。他们认为人和社会始终是统一的:"以一定的方式进行生产活动的一定的个人,发生一定的社会关系和政治关系。经验的观察在任何情况下都应当根据经验来揭示社会结构和政治结构同生产的联系,而不应当带有任何神秘和思辨的色彩。社会结构和国家总是从一定的个人的生活过程中产生的。"①"现实的个人"通过实践活动创造着历史,社会发展历史不过是"现实的个人"活动的历史,人和社会统一于实践之中,社会从来都只是"现实的个人"组成的社会,社会发展决定着人的发展,人的发展是社会发展的价值目标。马克思恩格斯还揭示了人与社会相互对立的根源:"受分工制约的不同个人的共同活动产生了一种社会力量,即成倍增长的生产力。因为共同活动本身不是自愿地而是自然形成的,所以这种社会力量在这些个人看来就不是他们自身的联合力量,而是某种异己的、在他们之外的强制力量。"②在资本主义社会,"共同活动本身不是自愿地而是自然形成的"③,因而分工形成的联合的力量造成社会与人对立。在资本主义社会中,由于旧式分工和私有制,包括生产力在内的社会力量作为一种异己的力量统治着人,人成为社会发展的手段,为了财富的增长不惜牺牲一部分人的发展机会,甚至人的生命。人与社会的对立在资本主义制度框架下是不可能解决的,因此,马克思恩格斯呼吁无产阶级自愿联合起来,通过革命的手段彻底变革社会,推翻"虚假的共同体"建立"真正的共同体",从而掌控社会力量并将其转化为促进自身发展的条件。

实现人的全面发展是中国特色社会主义始终坚持的价值范导。马克思恩格斯指明了每个人自由而全面发展的美好愿景,也明确了中国特色社会主义的价值范导。已然正式开启的中国式现代化不同于西方式现代化,二者之间最大的区别是西方式现代化是遵循资本逻辑,最终指向价值增殖;而中国式现代化是遵循人本逻辑,最终指向人的全面发展。回顾西方现代化的历史可见,它从

①《马克思恩格斯选集》第一卷,北京:人民出版社,2012年版,第151页。
②《马克思恩格斯选集》第一卷,北京:人民出版社,2012年版,第165页。
③《马克思恩格斯选集》第一卷,北京:人民出版社,2012年版,第165页。

一开始就践踏人权与尊严,暴露出资本谋求利润最大化的真实嘴脸,最早开启现代化征程的英国发生的圈地运动、美国贩卖黑奴的罪恶就是明证。经过几百年的发展,已经实现现代化的发达资本主义国家进一步强化资本的权力,普通民众要求的民主、平等、自由等基本人权仍未真正实现,贫富差距不仅没有缩小反而进一步拉大。正如美国人文与科学院院士艾伦·W.伍德所言:"西方资本主义社会,尤其是我自己生活其中的美国社会,是一个以巨大的不平等为特征的社会。"[①]中国式现代化则是全体人民共同富裕的现代化,"是人民群众物质生活和精神生活都富裕"[②],旨在消除贫困、减小差距,帮助所有人得到更好的发展机会和资源,实现更高质量的发展,充分彰显了中国式现代化的最高价值取向——实现人的全面发展。

2.中国式现代化过程中人的发展相对滞后

马克思恩格斯认为人类进入共产主义社会开始,才开启了真正的人类史,这就意味着在共产主义社会到来之前,在不同阶段人的发展总会面临不同的问题。当代中国在推进现代化的进程中对人提出了更高的要求,但现实中人的发展却相对滞后,暴露出种种问题。在改革开放以后一个相当长的时期里,我国经济的增长主要通过不断增加生产要素的投入来实现,尽管在这个过程中人的"自然力"和"精神能力"都得到一定程度发展,但由于起点限制和发展时间限制,人的素质和能力还有待进一步提升和释放。尤其是中国加快现代化的步伐之后,它对人这一历史主体提出了更高的要求,但现实中人的发展却相对滞后,难以满足现代化的要求,主要表现在人的经济生活、政治生活以及精神生活的各个方面。

在经济生活方面,人的素质尚未达到新质生产力发展的要求。新质生产力是当代先进生产力的表现形式,以高科技、高效能、高质量为特征,它对作为基本要素的劳动者提出新要求。在新一轮的科技革命与产业革命浪潮中冲浪的劳动者,需要更强的主动性、创造性,能够操作高智能化的生产工具,掌握高智能化的生产技术,能够从事迅速发展具有挑战性和创新性的工作。但是显然,相当部分劳动者面对如此快速的数字技术发展和新兴产业发展,其综合素质发

①[美]艾伦·W.伍德:《每个人的自由发展:德国古典哲学中关于自由、法权和伦理的研究》,李仙飞译,北京:人民出版社,2022年版,第12页。
②《习近平谈治国理政》第四卷,北京:外文出版社,2022年版,第142页。

展相对滞后,面临被淘汰的危机。在政治生活方面,民主政治建设进一步发展,要求发展全过程人民民主,保障和体现人民当家作主的地位和权利,进而对民众的政治素养提出更高要求。但是,相当部分民众的政治参与意识、政治洞察力、政治鉴别力不强,难以依法行使民主权利,更难以为民主建设作出贡献。在精神生活方面,要求人们在满足物质需要的基础上有着更坚定的理想信念、更高的价值追求、更加丰盈的精神世界。但是,现实中存在信仰危机、道德滑坡、诚信缺失等问题,出现物质生活充裕而精神生活匮乏的现象。如果人的发展长期滞后于社会进步,它将成为制约社会进一步发展的瓶颈;而社会发展放缓又反过来阻碍人的发展,最终可能人与社会的发展都陷入停滞的困境。

3.实现人的全面发展在我国将经历长期的历史过程

由于历史和现实的种种原因,我国正处于并将长期处于社会主义初级阶段是我国的基本国情,一切问题的考量都须从这一最大的实际出发。中国共产党自觉将实现人的全面发展作为最高的价值取向,但独特的时代背景和特殊的国情决定了这一目标的实现将经历一个长期的历史过程。

第一,坚持社会发展以实现人的全面发展为价值取向,在面对当前国际形势的复杂多变与国内建设任务的艰巨繁重之际,我们必须警惕被资本力量误导方向的风险。在这一历史交会点上,探索并开辟一条符合人类文明发展新趋势的道路,无疑是一项极其艰巨的任务,其难度不容小觑。同时,由于社会主义初级阶段还需要利用资本为经济发展增加活力,而资本的逐利本性导致带偏社会发展方向的风险产生。资本作为重要的生产要素,现阶段要继续利用资本发展生产,但是不能任由其天马行空,而要给其设置"红绿灯",加强规制,防控资本奴役劳动、物奴役人的失范。习近平总书记在党的二十大报告中全面阐述中国式现代化的中国特色和本质要求,强调"中国式现代化是物质文明和精神文明相协调的现代化"[①],提出"促进物的全面丰富和人的全面发展"[②],"增进民生福祉,提高人民生活品质"[③]等要求。这就表明中国共产党清

---

① 习近平:《高举中国特色社会主义伟大旗帜　为全面建设社会主义现代化国家而团结奋斗——在中国共产党第二十次全国代表大会上的报告》,北京:人民出版社,2022年版,第22页。

② 习近平:《高举中国特色社会主义伟大旗帜　为全面建设社会主义现代化国家而团结奋斗——在中国共产党第二十次全国代表大会上的报告》,北京:人民出版社,2022年版,第23页。

③ 习近平:《高举中国特色社会主义伟大旗帜　为全面建设社会主义现代化国家而团结奋斗——在中国共产党第二十次全国代表大会上的报告》,北京:人民出版社,2022年版,第46页。

醒地认识到现代化并不等于西方化,解构了那种西方单一线性叙事模式和叙事逻辑,走出一条区别于西方式现代化的发展之路,着力凸显中国式现代化的独特优势,坚持将推进人的现代化、推进人的全面发展作为中国式现代化的最高价值取向。

第二,坚持以人民为中心的发展理念,引领人的发展迈上新台阶。坚持群众主体地位,贯彻落实群众路线,是中国共产党一贯坚持的优良传统。中国特色社会主义进入新时代,中国共产党更是旗帜鲜明地提出要坚持以人民为中心的发展理念,满足人民日益增长的美好生活需要。把丰富人民的精神世界纳入推进中国式现代化进程视野中,抓住了新时代推进人的全面发展的关键着力点。改革开放四十多年来经济长期保持快速增长极大地提高了人民的物质生活水平,极大地改善了人民物质生活需要的供给,但是,人们的精神需要开始凸显出来。在不断扩大开放、建设社会主义市场经济体制的背景下,西方的一些错误思潮涌入中国,如,拜金主义、消费主义、极端个人主义、历史虚无主义、普世价值、民主社会主义等等,这些思潮影响着人的政治观点、思想观念和价值取向等的健康发展。这些思潮侵蚀了部分党员干部的思想,在党内引起了官僚主义、形式主义等不正之风,部分党员背离了为人民谋幸福、为民族谋复兴的初心使命,严重影响党群关系和干群关系。因此,新时代以来,以习近平同志为核心的党中央高扬以人民为中心的发展理念,通过自我革命引领社会革命,建设始终保持初心的执政党,建设以人的全面发展为价值目标的社会主义现代化强国,这必将推动人的发展迈上新台阶。

第三,深化对马克思主义价值取向的认识要处理好人作为目的和作为手段之间的关系。人在社会生活中扮演着多重角色,人既是自身行为的目的,也是实现目的的手段;既是生活剧本的创作者,也是剧本中的演员。共产主义理想,作为崇高的追求,为人们指明了前进的方向,提供了奋斗的动力。然而,它并非空中楼阁,其实现离不开劳动创造的坚实基础。中国式现代化追求的是全面现代化,以人的全面发展为目标。然而,在现阶段,首要任务仍然是发展生产力。因此,劳动在中国式现代化的进程中具有举足轻重的地位。只有通过劳动,理想才能转化为现实,梦想才能得以实现。在新时代,要全面推进中国式现代化,不断创造并实现人民的美好生活,就必须依靠全体人民的辛勤劳动、诚实劳动和创新劳动。这要求我们以实干精神为指引,不仅要有实干的态度,更要具备实干的能力。我们必须真抓实干、埋头苦干,坚决摒弃空谈和虚浮,以实际行动推动中国式现代化的进程。

(三)自觉创造条件加快推动人的现代化进程

面对中国式现代化进程中人的现代化面临的种种挑战,需要充分发挥人的主观能动性,在把握人的发展规律和社会发展规律的基础上,自觉创造条件,不断推进人的现代化进程。

1.强化"人才是第一战略资源"的理念

强化"人才是第一战略资源"的理念是推动人的发展的第一步,"人才是第一战略资源"并不是一个新的命题,新时代强化这一理念是出于人才发展实际状况同经济社会发展状况进一步匹配的需要。强化这一理念需要加深对这一理念的重要性、时代性的认识。强化"人才是第一战略资源"的理念就是要从历史和现实入手,深刻认识"人才"的重要作用。从历史来看,尤其是从科技发展史来看,人才是推动科技革命不可替代的因素。从现实来看,激烈的"竞争"和强烈的"发展"需要,更加突出人才的重要意义。

第一,"人才是第一战略资源"是基于科技史的哲学概括。根据历史经验,科技革命一般率先发生在人才基础雄厚的国家。回顾已经结束的第一、第二、第三次科技革命我们得知,每一次科技革命的背后都离不开一批科学大师。例如,第一次科学革命背后是伽利略、牛顿等科学大师的支持,第二次科学革命离不开李比希、霍夫曼、高斯等科学大师的支持。第三次科学革命背后离不开爱因斯坦的支持。目前人类社会正在经历第四次科技革命,这次技术革命对人类的意义也是非常重大甚至空前重大,以智能技术为特征的第四次科技革命会使得工业生产的智能化程度越来越高,使得智能机器人得到广泛应用,替代由人类所从事的工作,使得人们的生产方式和生活方式发生根本性变化。与前三次科技革命一样,这次科技革命也需要一大批在脑神经科学、心理学、认知科学、计算机科学领域深耕的科学家。面对新一轮科技革命和产业革命的浪潮,各国都深知这是推动经济社会发展的重要机遇,同时也是提升国家竞争力的关键时期。我国深刻认识到人才的重要性,强化"人才是第一战略资源"的理念,并采取切实有效的措施来培养和吸引优秀人才,为科技创新和产业发展提供有力的人才保障。

第二，"人才是第一战略资源"是新时代经济高质量发展的要求。经济社会发展是国家的一级战略，人才是服务于这一一级战略的二级战略，是一级战略的支撑和保障。从现实经济发展状况来看，"我国经济正处在转变发展方式、优化经济结构、转换增长动力的攻关期"①，传统依赖大量资源消耗和低成本劳动力的发展方式已经不具备继续存在的条件。为了实现高质量发展，我们要开始探索新的动力源，而这一过程依赖于高质量科技创新成果。而要实现这一点，关键在于充分利用好人才这样的第一资源。发展新质生产力就是转变发展方式、推动经济社会高质量发展的内在要求和重要着力点。在实践中，新质生产力已经展现出作为推动高质量发展、构建新型生产关系的关键。"创新驱动本质上是人才驱动，立足新发展阶段、贯彻新发展理念、构建新发展格局、推动高质量发展，必须把人才资源开发放在最优先位置，大力建设战略人才力量，着力夯实创新发展人才基础。"②基于人才在推动经济高质量发展不可替代的作用，要强化"人才是第一战略资源"的理念。

第三，"人才是第一战略资源"是建成科技强国目标的要求。中国式现代化必须走内涵式发展道路。内涵式发展主要是依靠新质生产力不断促进创新来实现经济社会发展质量的提升。党的二十大报告明确到2035年把我国建成科技强国的目标，并深刻指出"必须坚持科技是第一生产力、人才是第一资源、创新是第一动力"③，知识是力量的源泉，是推动社会进步和科技创新的关键因素。而人才，作为知识的载体和创新的主体，更是决定一个国家未来发展方向和竞争力的核心要素。我国提出要建成科技强国的任务。这一任务的完成要依赖人才强国的建成。推动人才建设从"追赶型"战略到"攀登型"战略，再到"夺标型"战略的进阶。着重打造人才高地和人才平台，开发人才、引进人才、留住人才是建成科技强国的关键。

2.自觉落实人才强国战略

人才，作为评估国家综合国力的一项核心指标，对国家和民族的繁荣发展起着不可或缺的支撑作用。人才构成创新的坚实基础，而创新驱动的实质，就

---

① 习近平：《论把握新发展阶段、贯彻新发展理念、构建新发展格局》，北京：中央文献出版社，2021年版，第408页。
② 《习近平谈治国理政》第四卷，北京：外文出版社，2022年版，第538–539页。
③ 《习近平著作选读》第一卷，北京：人民出版社，2023年版，第28页。

其本质而言,是人才驱动。哪个国家能汇聚并拥有一流的创新人才,哪个国家就能在科技创新领域占据领先地位,并掌握主导权。鉴于此,为了未来能够建设成为世界重要的人才中心和创新高地,形成在人才国际竞争中的显著优势,以及最终实现建成科技强国和中华民族伟大复兴的宏伟目标,我们必须自觉落实人才强国战略。深入实施人才强国战略可以为个人提供良好的发展环境和机遇,为培养造就高素质人才推动人的现代化提供战略支撑。自觉落实人才强国战略要从以下几个方面入手。

第一,培养、引进、留住人才是落实人才强国战略的关键。我们应当牢固树立人才为先的理念,积极且合理地探寻、举荐及配置人才资源。人才的来源主要归结于两大渠道:其一是依托国内教育体系,着力培养本土人才;其二是通过国际人才交流与合作机制,吸引并引进海外高端人才。必须要坚定人才培养自信,"努力培养造就更多大师、战略科学家、一流科技领军人才和创新团队、青年科技人才、卓越工程师、大国工匠、高技能人才"①。人才培养要破除"四唯"现象,把人才从各种束缚条件中解放出来。除此之外还要加强人才国际交流,"中国发展需要世界人才的参与,中国发展也为世界人才提供机遇。必须实行更加积极、更加开放、更加有效的人才引进政策,用好全球创新资源,精准引进急需紧缺人才,形成具有吸引力和国际竞争力的人才制度体系,加快建设世界重要人才中心和创新高地"②。推进人的对外开放,促使人才引进来和走出去相结合。拥有人才还只是第一步,接下来还应该留住人才。为了留住人才就"必须积极营造尊重人才、求贤若渴的社会环境,公正平等、竞争择优的制度环境,待遇适当、保障有力的生活环境,为人才心无旁骛钻研业务创造良好条件,在全社会营造鼓励大胆创新、勇于创新、包容创新的良好氛围。"③要不拘一格用人才,让每一个人才都体验到自己人生的价值。

第二,坚持党管人才原则。首先,坚持党管人才的原则,意味着党要加强对人才工作的政治引领和全面指导。这一原则的核心在于,要将各行各业的优秀人才团结起来,让他们一同投身于中国特色社会主义现代化建设过程之中。为了实现这一目标,我们必须积极引导人才树立正确的人才观,使他们充

①《习近平著作选读》第一卷,北京:人民出版社,2023年版,第30页。
②《习近平著作选读》第二卷,北京:人民出版社,2023年版,第519页。
③《习近平著作选读》第二卷,北京:人民出版社,2023年版,第519页。

分认识到自身在国家和社会发展中的重要地位和作用。同时,还要引导人才积极践行社会主义核心价值观,引导广大人才爱党报国,引导人才心怀党、心怀祖国,为国家富强服务。引导人才服务人民,为人民幸福贡献力量。引导人才敬业奉献,弘扬劳动光荣、懒惰可耻的优秀传统。要激励更多的精神劳动者,尤其是高精尖领域的精神劳动者,鼓励他们乘风破浪、不断进取,以实践精神不断创造新业绩,在推进伟大事业的过程中实现个人的人生价值。其次,坚持党管人才的原则,我们要在物质激励和精神奖励两方面并重。习近平总书记强调:"用好科研人员,既要用事业激发其创新勇气和毅力,也要重视必要的物质激励,使他们'名利双收'。"①名就是荣誉,给予精神上的肯定,利就是一定的物质利益。当然,物质利益不是关键,关键是要体现一种积极导向,引导人才成长,多做贡献。

第三,坚持教育优先发展。马克思曾指出人是社会的人,工人阶级和人类的未来,完全取决于工人阶级的"智育、体育和技术培训"。因此,要提高工人的能力,教育也成为必需的要素,我们必须将教育置于更加优先的位置,致力于全面提升教育质量,并着重激发学生的创新思维与创新能力,以响应党的二十大关于提升全民族教育水平的号召,这是促进人的全面发展、顺应科技飞速发展的时代要求的必由之路。坚持教育优先发展就是要实现教育资源的均衡配置、提高各类教育的质量。教育资源的均衡配置和教育质量的提高要依靠改革。加快教育改革,可以完善立德树人机制,健全德智体美劳全面培养体系。在数字化时代,也要不断推进教育数字化,以数字赋能学习型社会建设,提升教育质量。

3.破除人的现代化的体制机制障碍

人的现代化方向、水平和速度如何,根本上由生产力决定,而体制机制起着直接的决定作用。体制机制是已有的"条件",形塑人的发展。体制机制改革和创新能够为人的发展提供充分的客观条件。合理、有效的体制机制能促进人与自然、人与人的良性发展,能够实现人的主体性、能动性和创造性,能够塑造健全的人格和自由的个性。

第一,消除市场经济体制束缚人的发展的弊端推动人的现代化。市场经济在当下的存在具有历史必然性,市场经济使得人的主体性和本质力量得到

---

①《习近平关于社会主义经济建设论述摘编》,北京:中央文献出版社,2017年版,第139页。

最大限度的发展,使得人与人的交往扩大,也为人的自由而全面发展积累物质条件,不能强行消除价值规律和市场。但是市场经济遵循的"利益最大化原则"使得人陷入对"物"的依赖当中,造成城乡之间、区域之间、物质劳动者和精神劳动者之间的分配不均等问题。因此,要完善社会主义市场经济体制,始终坚持市场化改革的社会主义方向,限制其"野蛮生长"对人的发展造成负面影响。正如习近平总书记所言:"既不走封闭僵化的老路,也不走改旗易帜的邪路。我们要增强政治定力,增强道路自信、理论自信、制度自信。我们要根据形势任务发展变化,通过全面深化改革,不断拓展中国特色社会主义道路,不断丰富中国特色社会主义理论体系,不断完善中国特色社会主义制度。"[1]在秉持社会主义方向、坚持市场化改革的过程中,协调政府与市场之间的动态关系是重中之重,当面临市场失灵、收入分配不均以及其他可能的挑战时,政府必须积极响应,第一时间采取有效措施进行干预,以确保人的全面发展与现代化进程持续行进。

第二,促进政治制度进一步全面深化改革推动人的现代化。"政治是经济的集中表现,在根本上规定着人的发展空间,制约着人的发展的深度和广度。"[2]社会主义政治制度根本不同于资本主义制度,社会主义政治制度以人的发展,以实现好、维护好、发展好最广大人民的根本利益作为根本目标。我们党历来重视国家制度和国家治理体系建设以维护人的根本利益和实现人的发展。按照民主、文明、自由、平等、公正、法治等要求,为人的自由全面发展提供了良好的制度环境。新时代以来,以习近平同志为核心的党中央展现出了前所未有的决心和勇气,摸着石头过河,啃硬骨头,坚决破除各方面体制机制弊端,积极应对各种风险和挑战,成功开启了全面深化改革进程。为中国式现代化提供了更为完善的制度保证。随着时代的发展,推进人的现代化又出现了新的挑战需要积极应对,因此需要在破除各方面体制机制弊端方面上再攻下一些难点,促进制度建设和治理效能更好转化融合,为完成中心任务、实现战略目标增添动力。

在教育体制方面,我们应着力统筹基础、职业、高等及继续教育,促进它们间的协同创新,推动职普融通、产业和教育融合以及科教融合的深入发展。同

---

① 《习近平谈治国理政》,北京:外文出版社,2014年版,第30页。

② 陈新夏:《关于人的发展实现路径的思考》,《马克思主义理论学科研究》2021年第12期,第56—65页。

时,加强学科建设,特别是打造具有中国特色的优势学科。加大对基础学科的
经费支持;优化重大科技创新组织机制,从国家战略层面高屋建瓴,发挥科技创
新举国体制;完善科技成果转移转化机制,促进产学研深度融合。在深化人才
发展体制机制改革方面,增加人才培养经费,强化人才激励机制,更好体现知
识、技术、人才的市场价值;完善人才流动机制,畅通人才交流渠道;积极引进海
外人才,形成具有国际竞争力的人才制度体系;等等。

参考文献

一、经典著作及党的重要文献

[1]《马克思恩格斯全集》第一卷,北京:人民出版社,1995年版。

[2]《马克思恩格斯全集》第二卷,北京:人民出版社,1957年版。

[3]《马克思恩格斯全集》第三卷,北京:人民出版社,1960年版。

[4]《马克思恩格斯全集》第三卷,北京:人民出版社,2002年版。

[5]《马克思恩格斯全集》第四卷,北京:人民出版社,1958年版。

[6]《马克思恩格斯全集》第十八卷,北京:人民出版社,1964年版。

[7]《马克思恩格斯全集》第二十一卷,北京:人民出版社,1965年版。

[8]《马克思恩格斯全集》第二十三卷,北京:人民出版社,1972年版。

[9]《马克思恩格斯全集》第三十卷,北京:人民出版社,1995年版。

[10]《马克思恩格斯全集》第三十二卷,北京:人民出版社,1998年版。

[11]《马克思恩格斯全集》第四十二卷,北京:人民出版社,1979年版。

[12]《马克思恩格斯全集》第四十七卷,北京:人民出版社,1979年版。

[13]《马克思恩格斯全集》第四十七卷,北京:人民出版社,2004年版。

[14]《马克思恩格斯文集》第一至十卷,北京:人民出版社,2009年版。

[15]《马克思恩格斯选集》第一至四卷,北京:人民出版社,2012年版。

[16]马克思、恩格斯:《德意志意识形态》节选本,北京:人民出版社,2018年版。

[17]《习近平谈治国理政》第一卷,北京:外文出版社,2018年版。

[18]《习近平谈治国理政》第二卷,北京:外文出版社,2017年版。

[19]《习近平谈治国理政》第三卷,北京:外文出版社,2020年版。

[20]《习近平谈治国理政》第四卷,北京:外文出版社,2022年版。

[21]《习近平著作选读》第一卷,北京:人民出版社,2023年版。

[22]《习近平著作选读》第二卷,北京:人民出版社,2023年版。

[23]习近平:《高举中国特色社会主义伟大旗帜 为全面建设社会主义现代化国家而团结奋斗——在中国共产党第二十次全国代表大会上的报告》,北京:人民出版社,2022年版。

[24]《习近平关于城市工作论述摘编》,北京:中央文献出版社,2023年版。

[25]习近平:《携手同行现代化之路——在中国共产党与世界政党高层对话会上的主旨讲话》,北京:人民出版社,2023年版。

[26]《习近平关于社会主义经济建设论述摘编》,北京:中央文献出版社,2017年版。

[27]习近平:《论把握新发展阶段、贯彻新发展理念、构建新发展格局》,北京:中央文献出版社,2021年版。

二、学术著作

[1]陈东英:《赫斯与马克思早期思想关系研究》,北京:人民出版社,2011年版。

[2]陈先达:《陈先达文集》一~十四册,北京:中国人民大学出版社,2015年版。

[3]陈小鸿:《论人的自由而全面发展》,北京:人民出版社,2004年版。

[4]陈志尚:《人的自由全面发展论》,北京:中国人民大学出版社,2004年版。

[5]韩立新主编:《新版〈德意志意识形态〉研究》,北京:中国人民大学出版社,2008年版。

[6]韩喜平主编:《马克思主义基础理论研究》,北京:北京师范大学出版社,2021年版。

[7]郝立新主编:《马克思主义发展史》(第一卷),北京:人民出版社,2018年版。

[8]黄楠森等主编:《马克思主义哲学史》第一卷,北京:北京出版社,2005年版。

[9]李成旺编著:《〈德意志意识形态〉研读》,北京:研究出版社,2021年版。

[10]林进平主编:《马克思主义研究资料》第一卷,北京:中央编译出版社,2013年版。

[11]刘同舫:《人的解放何以可能——马克思解放事业的当代阐释》,北京:中国人民大学出版社,2024年版。

[12]聂锦芳:《批判与建构:〈德意志意识形态〉文本学研究》,北京:人民出版社,2012年版。

[13]聂锦芳:《在批判中建构"新哲学"框架》,北京:中国人民大学出版社,2018年版。

[14]孙伯鍨、张一兵主编:《走进马克思》,南京:江苏人民出版社,2020年版。

[15]孙伯鍨:《探索者道路的探索:青年马克思恩格斯哲学思想研究》,北京:北京师范大学出版社,2017年版。

[16]孙正聿等著:《马克思主义基础理论研究》上、下,北京:北京师范大学出版社,2011年版。

[17]王虎学:《马克思分工思想研究》,北京:中央编译出版社,2012年版。

[18]王馗:《马克思主义经济学视角下的分工演进研究》,北京:中国社会科学出版社,2019年版。

[19]王磊:《马克思分工理论研究》,天津:南开大学出版社,2018年版。

[20]王让新主编:《理论溯源与意义探微:马克思恩格斯〈德意志意识形态〉若干重要思想研究》,成都:电子科技大学出版社,2016年版。

[21]王思鸿:《马克思异化理论的历史生成与当代价值》,北京:中国社会科学出版社,2016年版。

[22]魏小萍:《探求马克思——〈德意志意识形态〉原文文本的解读与分析》,北京:人民出版社,2010年版。

[23]徐春:《人的发展论》,北京:中国人民公安大学出版社,2007年版。

[24]杨芳:《马克思的社会分工理论及其当代意义》,西安:陕西人民出版社,2008年版。

[25]杨丽珍:《〈德意志意识形态〉中的马克思历史观新探》,北京:科学出版社,2013年版。

[26]张梧:《马克思恩格斯〈德意志意识形态〉研究读本》,北京:中央编译出版社,2017年版。

[27]张一兵:《回到马克思:经济学语境中的哲学话语》第三版,南京:江苏人民出版社,2014年版。

[28]张智:《通往人的全面发展之路:社会主义条件下人的现代化研究》,北京:中国人民大学出版社,2019年版。

[29]赵常林:《理性与现实——〈德意志意识形态〉评述》,北京:人民出版社,1996年版。

[30]赵家祥:《马克思主义的整体性研究》,北京:北京大学出版社,2018年版。

[31]侯才:《青年黑格尔派与马克思早期思想的发展:对马克思哲学本质的一种历史透视》,北京:中国社会科学出版社,1994年版。

[32]中共中央党校马克思主义理论教研部、中国马克思主义研究基金会:《马克思主义关于人的学说》,北京:人民出版社,2011年版。

[33][德]施蒂纳:《唯一者及其所有物》,金海民译,北京:商务印书馆,1997年版。

[34][德]费尔巴哈:《费尔巴哈哲学著作选集》上卷,荣震华、李金山等译,北京:商务印书馆,1984年版。

[35][德]费尔巴哈:《费尔巴哈哲学著作选集》下卷,荣震华、王太庆、刘磊译,北京:商务印书馆,1984年版。

[36][德]黑格尔:《精神现象学》上卷,贺麟、王玖兴译,北京:商务印书馆,1981年版。

[37][德]莫泽斯·赫斯:《赫斯精粹》,邓习议编译,南京:南京大学出版社,2010年版。

[38]《国际共运史研究资料》第七辑,北京:人民出版社,1982年版。

[39][法]奥古斯特·科尔纽:《马克思恩格斯传》第一卷,刘丕坤、王以铸、杨静远译,北京:生活·读书·新知三联书店,1963年版。

[40][美]奥尔曼:《异化:马克思论资本主义社会中人的概念》,王贵贤译,北京:北京师范大学出版社,2011年版。

[41][日]广松涉编注:《文献学语境中的〈德意志意识形态〉》,彭曦译,南京:南京大学出版社,2005年版。

[42][日]岩佐茂、小林一穗、渡边宪正编著:《〈德意志意识形态〉的世界》,梁海峰、王广译,北京:北京师范大学出版社,2014年版。

[43][英]戴维·麦克莱伦:《青年黑格尔派与马克思》,夏威仪、陈启伟、金海民译,北京:商务印书馆,1982年版。

[44][英]肖恩·塞耶斯:《马克思与异化:关于黑格尔主题的论述》,程瑶译,北京:中国人民大学出版社,2020年版。

[45][美]艾伦·W.伍德:《每个人的自由发展:德国古典哲学中关于自由、法权和伦理的研究》,李仙飞译,北京:人民出版社,2022年版。

[46]王晓红:《现实的人的发现——马克思对人性理论的变革》,北京:北京师范大学出版社,2011年版。

[47]金建萍:《人的发展和社会发展的一致性研究》,北京:中国社会科学出版社,2013年版。

三、报刊论文

[1]曹毅哲:《马克思恩格斯人的解放思想的内在逻辑——基于〈德意志意识形态〉的文本研究》,《河海大学学报》(哲学社会科学版)2023年第2期。

[2]陈飞:《"现实的个人"的自由——〈德意志意识形态〉中的自由思想探析》,《科学社会主义》2012年第2期。

[3]陈桂生:《浅探〈德意志意识形态〉中关于人的全面发展理论》,《杭州大学学报》(哲学社会科学版)1986年第1期。

[4]陈培永:《马克思人的本质学说的演变路径及当代价值》,《北京教育学院学报》2018年第5期。

[5]陈茜、金瑶梅:《从"消灭分工"到"自由劳动":马克思分工理论及其当代启示》,《海派经济学》2023年第1期。

[6]陈曙光、余伟如:《共产主义思想:跃迁与升华——〈1844年经济学哲学手稿〉与〈德意志意识形态〉比较研究》,《上海师范大学学报》(哲学社会科学版)2017年第4期。

[7]陈曙光:《关于共产主义思想的几个问题》,《西北工业大学学报》(社会科学版)2020年第1期。

[8]陈新夏:《关于人的发展实现路径的思考》,《马克思主义理论学科研究》2021年第12期。

[9]陈新夏:《人的发展的阶段性和当代含义》,《吉首大学学报》(社会科学版)2015年第6期。

[10]陈映霞:《从"生产"到"交往"——〈德意志意识形态〉中的交往思想再探》,《长白学刊》2019年第4期。

[11]陈永杰、柴玉芳:《马克思的"生活决定意识"思想及其当代价值》,《云南大学学报》(社会科学版)2022年第2期。

[12]董金平:《自由、解放与共产主义——从〈博士论文〉到〈德意志意识形态〉的马克思人类解放逻辑》,《山东社会科学》2008年第2期。

[13]杜昭熠、槐艳鑫:《浅谈社会分工与私有制、阶级、国家的关系——基于〈德意志意识形态〉的文本考察》,《南方论刊》2020年第7期。

[14]冯镜、任斌:《试述毛泽东关于两种生产理论的历史发展》,《毛泽东思想研究》2005年第4期。

[15]甘梅霞、杨小勇:《"两种生产"理论的扩展及对我国人口新政的启示》,《海派经济学》2015年第2期。

[16]高爽、黄明理:《论解放维度中"现实的人"与"现实的个人"的辩证统一关系——基于〈德意志意识形态〉的文本分析》,《思想教育研究》2022年第1期。

[17]郝立新:《中国式现代化与促进人的全面发展》,《思想理论教育导刊》2023年第4期。

[18]何建宁:《马克思主义两种生产理论对现实人口问题的几点启示》,《当代经济研究》2011年第4期。

[19]侯惠勤:《〈德意志意识形态〉的理论贡献及其当代价值》,《高校理论战线》2006年第3期。

[20]侯振武、杨耕:《关于马克思交往理论的再思考》,《哲学研究》2018年第7期。

[21]霍玉敏:《〈德意志意识形态〉中的共产主义思想探赜》,《学校党建与思想教育》2023年第12期。

[22]贾莎:《从"真正的共同体"到"人类命运共同体":马克思恩格斯共同体思想的逻辑理路与时代表达——基于〈德意志意识形态〉的文本考察》,《当代世界与社会主义》2022年第4期。

[23]姜招朋:《从城乡二元到城乡融合发展——中国式现代化进程中的城乡关系发展》,《新疆农垦经济》2024年第1期。

[24]解民:《马克思和恩格斯论个人自由——读〈德意志意识形态〉》,《中山大学学报》(社会科学版)1991年第4期。

[25]李成旺:《〈德意志意识形态〉撰写缘由的多维度重释》,《中国高校社会科学》2023年第6期。

[26]李大兴:《〈德意志意识形态〉的人学理论探析》,《北京大学学报》(哲学社会科学版)2002年第S1期。

[27]李剑:《关于旧式分工范畴理解上的几个问题》,《哲学研究》1988年第7期。

[28]李松龄:《马克思社会分工理论与区域平衡充分发展》,《学术探索》2021年第4期。

[29]李忠华:《〈德意志意识形态〉中人学思想要论》,《北方论丛》2015年第1期。

[30]李忠军、张宝元:《关于"人是能动与受动的统一"的理解——基于〈1844年经济学哲学手稿〉的研究》,《马克思主义理论学科研究》2021年第10期。

[31]梁树发:《从源头上理解马克思的世界历史理论——读〈德意志意识形态〉》,《浙江学刊》2003年第1期。

[32]梁爽:《"人的本质"的自我生成何以可能——〈德意志意识形态〉对黑格尔辩证法的继承与重构》,《哲学研究》2022年第10期。

[33]刘荣军:《马克思对"社会生活"的论述与新时代美好生活需要》,《马克思主义研究》2020年第6期。

[34]莫小丽:《马克思"现实的人"概念的本质规定和历史嬗变——从〈德意志意识形态〉到〈共产党宣言〉》,《现代哲学》2023年第5期。

[35]聂锦芳:《〈德意志意识形态〉研究中的"赫斯问题"》,《学习与探索》2006年第5期。

[36]彭双贞:《马克思共同体思想中的分工理论及其世界历史意义》,《思想教育研究》2023年第4期。

[37]秦在东、文大稷:《〈德意志意识形态〉与人的全面发展思想探析》,《江汉论坛》2008年第2期。

[38]石德金:《从"虚幻的共同体"到"真实的共同体":〈德意志意识形态〉的国家观》,《现代哲学》2008年第2期。

[39]万光侠:《马克思"现实的个人"的唯物史观审思》,《中国高校社会科学》2021年第1期。

[40]汪盛玉、何玉健:《"个人的发展"是马克思主义人的全面发展学说的核心内容——基于〈德意志意识形态〉"费尔巴哈"章的思考》,《新时代马克思主义论丛》2022年第1期。

[41]汪信砚、李志:《"现实的个人":唯物史观的入口处——〈德意志意识形态〉的个人概念及其意义》,《哲学动态》2007年第9期。

[42]王洪波:《马克思恩格斯哲学历史观中社会关系规定的文本面向及当代审思——以〈德意志意识形态〉中的经典论述为依据》,《教学与研究》2024年第7期。

[43]王虎学:《"历史向世界历史转变"的内在逻辑与当代启示》,《中国延安干部学院学报》2012年第5期。

[44]王南湜:《从"意识是被意识到了的存在"看人工智能的意识问题》,《河北学刊》2023年第4期。

[45]王巍:《人类解放和人的自由全面发展——从〈德意志意识形态〉看马克思哲学的主题》,《中国党政干部论坛》2012年第12期。

[46]王晓蕾:《从异化到分工:马克思早期思想的转变》,《广东社会科学》2021年第1期。

[47]王学俭、魏泳安:《〈德意志意识形态〉中人学思想的教育价值》,《南京师大学报》(社会科学版)2016年第3期。

[48]王艺明:《社会分工、专业化生产与价值规律——马克思主义劳动价值论的微观基础》,《政治经济学评论》2024年第1期。

[49]王中汝:《生产资料所有制与人的发展——马克思恩格斯所有制理论的根本指向及其在当代中国的实践》,《社会主义研究》2020年第2期。

[50]温旭：《从分工到异化：数字劳动分工的马克思劳动价值论审视》，《学习与实践》2023年第4期。

[51]吴向东：《论马克思人的全面发展理论》，《马克思主义研究》2005年第1期。

[52]席大民：《〈德意志意识形态〉中的交往思想何以被误读和低估》，《天津社会科学》2012年第4期。

[53]闫语、许斗斗：《马克思关于生命存在的三种表达》，《东南学术》2022年第4期。

[54]杨金洲、郑莹：《马克思关于"现实的个人"的思想及其当代价值——〈德意志意识形态〉研究之二》，《中南民族大学学报》（人文社会科学版）2014年第3期。

[55]杨丽珍、冯倩倩：《〈德意志意识形态〉中唯物史观的三维辩证结构——纪念马克思逝世140周年》，《湖南社会科学》2023年第6期。

[56]叶汝贤：《现实的人及其历史发展的科学——深入解读〈德意志意识形态〉所阐发的唯物史观》，《哲学研究》2008年第2期。

[57]叶枝青：《〈德意志意识形态〉关于"现实的人"的三形态理论》，《湘潭大学学报》（哲学社会科学版）2022年第6期。

[58]臧峰宇、赵嘉：《〈德意志意识形态〉中的"共同体"概念》，《马克思主义与现实》2020年第2期。

[59]张福公：《马克思分工理论的形成过程及其哲学效应》，《江西社会科学》2019年第2期。

[60]张国富、孙金华：《〈德意志意识形态〉中的"现实的个人"理论及其当代价值》，《社会主义研究》2011年第3期。

[61]张奎良：《实践人学：马克思哲学的最终归结——纪念〈德意志意识形态〉诞生160周年》，《哲学研究》2006年第5期。

[62]张薇：《马克思恩格斯分工理论视阈下的中国分工现状》，《求索》2013年第7期。

[63]张一兵：《从分工到现实的世界历史——〈德意志意识形态〉中一种经济学的现实批判话语》，《江苏社会科学》1998年第6期。

［64］张一兵:《科学地理解人在社会历史发展中的主体地位——〈德意志意识形态〉读后》,《人文杂志》1994年第2期。

［65］张义修:《历史唯物主义方法论视野中的"现实的个人"对〈德意志意识形态〉小束手稿的文本学解读》,《南京大学学报》(哲学·人文科学·社会科学)2011年第6期。

［66］赵家祥:《解析〈德意志意识形态〉中的一个难解之谜——"生产关系"概念与"交往形式"等术语的关系》,《哲学动态》2011年第4期。

［67］赵锦英:《重审分工与人的全面发展》,《山东社会科学》2023年第5期。

［68］郑冬芳、张晓航:《恩格斯"两种生产"理论再阐释及其对我国人口均衡发展的现实启示》,《毛泽东邓小平理论研究》2023年第1期。

［69］周方遒:《〈德意志意识形态〉中人的全面发展思想及其当代价值》,《渤海大学学报》(哲学社会科学版)2015年第3期。

［70］周学馨:《人口高质量发展:中国式现代化的支撑与进路》,《探索》2023年第4期。

四、外文文献

［1］Hermann Kriege: *Antwort an Conze*, in : Der bund der Kommunisten dokumente und Materrialien Band I·1836-1849, Dietz Verlag Berlin, 1983.

［2］G. W. F. Hegel, *Gesammelte Werke*, Band 5, Felix Meiner Verlag, 1998.

后 记

马克思恩格斯是马克思主义人的发展理论的奠基者、创始人,他们虽然未曾就人的发展问题撰写专门的著作,但对人的发展问题的关注则终其一生,丰富的人的发展思想贯穿在他们不同时期的重要文本中。《德意志意识形态》是马克思恩格斯合作完成的一部重要著作,不仅是历史唯物主义形成的标志性著作,而且是"马克思主义"人的发展理论形成的标志性著作。故要研究马克思主义经典作家的人的发展理论,《德意志意识形态》是决不能忽略的重要经典文本。

人的发展理论属于马克思主义基础理论,其研究必须整体性把握马克思主义基本原理。尤其是马克思恩格斯合作而成的《德意志意识形态》涉及德国古典哲学中关于人的思想,涉及青年黑格尔派代表人物关于人的观点,涉及"真正的社会主义"关于人的思考,其研究难度颇大。自研究团队正式启动《德意志意识形态》中人的发展理论研究以来,多次召开研讨会,基于文本梳理马克思恩格斯人的发展理论的重要观点,理清二人分析阐释人的发展问题的逻辑主线,构建研究的基本框架,数易其稿,确定研究思路与写作提纲。

《〈德意志意识形态〉中人的发展理论研究》在研究团队的共同努力之下完成,其中,导论、后记由何玲玲撰写,第一章由余姣撰写,第二章由胡开英撰写,第三章由肖欣耘撰写,第四章由赵小敏撰写,第五章由吴润丰撰写,第六章由李倩倩撰写。何玲玲对研究框架进行总体指导,对研究进度予以整体把控,承担了全书的统稿工作;赵小敏协助进行了书稿的统筹联络工作。

在研究过程中,团队吸收借鉴了学者们的研究成果及相关学术思想,在此深表谢意!如有注释疏漏之处,敬请海涵!同时,由于研究时间和团队研究能力的限制,本书的内容还存在一些瑕疵和不足,敬请学界同仁批评指正,以便未来改进,我们将在马克思主义人的发展理论领域继续深耕,继续前行!

何玲玲

2024 年 9 月 10 日于西南大学